KB116031

책따세와 함께하는
# 책쓰기 교육

# 책따세와 함께하는 책쓰기 교육

현장 교사들의 지도 사례로 본 책쓰기 교육 길잡이

제1판 제1쇄 발행 2018년 2월 14일
제1판 제4쇄 발행 2023년 10월 25일

지은이  책으로따뜻한세상만드는교사들
펴낸이  이광호
펴낸곳  ㈜문학과지성사
등록번호  제1993-000098호
주소  04034 서울 마포구 잔다리로7길 18(서교동 377-20)
전화  02)338-7224
팩스  02)323-4180(편집)  02)338-7221(영업)
전자우편  moonji@moonji.com
홈페이지  www.moonji.com

ⓒ 책으로따뜻한세상만드는교사들, 2018. Printed in Seoul, Korea.

ISBN 978-89-320-3077-7 03370

이 책의 판권은 지은이와 ㈜문학과지성사에 있습니다.
양측의 서면 동의 없는 무단 전재 및 복제를 금합니다.

이 도서의 국립중앙도서관 출판예정도서목록(CIP)은 서지정보유통지원시스템 홈페이지(http://seoji.nl.go.kr)와
국가자료공동목록시스템(http://www.nl.go.kr/kolisnet)에서 이용하실 수 있습니다.(CIP제어번호: CIP2018003458)

# 책따세와 함께하는
# 책쓰기 교육

### 현장 교사들의 지도 사례로 본 책쓰기 교육 길잡이

**책으로따뜻한세상만드는교사들** 지음

문학과지성사

# 책쓰기 교육의 과거,
# 현재 그리고 미래

### 책쓰기는 아무나 할 수 없다고?

'책쓰기는 아주 특별한 사람만 가능한 거지. 글 한 편 완성하기도 얼마나 어려운데 책쓰기가 쉽다고? 더구나 아직 글쓰기도 제대로 안 되는 학생들이 책을 쓴다고? 아무나 책을 쓰나? 그럼 누구나 다 책을 쓰게?'

이러한 생각들은 명백히 오해다. 책은 누구나 쓸 수 있다. 즐겁게 노력하면 아무나 쓸 수 있다. 또한 책쓰기 교육을 지난 1997년부터 현장에서 개발하고 지금까지 꾸준히 시도해온 교사들로서 분명히 강조한다. 책을 쓸 수 있게 지도하기란 생각보다 정말 쉽다. 적어도 교실에서 종전과 같은 방식으로, 그것도 수시로 바뀌는 입시 교육에 휘둘려 끙끙대는 글쓰기 지도보다 훨씬 보람 있다.

### 책쓰기 교육의 보람과 노하우들

처음 책을 써보자고 했을 때 학생들의 반응은 늘 의심 가득한 눈초리 일색이다. 믿고는 싶으나 그럴 수 없다고 여기는, 잘해야 반신 반의 정도의 반응들뿐이다. 하지만 글쓰기에 대한 어려움을 털어내는 방식들, 이를테면 '1분 글쓰기 연습'이라든지 '브레인스토밍 활동'과, '왜냐하면, 예를 들어, 다시 말해' 등과 같은 '주문呪文'을 활용하는 방식 등을 알려주면 서서히 자신감을 얻는다.

책쓰기 교육에서 제일 중요한 '주제 설정'만 해도 그렇다. 자신의 적성과 재능, 관심과 흥미 등을 자연스럽게 확인하면 무엇을 주제로 삼을지, 글을 어떻게 써야 할지 깨닫는 순간이 반드시 온다.

이를 전후하여 여러 노하우들을 활용하면 주제를 잡는 것이 결코 어렵지 않다. 이를테면 물음표를 붙이며 사고하는 '과연~?' 독서법 이라든지, 육하원칙을 활용하여 체계적으로 글과 책을 읽고 다각도 로 사고하고 심층적으로 탐구하는 노하우 등을 접하게 되면 책쓰기 가 오히려 더 쉽고 재미있다는 사실을 깨닫게 된다. 그 결과 찾아낸 주제들을 놓고 상호 토론도 하고, 학교 도서관의 책들을 통하여 주제의 위상과 의의에 대해 살펴보는 활동도 할 수 있다. 아울러 개요 짜기는 물론 유연한 발상, 풍부한 상상력, 다양한 자료 확보, 실제 글쓰기와 고치기에 이르기까지 쉽게 시도하고 성과를 거둘 수 있는 '원형정리법' 안내 등 현장에서 길어 올린 노하우들을 익히면 책쓰 기가 왜 글쓰기보다 쉬운지 뚜렷이 확인할 수 있다.

책쓰기 교육에 대한 학부모들의 반응도 극적으로 바뀐다. 처음에 는 반신반의하거나 전면 부정하던 일부 학부모들도 자신의 아이가 책을 쓰겠다면서 무엇엔가 관심을 보이며 불쑥 질문을 던지고, 심지어 밤 서너 시까지 책을 쓴다며 매달리는 모습에 감동을 받게 된다. 그전까지는 그저 무기력하고 매사를 귀찮아하던 아이가 어느 날부터 컴퓨터 앞에서 게임 대신에 인터넷을 종횡무진하며 각종 자료들을 뒤적거리면서 책을 쓰는 모습은 기적과도 같았다고 말한다. 아이의 재능을 미처 못 알아챈 자신이 정말 나쁜 부모였다며 눈물을 글썽이던 학부모들도 있다.

마찬가지로 선생님들도 변화하는 모습을 볼 수 있다. 처음에는 스스로도 글쓰기가 부담스럽고 글쓰기 지도라면 더욱 곤혹스러워하던 수준에서 벗어나, 차츰차츰 한 권의 책을 쓸 수 있다는 자신감과 함께 학생들을 위한 책쓰기 지도가 충분히 가능하다고 확신한다.

## 책쓰기 교육의 노력과 성과, 새로운 시도

이 책은 1997년 숭문고에서 허병두 교사가 책쓰기 교육을 처음 창안한 이후, 2003년경부터 책따세에 도입되어 본격적으로 다양하게 피워내고 있는 책따세 책쓰기 교육의 성과들이다. 즉, 굵직하게는 대구시교육청의 의뢰로 2008년 여름부터 중등교육을 위한 책쓰기 교사 연수 프로그램(30차시: 허병두 교사), 그해 겨울에는 초등교육을 위한 책쓰기 교사 연수 프로그램(30차시: 이정균 교사)을 개발하여 전수해온 바탕을 저변으로 삼고, 여기에 초등과 중등교육 현장, 대안 학교와 시민사회까지 확장하며 책따세의 전문가들이 발전시키고 있는 책따세 책쓰기 교육의 전모를 확실하고 명쾌하게 담았다. 길게는 20여 년, 다시 멀리 새로운 미래를 향하는 책따세의 책쓰기 교육의 과거와 현재, 미래를 확인할 수 있는 책이 바로 이 책인 것이다.

이를 위하여 이 책 1장 「책쓰기 교육이란 무엇인가?」(김미경)에서
는 책쓰기 교육을 다섯 단계로 간략히 소개하고, 부록의 '나만의 책
쓰기 활동지'와 연계시켜 처음 책쓰기 교육을 지도하는 교사들도 이
를 활용할 수 있도록 구성하였다. 2장 「책쓰기, 어떻게 지도할까?」
(홍승강)에서는 본격적인 책쓰기 교육 지도 사례를 들어 실제 현장에
서 책쓰기 수업이 어떻게 진행되는지 보다 구체적으로 들여다볼 수
있게 하였다. 3장부터 6장까지는 교사와 학생의 상황에 맞춰 각 교
과 선생님들이 다양하게 시도해본 책쓰기 교육을 소개하고 있다.
3장 「'나'를 알아가는 책쓰기」(이수정)에서는 진로 교육의 일환으로
테마독서에서 시작하여 '나만의 주제가 있는 책쓰기'로 나아가는 과
정을 그린다. 4장 「'나만의 과학책'을 쓰다」(유연정)에서는 초등학생
을 대상으로 과학책 쓰기를, 5장 「수학과 친해지는 '나만의 수학책'
쓰기」(류수경)는 수학과 관련된 주제로 책쓰기를 시도한 사례를 소
개한다. 6장 「그림책 쓰기로 상상의 날개를 펼치다」(조영수)는 글과
이미지가 함께 있는 그림책 쓰기 수업을 통해, 책쓰기 교육을 지도
한 경험을 풀어낸다. 이로써 책쓰기 교육에 관심이 있는 독자들이
자신에게 적합한 책쓰기 교육 수업을 구상해볼 수 있도록 하였다.
7장 「책쓰기 교육의 방향과 미래」(허병두)에서는 책쓰기 교육의 역
사를 간략히 짚으며, 책쓰기 교육이 어떻게 발전되어왔고, 앞으로
어떻게 나아갈 것인지를 예견해본다. 마지막으로 이 책에 글을 실은

저자들의 대담을 수록하여, 각 장에서 못 다한 책쓰기 교육에 관한 고민과 소소한 팁들, 느낀 바 등을 더욱 생생하게 들어볼 수 있도록 하였다.

이 책의 완성은 이 책을 읽는 독자에 의해 새롭게 이루어질 것이다. 지금까지의 성과를 확인하며 앞으로 성큼성큼 나아가는 주인공은 바로 당신이기 때문이다. 책따세는 교육 현장에서 일구어낸 책쓰기 교육의 성과가 학교 안은 물론 학교 밖, 세상을 따뜻하게 만들도록 늘 최선을 다해 도울 것이다.

# 차례

# 책쓰기 교육의
# 즐거움과 이로움
### – 나만의 책을 쓰며 자유롭게 날아오르는 아이들

김미경

교사라면 누구나 고민하는 것이 있다. 나를 떠난 뒤, 교육의 공간을 떠난 뒤 아이들의 가슴에 무엇이 남게 될까? '학교에서 배운 모든 것을 다 잊어버린 후에, 자신의 내면에 남는 것'을 교육이라고 할 때 아이들과 나누는 수많은 수업 끝에 무엇이 그들의 내면에 남기를 바라는가?

'나만의 책쓰기 교육'은 학생 스스로 저자가 되어 자신에게 의미 있는 주제를 설정하고, 차례를 구성하며, 자료를 수집해 한 권의 책을 쓰게 하는 교육이다. 이 과정에서 학생들은 좋은 책을 스스로 찾아 읽고, 자신이 느끼고 사고한 내용을 글로 표현하면서 자연스럽게 사고력과 표현력, 문제 해결 능력을 기르게 된다.

학생 스스로 찾아 읽고 싶은 분야를 발견하고, 거기에 자신만의 시각을 담아내 의미 있는 주제를 설정하게 돕는 것은 나만의 책쓰기 교육의 시작이자 핵심이다. 설사 책을 완성하지 못하더라도, 학생 스스로 지식을 탐구하여 쓰고 싶은 주제를 설정할 수 있다면 그것만으로도 충분히 의미 있는 글쓰기 교육, 독서 교육, 인성 교육 효과를 거둘 수 있다.

다음은 내가 2012년부터 중학교에서 시도한 책쓰기 교육이 학생들에게 실제로 어떤 효과를 미쳤는지 정리한 글이다. 이 글을 읽으며 나만의 책쓰기 교육의 즐거움과 이로움을 가늠해보자.

# 1. 교과 간 벽을 뛰어넘는 통합적 사고력 향상

비교적 우수한 읽기 능력과 쓰기 능력을 갖고 있지만, 지문을 얼마나 정확히 독해하는가에만 갇혀 창조적인 도약의 기회를 맛보지 못했던 아이들에게 책쓰기 교육은 새로운 기회를 제공한다. 정해진 답을 찾는 데 국한된 독해와 주어진 주제에 대해 써야 했던 닫힌 글쓰기에서 벗어나 종합적으로 읽고 창조적으로 쓸 수 있는 기회가 생긴 것이다. 그 결과 아이들은 자신의 능력을 훌쩍 뛰어넘는 결과물을 만들어내며, 이것들은 교과 통합적 성격을 띤다. 다음 학생들의 사례를 보면서 확인해보자(개인 정보 보호를 위해 학생 이름은 모두 가명으로 처리했음을 밝혀둔다).

『작곡가 6인과 명곡』을 쓴 민지는 친구들과는 살짝 다른 곳에 관심 있다는, 공부할 때 케이팝K-Pop을 듣는 친구들 사이에서 혼자 몰래 클래식을 듣는다는 학생이었다. 음악에 재능이 있는 친구였는데, 음악을 하는 엄마와 언니 밑에서 자랐고 혼자 간단한 작곡도 할 수 있다는 자기소개를 어느 글에선가 읽고 음악 분야의 주제로 책쓰기를 강력히 밀어보았다. 민지는 자기의 남다름을 감추고 싶어 했는데, 부끄러움을 극복하고 청소년으로서는 정말 독창적인 음악 평론집을 썼다. 분량은 많지 않아도, 한 음 한 음을 충분히 느끼며 음악을 감상하는 학생이라는 것을 느낄 수 있는 좋은 글들이었다.

글쓰기 능력과 표현력이 탁월하여 평소에 눈여겨보던 학생이긴 하나 책쓰기를 통해 더 많은 능력이 있음을 알게 된 경우도 있다.

[그림 1] 『작곡가 6인과 명곡』

[그림 2] 『파란』

강유는 서술, 묘사, 대화가 완벽히 갖춰진 소설 『파란』을 썼다. 창작인 데다가 글에 대한 감각이 탁월하여 완벽한 문장을 쓴다고 계속 고쳐 쓰느라 제한 시간을 맞추는 데 실패하였으나, 써서 낸 부분은 다이아몬드급이었다. 열다섯 살에 이 정도의 소설을 쓴다면, 분명 소설가나 극작가가 될 수 있는 학생이라고 생각될 정도였다.

책쓰기 과정을 따라오면서 계속 사고력과 글쓰기 능력을 발전시킨 사례도 있다. 주제를 케이팝으로 정했다가 아이돌 동향 모음집 수준을 벗어나지 못한 연아에게는 더 창의적인 주제로 바꿔보라고 조언했다. 이에 따라 연아는 '연예계의 빛과 그늘'이라는 주제로 논평집을 쓰기 시작했다. 그러나 자료 조사와 주제 전개가 어려워, 소설로 형식을 바꿔 『또 다른 나의 세계』를 썼다. 본래 아이디어가 많고 적극적인 친구이긴 했으나, 이 정도의 창작 능력이 있는지는 학생 자신도, 교사도 몰랐다. 창작한 소설의 이야기 전개가 대화 중심으로 흘러갈 때는 다른 소설책을 몇 권 가져다 함께 읽으며 묘사문 쓰기의 묘미를 가르쳤다. 그랬더니 잘 알아듣고 막다른 골목을 뚫고 나가기도 했다. 책쓰기를 하면서 숨겨진 능력이 드러나고 커진 경우이다.

초등학교 특기적성 시간에 처음 접한 로봇 제작이 너무 재밌어서 그 후로도 꾸준히 로봇에 관한 책들을 읽어온 상민은 『인간형 로봇 휴머노이드』를 썼다. 로봇 연구의 첨단 분야인 휴머노이드의 역사, 휴보와 아시모의 발전과 그 밖의 휴머노이드에 대해 조사하여 로봇 책을 쓴 것이다. 스스로 굉장히 즐거워하면서 몰두하여 작업한 사례다.

평소 글쓰기를 좋아하고 잘하던 남학생 철형은 『지구─중학생도 쉽게 읽을 수 있는 우주의 신비』를 썼다. 사고력과 표현력이 남다른 데다 풍부한 독서량을 가진 학생이었는데, 처음에 세 가지 주제를 뽑아왔을 때 다소 어려울 수도 있는 주제로 유도해 이것을 선택하게 되었다. 철형은 어려운 주제임에도 과학 저술가 못지않게 정보를 잘 소화하여 써 내려갔다.

연주는 그림을 좋아하고 전공하고 싶어 하는 점을 살려 미술 평론집에 도전했다. 어렵더라도 시도해보라고 지도 교사가 권유하여 좋은 성과를 낸 사례다. 평소에도 정보 수집 능력, 성실성, 문장의 정확성이 돋보였던 연주는 학생다우면서도 개성적인 글로 좋은 미술 평론집 『명화 이야기』를 써냈다.

학업 능력과 글쓰기 능력 모두 매우 우수한 남학생이었던 석우역시 반듯한 자세 뒤에 숨은 호기심과 열정이 책쓰기를 하면서 모두드러났다. 그리스에 관한 책과 인터넷 자료를 섭렵하여 얻은 지식을가족과 여행을 떠났다고 상상하며 풀어냈다. 석우는 자신의 책『그리스 여행기』의 저자 소개글에서 "꿈도 목표도 아직 생길 듯 말 듯"이라고 감성적으로 자신을 소개하기도 했다. 저자도 독자도 읽고 쓰는 내내 행복했던 모범적 사례였다.

영문학을 전공하는 언니의 영향을 받아 셰익스피어와 해리 포터, 비틀스, 헤이온와이 책마을 등의 테마가 있는 가상 영국 여행기를쓴 학생도 있다. 가영의 책『좌충우돌 영국 여행기』는 일반적인 여행서처럼 정보 나열만 되면 평범해지기 쉬우니 가상 여행기식으로써보라고 권유하여 완성도를 높인 사례다. '가상 여행'이라는 책의콘셉트를 정하고 써보라고 하니 정보를 종합하고 표현하는 능력이한 단계 더 높아졌다.

어렸을 때부터 컴퓨터를 좋아하고, 또래보다 컴퓨터를 잘 다루는 편이라고 자신을 소개한 윤정은 자신의 관심사를 소프트웨어, 기계공학, 웹 디자인 등의 세 분야로 크게 나누어 각 분야에서 유망한직업을 조사하여 정리한 책『컴퓨터에 관심 있는 청소년이 알고 싶은 컴퓨터 관련 직업들』을 썼다. 방대한 양의 자료를 정확하게 조사하고 정리하는 성실성에, 글쓰기 능력이 합쳐져 이루어낸 성과물이었다.

학업 능력이 우수한 이과형 여학생 연희도『CSI가 말하는 CSI』라

[그림 3] 『인간형 로봇 휴머노이드』

[그림 4] 『컴퓨터에 관심 있는 청소년
이 알고 싶은 컴퓨터 관련 직업들』

는 책을 쓰는 동안 자료를 선별하고 종합하는 능력이 한층 커졌다.
미국 드라마에 나오는 CSI 같은 과학수사대 요원이 되고 싶어 했는
데, 책을 쓰면서 이 분야에 대해 즐겁게 탐색했다. 집필하는 동안
책을 두 권 이상 스스로 구입했으며, 학교 도서관 책까지 합치면 네
권 이상의 책과 인터넷 자료를 종합하여 책을 완성했다.

## 2. 진로 결정 능력 향상

책을 쓰는 과정을 따라가면서 주제 설정, 차례 구성, 자료 수집, 집필 등 각 단계마다 학생들은 장벽을 만나게 된다. 자신이 좋아하는 분야에 대해 탐구하고 싶고, 그렇게 해서 알게 된 내용을 글로 표현하고 싶다는 열망은 이 장벽을 뛰어넘기 위한 훌륭한 장대가 되어 사고력과 표현력의 도약을 끌어내고 자신감을 키워준다. 자신만의 꿈을 수줍게 간직하고 있다가 책을 쓰면서 한층 성숙한 진로의식을 갖게 된 학생들의 사례를 통해 이를 확인해보자.

성적이 중하위권이었던 세영은 『단 하나뿐인 네일아트 북』을 썼다. 이 주제가 아니었다면, 책쓰기가 아니었다면 이렇게 흥미롭게 책을 읽고 글을 쓸 수 있었을까? 관심 주제를 정해 자기 능력을 최고로 끌어올리는 모습을 즐겁게 지켜볼 수 있었던 사례였다. 세영은 막연하게 네일아트에 관심 있는 정도였으나 저자 소개글에 "아직 꿈에 대해 생각해보고 노력해보지 못했"는데 이 책을 쓰고 나서 꿈이 확실해짐을 느꼈다고 자신을 소개했다. 책을 쓰면서 이게 정말 나의 꿈일까, 이걸로 성공할 수 있을까 하는 생각이 계속 들었는데, "그냥 여러 가지 경험 중에서 한 가지를 해보는 것"이고 그렇게 "여러 가지 경험을 겪으면서 언젠가 진정한 나의 꿈을 찾게 될" 것이라고 썼다. 대부분의 학생들이 진로에 대해 갖고 있는 불안감과 고민의 수준을 엿볼 수 있었다. 기능직도 노력하는 만큼 우대받고 돈을 벌 수 있는 사회가 되어서 우리 학생들이 행복하게 미래를 꿈꿀 수

[그림 5] 『Webtoon─웹툰에 대한 모든 것』

[그림 6] 『거기 당신, 방송 BJ가 되지 않겠는가?』

있으면 좋겠다는 생각이 다시금 들었다.

음악가가 꿈인 다희는 국어 점수는 매우 낮았으나 책쓰기 수업에서 크게 두각을 드러냈다. 자신의 꿈을 확실히 다지기 위해 『악기를 전공하려면』이라는 책을 썼다. 쓰는 내내 공부가 많이 된다며 즐거워하였다. 차례를 정하고, 정보를 조사하고, 내용을 부풀리면서 막힐 때마다 교사에게 성실히 조언을 구하였고, 교사가 안내하는 모든 내용을 스펀지처럼 빨아들여 계속해서 작품의 완성도를 높여나갔다.

웹툰 작가 지망생 수희는, 아직 미숙하지만 열정 있는 친구들에게 자세한 전문 서적보다는 쉽게 간추려진 자기 책을 추천해주고 싶다며 『Webtoon─웹툰에 대한 모든 것』을 썼다. 책을 쓰는 내내 열정적으로 임했고 차례를 매우 잘 짜서 체계적으로 정보를 수집한 모범적인 사례였다.

국어를 좋아하긴 하나 정확한 텍스트 이해 능력과 문제 풀이 능력은 중상위권 정도였던 남학생 홍주는 고기가 물을 만난 듯, 자기를 오타쿠라고 부르지 말라고 조심스러워하면서도 신나게 자신이 사랑하는 애니메이션에 대한 비평글을 써 내려갔다. 홍주는 비평가 못지않은 감각적인 눈과 필력이 느껴지는 책 『이 애니를 아나요?』를 썼다.

수업 시간에 급우들과 거의 교류가 없던 여학생 다빈은 『거기 당신, 방송 BJ가 되지 않겠는가?』를 썼다. 극히 내성적인 겉모습 안에 넘치는 장난기와 창작욕을 품고 있었는데, 수행 평가 때 내는 글에는 만화를 즐기는 학생들 특유의 장난기가 늘 조금씩 묻어 있었다. 이 책은 그런 다빈의 끼와 꿈을 고스란히 살려 쓴 책이다. 저자 소개글에서 다빈은 "아프리카TV BJ에 완전히 빠져버렸"다며 열심히 돈을 모아 겨울방학에 방송을 하기 위해 준비하고 있다고 자신을 소개했다. 이 책은 그러기 위해 조사한 내용들을 담은 것이다.

승민 역시 같은 분야의 책을 썼다. 승민은 동영상 제작, 편곡, 만화, 애니메이션 등에 탁월한 능력을 갖고 있었는데, 이미 팀을 만들어 유튜브에 전문 채널을 운영하고 있는 자기 경험을 살려 『1인 창작자가 뭔데?』를 써냈다.

## 3. 문해력과 글쓰기 능력 향상

어느 교실에나 기본적인 읽기 능력을 갖추지 못한 학생들이 두셋은 있다. 자기 학년 국어 교과서에 실린 글을 읽어도 무슨 뜻인지 거의 이해하지 못하고, 그렇기에 글을 끝까지 읽지도 않는다. 모든 시간 글을 끝까지 읽지 않기에 부족한 읽기 능력을 향상시킬 기회도 거의 없다. 그러니 당연히 제시된 주제에 대한 자신의 생각을 완성된 문장의 형태로 표현하지 못한다. 읽기와 쓰기 능력이 향상되지 않는 이러한 악순환의 고리에 빠진 학생들에게 책쓰기 교육은 좋은 보충 학습 기회가 되기도 한다. 자신이 관심을 가지고 있는 흥밋거리에 관해 찾아 읽으면서 자기 수준에 맞는 읽을거리를 계속 접하게 되고, 이를 글로 정리하는 과정에서 자연스럽게 개별 학습의 기회, 보충 학습의 기회를 얻게 되는 것이다. 자신의 관심 분야에 관한 자료를 즐겁게 찾아 읽으며 읽기 능력을 회복한 학생들의 사례를 살펴보자.

글쓰기를 굉장히 어려워하고 쉽게 포기하던 우수는 『우수의 강아지 대백과』를 쓰면서 질문을 많이 했고, 꾸준히 써 내려갔다. 차례 구성 능력, 소제목 다는 능력 등 위계적인 사고는 여전히 부족해 보였으나, 아직 책쓰기 교육을 시작하기 전이었던 1학기 때 모습에 비하면 엄청난 변화였다. 그런데 눈에 보인 성장보다도 잠재되어 있던 역량이 더욱 발전하였음을, 3학년 때 한 번 더 이 학생을 가르치면서 확인할 수 있었다. 분량이 얼마나 되든, 책을 쓰면서 자신의 의지로 한계를 한번 넘어본 학생은 글쓰기 능력이 크게 발전하게 된다.

운동을 잘하고 좋아하던 민건도 『영원한 베스트 10』을 쓰는 내내 재미있어했다. 인터넷에서 조사한 자료를 부지런히 읽고 재기발랄하게 자기 목소리를 담아 써 내려가는 점이 흐뭇했다. 글쓰기에도 수행 평가에도 관심을 보이지 않던 하위권 학생이었는데, 좋아하는 것에 대해서 조사하고 글을 쓴다는 것이 이렇게 즐거움을 줄까 싶을 정도로 자신이 가진 최고 능력을 뽑아내며 써 내려갔다. 1년 뒤 다시 만난 민건은 이번에는 자신의 진로 분야로 주제를 설정해 『내가 사랑한 음악가 10』을 썼는데 자료 조사나 글의 전개 능력이 크게 발전되어 있음을 확인할 수 있었다.

어떤 종류의 글쓰기 수행 평가에도 반응하지 않던 여학생 예진은 1년 내내 모든 활동지를 백지로 내기 일쑤였고, 교사의 어떤 도움이나 돌봄도 줄곧 거절했다. 자존심 때문에 교실 내에서 특별한 관심을 받는 것도 원하지 않았고, 따로 개인 지도를 해주려 해도 수업 시간 외에는 달아나기 바쁜, 여학생으로는 아주 드문 학습 부진 케이스였다. 유일하게 눈을 빛내던 학생축제준비위원회 활동 모습에 착안하여 호평중 학생회 활동에 대해 조사해 홍보하는 책 『호평중 학생회는 특별해요』를 써보라고 하니 반응하였다. 하지만 주제를 정한 이후에도 낮은 읽기 능력과 쓰기 능력을 극복하지 못하였고, 성실성을 발휘해보길 원했으나 성공하지 못했다.

그런데 1년 뒤, 다시 만난 예진은 자신의 진로 분야로 주제를 설정하여 『요리 백과』를 썼는데 놀랍게 달라진 모습을 확인할 수 있었다. 차례 구성 능력이나 문장 쓰기 능력은 아직 부족했지만, 쓰는 동안 내내 질문을 했고, 교사가 지도하는 내용을 자신의 책에 적용하려고 애썼다. 스스로의 힘으로 분량을 갖춰 한 권의 책을 완성해내고는, 자신이 해냈다는 자부심을 표현하는 모습에 교사도 큰 보람을 느낄 수 있었다.

희선은 책 서문에 패션 디자이너가 되고 싶다는 막연한 꿈만 있지, 한 번도 조사해본 적이 없어 책쓰기 수업을 통해 제대로 알아보고 결심도 다지고 싶었다고 적었다. 제출한 책의 분량이 너무 적어서 교사의 입장에서는 책쓰기 수업의 성과가 적은 사례라 생각했는데, 본인에게는 이렇게 긴 글을 써본 것이 굉장한 경험이었던 듯 만족도와 자부심이 높아 『디자이너가 말하는 디자이너 Ⅱ』라는 제목의 책으로 묶고 싶어 했다('Ⅱ'인 것은 이미 직업인 인터뷰 시리즈로 『디자이너가 말하는 디자이너』가 출간되어 있었기 때문이다). 나만의 책쓰기 수업을 평가하기 위해 일정한 수준을 정해놓고 달성 여부를 측정하는 것도 중요하지만, 학생들 각자의 눈높이와 경험을 존중해야겠다는 생각을 다시금 하게 되었다. 희선은 자신이 선택한 주제에 관해 애착을 갖고 열심히 조사하고 써 내려갔으며, 그 과정에서 글쓰기와 읽기 능력이 많이 향상되었다. 읽은 내용을 확인하는 수업으로는 경험할수 없었던 좋은 읽기·쓰기 훈련 기회를 나만의 책쓰기 교육이 제공한 경우라 하겠다.

"꿈도 없이 목표도 없이 공부만 하고 있다. 하지만 목표를 찾기 위해 열심히 살아가고 있다"라고 저자 소개글에서 자신을 소개한 상민은 책쓰기 수업에 적극적으로 참여했지만 읽고 쓰는 능력이 많이 부족해서 늘 관심 가는 학생이었다. 주제 정하는 것도 차례 짜는 것도 너무너무 힘들어했는데, 교사의 도움과 본인의 노력으로 『그리스 여행의 모든 것』을 써냈다. 읽고 쓰는 연습이 많이 되었을 것이다.

주어와 서술어의 호응이 전혀 맞지 않아 의미 전달이 잘되지 않는 문장 때문에 1년 내내 고생했던 효선도 『세계의 전통 요리』를 쓰면서 문장력이 많이 개선되었다. 주제를 정하고 차례를 구성하는 것도 힘들어하던 아이들이 새로운 차례를 생각해내고, 자료를 조사하고, 거기에 살을 붙여 글을 쓰면서 생각과 글쓰기가 모두 발전한다.

## 4. 자존감 향상과 정서 안정 효과

학생들은 나만의 책을 쓰는 동안 더 알고 싶고, 더 말하고 싶은 주제에 관해 찾아 읽고, 이를 글로 표현하는 일에 몰두하는 자신을 발견하게 된다. 그리고 그런 자신을 대견하게 여긴다. 성적에 대한 압박으로 지쳐 있거나 열등감에 빠져 있던 학생들이 자신이 좋아하는 주제에 자유롭게 몰두하면서 자연스럽게 자존감을 회복하는 모습을 지켜보는 것은 교사에게도 큰 보람이다.

1년 내내 국어 시간에 두각을 나타낸 적이 없던 중하위권 남학생 태준은 책쓰기 주제를 『게임메이커 기초 강좌』로 잡으면서 놀라운 집중력을 보이며 글을 써나갔다. 어려운 컴퓨터 프로그램 언어를 논리적으로 전개해나가는 솜씨가 수준급이었다. 재능을 살려서 꼭 프로그래머 쪽으로 나가라고 격려해줬더니 무척 고무되어 써 내려갔다. 중간본까지는 만점을 받았는데 뒷심이 부족하여 최종본을 완성해내진 못했지만, 저자 소개글을 통해 아이가 얼마나 책쓰기 작업을 즐겼는지 충분히 확인할 수 있었다. "열다섯 살이 되려 했던 마지막 밤, 2년 전만 해도 매시간 밝았는데 요즘은 온 세상이 검게 물들었"다며 자신이 "빛을 향해 뛰어가고 있다"고 사춘기의 혼란을 멋지게 표현해낸 태준. 글로 자신을 개성 있게 표현하는 즐거움까지 느낀 것 같아 대견했다.

읽고 쓰는 능력이 많이 부족했던 현민은 요약하는 능력이 조금 떨어지긴 했으나 자신이 책을 쓰고 있다는 것, 열 페이지 스무 페이지 이상 쓸 수 있다는 것에 엄청난 자부심을 느끼며 자존감을 찾아가는 모습이 확연히 보였던 사례다. 접을 수밖에 없었던 축구 선수의 꿈을 대리 만족시켜준 책 『호날두 괴물, 메시 작은 거인』을 쓰고 나서 현민은 "책쓰기 수행 평가라는 말을 듣고 시작을 못 할 것 같았다. 하지만 책을 보고 자료를 찾아서 조금씩 써나가기 시작했다. 다른 책과 비교하면 많이 수준이 떨어질 것 같았지만 열심히 했다. 이것을 읽는 독자들에게 늦지 않았다는 말을 해주고 싶다"고 서문에 썼다.

다정은 『질풍노도 이렇게 넘어라!』라는 책을 쓰며 자존감이 높아지고 정서적으로도 많이 안정을 찾아간 사례다. 다정은 읽기와 쓰기 능력이 낮은 편이었으나 성적에 대한 욕심이 컸고, 이 때문에 평소에 스트레스를 많이 받는 학생이었다. 수업 시간에 친구들에게 짜증내는 장면도 자주 목격되었다. 그러나 주제를 설정한 후부터 책쓰기 수업에 큰 흥미를 보였다. 막힐 때마다 교사가 해주는 조언을 잘 받아들였고, 그때그때 난관을 극복하면서 사고력과 글쓰기 능력이 눈에 띄게 향상되어가는 모습이 인상적이었다.

"나는 힐링이 필요해"라는 제목으로 서문을 쓴 상철은 부모의 과도한 학업 기대 때문에 지쳐 있던 상태였다. 반항심과 충동성이 뒤엉켜 사고도 많이 치곤 했다. 혈기 넘치는 성격인 만큼 학교 일과만 성실히 하고 이후에는 운동이나 하고 마음껏 돌아다니게 해야 딱 맞을 것 같은데, 저런 학생이 학원에 앉아 있으려면 생병이 나겠구나 싶어 언제나 안타까웠다. 상철이 학업과 성적에 대한 스트레스를 충

[그림 7] 『질풍노도 이렇게 넘어라!』

[그림 8] 『엄마를 찾아서』

동적 일탈 행동으로 풀다가도 마음먹고 글을 쓸 때면 그 넘치는 에
너지가 글로 나온다 싶게 전개력이 좋았다. 마음속 로망이었던 뉴욕
여행을 글로라도 실행해보라고 가상 여행기를 써보게 했는데 놀라
운 집중력을 발휘해 『가자! 뉴욕』을 썼다. 상철은 비뚤어지려는 자
신을 돌아보게 해줬다며 교사에게 항상 고마움과 신뢰를 표현했다.

빼어난 그림 실력으로 삽화를 손수 그려가며 동화 『엄마를 찾아
서』를 쓴 슬기는 섬세한 감성과 빼어난 창조력을 갖고 있으나 정확
한 문장이 뒷받침되지 않았다. 글쓰기를 하며 끊임없이 비문과 맞춤
법에 대한 감각을 가다듬어 나갔다. 아마 굉장히 좋은 자기 주도 학
습이 되었을 것이다. 언제나 우울하고 위축된 기색의 여학생이었는
데, 이야기를 창작해내면서 자존감이 높아지는 것을 눈에 띄게 확인
할 수 있었다.

백과사전에 도전한 학생도 있었다. 백과사전 형식은 아마추어가 시도하면 자칫 정보를 단순 나열하기 쉬운데, 완소는 파충류를 키워 본 자신의 경험을 재밌게 곁들여가며 개성 있는『양서류·파충류 백과사전』을 써냈다. 무엇보다 대상을 좋아하는 학생의 마음이 잘 드러나 있어서 그런 것 같았다. 수업을 방해하는 행동을 일삼던 완소가 입을 꾹 다물고 몰두하며 즐겁게 글을 쓰는 모습을 바라볼 수 있어서 행복했다.

전 세계 축구 선수 중 연봉순으로 열 명을 뽑아 그들의 간략한 전기를 쓰겠다는 처음의 당찬 포부가 점점 축소되어 두 명으로 줄어든 책『축구의 신』. 이 책은 승훈이 메시 전기와 호날두 전기를 흥미롭게 읽고, 읽은 내용을 요약해서 쓴 책이다. 승훈은 알고 싶은 내용을 책으로 읽고, 그것에 대해 쓴다는 것에 열광했고, 한 페이지 한 페이지 써 내려갈 때마다 희열을 느꼈다. 성적은 어느 정도 나오지만 수업 시간에 크게 흥미를 느끼지 못하던 학생이었는데, 이 수업을 통해 국어 수업 참여도가 확 달라졌다.

해석은『해외여행 안내서』를 썼다. 여행을 가고 싶지만 영어를 못해서 갈 수 없을 거라 생각했었는데, 책을 쓰면서 조금씩 배우면 되고 도움을 청하면 되는 거라는 걸 깨달았다고 했다. 책을 쓰면서 상상으로나마 여행을 떠나보면서 자신의 사고 틀을 깨보는 작지만 소중한 기회가 아니었을까? 창백한 안색에 웃음기가 없고 조금은 위축되어 보이던 학생에게 작지만 보람과 자부심을 선물할 수 있었던 시간이었다.

지금까지 살펴본 것처럼 책쓰기 교육은 읽기·쓰기 능력과 관심사가 제각각인 아이들에게 다양한 즐거움과 이로움을 선물한다. 우선 교과의 벽을 뛰어넘어 학생들이 통합적으로 읽고 쓸 기회를 준다. 소소한 흥밋거리로만 간직하고 있던 주제에 관해 깊이 탐색하게 하여 십대의 진로 결정 능력을 높여준다. 또한 교과서에 실린 글에 잘 반응하지 않았던 학생들도 자신의 흥미와 수준에 맞는 읽을거리를 찾아 읽고 글을 쓰면서, 문해력과 글쓰기 능력이 향상된다. 아울러 스스로 선택한 주제에 관해 몰두하며 읽고 쓰는 자신을 발견하게 하여 자존감을 높여주고, 자연스럽게 정서를 안정시키는 효과까지 있다.

책쓰기 교육의 개념과 지도 방법, 다양한 지도 사례를 담고 있는 이 책과 함께 이제 책쓰기 교육을 구체적으로 준비해보자.

# 책쓰기 교육이란
# 무엇인가?

— 청소년의 현재를 보듬고 미래를 열어주는
읽기·쓰기 통합 교육

_____

_____

_____

_____

_____

_____

_____

## 김미경

★김미경 선생님은?

| 과목 및 경력 | 국어, 15년 |
|---|---|
| 책쓰기 교육 지도 대상 | 중학교 1~3학년 |
| 지도 대상의 특징 | 남녀 공학, 경기 소도시의 중학교 |
| 책쓰기 교육 시수 | 주 2시간(20차시) |
| 책쓰기 교육 주제 | 자유 주제, 진로 |

누구나 한번쯤 '나만의 책을 한 권 쓰고 싶다'는 소망을 품어본 적이 있을 것이다. 그중에는 '이런 주제로 책을 써보면 어떨까?' 하고 쓰고 싶은 주제까지 구체적으로 마음속에 품고 있는 이들도 꽤 된다. "내가 살아온 삶을 책으로 쓰면 몇 권은 될 것"이라는 말은, 어쩌면 우리 삶이 곧 책이 될 수 있다는 말이도 하다.

물론 이런 소망을 실현하기가 쉽지 않다. 마치 언젠가 한번은 꼭 떠나고 싶은 '세계 여행'처럼, 그래서 더욱 은근한 소망으로 자리 잡는다. 학생들이 한번쯤은 나만의 '책'을 써보게 하자는 '책쓰기 교육'은 이 때문에 굉장히 매력적이면서 동시에 많은 교사들에게 도전적인 교육 방법으로 다가온다.

'수업 시간에 학생들이 자기 책을 쓴다고? 그게 가능할까?'

수업 속에 교과서 바깥의 책을 들여오고, 오랫동안 학생들과 책으로 호흡해오다 처음 '책쓰기 교육'을 접했을 때, 나에게도 책쓰기 교육은 매력적이지만 쉽게 도전하기 어려운 교육으로 느껴졌다.

학생들이 수업 시간에 자신만의 책을 쓰는 모습을 멋진 꿈으로만 간직하고 있던 어느 날, '내가 먼저 책을 써보면 어떨까?' 하는 생각이 들었다. 우선 그동안 책따세 활동을 하면서 글을 쓴 경험을 되돌아보았다. 학생들한테 읽히면 좋겠다 싶은 책을 찾아보고, 그 책을 화제로 학생들하고 이야기 나눈 경험을 모아 한 쪽가량의 서평을 써왔다. 서평을 쓸 때마다 생각과 감정이 생생해지고 풍성해지는 행복한 느낌은 마음에 드는 글을 쓰기 위해 자판 앞에서 끙끙대는 시간의 고통을 상쇄할 만했다.

그렇게 한 쪽가량의 글을 꾸준히 써오다가 2003년 겨울, '중고등학교 졸업생에게 권하는 책'이라는 상황별 추천도서 목록을 기획하면서 네 쪽가량의 글을 쓸 기회가 왔다. 그리고 이때의 경험을 살려 『책따세와 함께하는 독서 교육—추천도서 목록 만들고 활용하기』(책따세, 청어람미디어, 2005)를 책따세 선생님들과 함께 쓰게 되었다. 그러면서 깨달은 것이 한 쪽을 쓸 수 있는 사람은 네 쪽도 쓸 수 있고, 열 쪽도 쓸 수 있고, 책 한 권 분량의 글도 쓸 수 있다는 사실이었다.

그 후 학생들과 같이 성장소설을 읽으며 개인 상담을 하고 독서수업을 해온 경험을 모아 책을 써보자는 생각을 하게 되었다. 초등학교 때는 즐겁게 책을 읽었던 학생들도 중학교에 들어오면 책을 어려워하고 멀리하는 경우가 많은데, 이런 학생들에게도 청소년 성장소설은 책이 나의 삶과 먼 곳에 있는 게 아니라는 느낌을 줬다. 청소년 각자가 처한 문제 상황에 맞게 좋은 성장소설을 추천한다면, 초보적인 독서 교육과 함께 정서 안정 효과까지 얻을 수 있다는 점도 고려하였다. 책따세 활동을 하는 분들과 함께 여러 해 쓰고 고치기를 거듭하면서 나중에 『십대 마음 10大 공감』(김미경·이수정·지현남, 찰리북, 2011)이라는 책 제목도 함께 정했다.

그런데 처음부터 책을 내기로 작정하고 글을 써나가기란 쉽지 않다. 그냥 자신이 좋아하는 대상을 더 알고 싶어서 공부하는 마음으로 한 편 한 편 글을 써 모으다 보면 어느 순간 책이 되는 경우가 더 많다. 더 알고 싶은 대상이 하나의 씨앗이라면, 물과 햇빛을 주면서 싹을 틔우고 줄기가 자라게끔 하는 과정이 책쓰기 과정이라고 볼 수 있다. 내 경우 그렇게 해서 쓴 책이 『모차르트 오마주』(김미경, 서해문집, 2012)였다. 2년 동안 매일 모차르트의 음악을 한 곡씩 반복하여 듣고, 음악을 들을 때 떠오르는 장면을 써 내려갔다. 처음부터 책을 쓰겠다는 의지를 갖고 쓴 것은 아니었다. 열 곡 이상 해설 이야기가 모이자 이것을 스무 곡, 서른 곡 늘려나가면 책이 될 수도 있겠다는 생각이 들기 시작했다. 음악을 잘 알아서 쓴 책이라기보다는 작곡 당시 음악가의 생애도 찾아보고, 연주자들의 공연 동영상도 찾아보고, 특정한 곡을 들을 때 떠오르는 그림과 시를 찾아가며 생각과 감성을 부풀려나간 경우였다.

학생들에게 책쓰기 교육을 할 때도 이 과정이 고스란히 적용된다. 무엇보다 '책을 쓴다'는 말이 주는 무게만 내려놓으면 한결 쉬워질 것이다.

# 1. 책쓰기 교육을 위한 준비

책쓰기 교육은 학생 스스로 저자가 되어 주제를 설정하고, 차례를 구성하며, 자료를 수집하고 글을 써 나가게 하는 교육이다. 이 과정에서 학생들은 좋은 책을 스스로 찾아 읽으며 지적이고 감성적인 자극을 계속 경험하고, 표현 활동으로서의 글쓰기가 자연스럽게 뒤따르게 된다. 책쓰기를 하는 동안 학생들은 자신들의 수준과 흥미, 속도에 맞게 학습을 한다. 교사 역시 그 과정에서 학생 하나하나의 수준과 흥미, 속도를 알아나가고 그의 발전을 도울 수 있다. 이렇듯 책쓰기 교육은 개별화 교육이다.

또 하나, 책을 쓰는 과정에서 학생들은 자신에게 맞는 속도대로 공부를 하고 있기 때문에 굳이 결과에 대해서 연연해할 필요가 없다. '몇 쪽이나 쓸 수 있을까?' '열 쪽 내외도 책이라고 말할 수 있을까?' 결과물의 완성도에 대한 이런 걱정 때문에 주저하지 않아도 된다.

그런데 '나만의 책쓰기'를 지도하기에 앞서 교사들이 먼저 유념해야 할 점이 하나 있다. '나만의 책쓰기' 교육을 하려고 할 때 섣부르게 '진로'라는 단어를 너무 앞세우면, 많은 학생들이 따라오지 못한다는 점이다. 특히 진로가 정해지지 않은 학생들은 아주 작은 관심사나 흥미에 대해서도 쓰고 읽고 공부해보는 기회를 가질 수 있도록 도울 필요가 있다.

진로 교육이나 책쓰기 교육이 빨리 자신들을 정신 차리게 해서 좋은 고등학교, 좋은 대학교에 가게 만들려는 속셈을 감추고 있다고 느끼는 순간, 학생들은 움츠리고 도망간다. "애들아, 자기 진로 분야에서 자유롭게 주제를 정해 책을 써보자"라고 좋은 말로 다가갔는데도 "전 꿈이 없는데요?" 하며 심드렁한 눈으로 교사를 바라보는 학생이 있다면, 바로 이런 심리일 확률이 높다. 이 경우 학생의 현재 상태를 존중하고 거기서부터 자신의 흥미를 꾸준히 탐색할 수 있도록 돕는 게 좋다.

거듭 말하지만 학생들에게 아주 작은 관심사나 흥미에 대해서도 쓰고 읽고 공부해보고, 즐거움과 보람을 느낄 수 있는 기회를 제공하는 것이 더 중요하다.

본격적으로 책쓰기에 들어가기에 앞서 다양한 책을 학생들과 함께 읽어보는 것이 좋다. 학생들이 책을 읽고 경험을 확장할 수 있도록 다양한 독서 교육 방법을 적절히 적용해보는 것은 배우는 청소년뿐 아니라 가르치는 교사 입장에서도 큰 자산이 된다. 어떤 흥미와 관심사, 독서 수준을 가진 학생들이 어떤 책을 좋아하고 잘 읽는가에 대한 경험적 자료가 많을수록, 책쓰기 과정에서 학생들이 벽에 부딪힐 때 교사가 구체적인 도움을 줄 수 있기 때문이다. 청소년의 눈높이에 맞는 좋은 책과 저자를 두루 꿰고 있는 교사가 곁에 있다면, 학생 저자는 좋은 자료가를 옆에 두고 수시로 배워가며 집필할 수 있는 것이나 다름없다.

이처럼 학생과 교사 모두에게 책쓰기 교육의 비옥한 토대가 되는 풍성한 독서 문화를 조성하기 위해서 무엇부터 시작하면 좋을까?

학생들에게 책을 읽히려고 하면 가장 먼저 부딪치는 문제가 '무엇을 읽힐까?'이다. 좋다고 하는 책 한두 권을 정해 모두에게 읽게 하자니 또 하나의 교과서처럼 될 것 같고, 원하는 책을 읽게 하자니 흥미 위주, 시간 때우기 위주의 책들만 손에 든다. 어떤 책을 학생들에게 권해야 책 읽는 재미와 의미를 모두 맛보게 할 수 있을까?

학생들은 대체로 어떤 책이 '나와 상관 있을 것 같다'고 느낄 때 관심을 보인다. 내 삶과 관련이 있을 때, 내 문제를 해결하는 데 도움이 될 것 같을 때, 비로소 어떤 책 앞으로 손을 뻗는다.

그래서 책을 읽히려는 교사는 '학생들의 삶과 관련 있는 책을, 관련성 있게 소개하는 능력'을 갖추는 것이 중요하다. 이때 책따세 추천도서 목록은 상당한 활용 가치가 있다. 오랫동안 학생들에게 책을 읽혀온 현장 교사들이 그해 나온 신간들 중에서 학생들 눈높이에 맞는 좋은 책을 가려 뽑아 활용 방안과 함께 소개한 것이 책따세의 추천도서 목록이기 때문이다.

---

**Tip**

**책쓰기 교육의 요람, 책따세**

책따세는 몇몇 교사들이 1998년에 모여서 시작했고, 지금은 일반인도 활동하는 비영리 사단법인이다. 80명 정도가 정회원이며, 30명 정도가 운영진으로 매주 정기적으로 만나서 활동하고 있다. 처음에는 학교 도서관 중심의 독서 교육에 몰두하다가 최근에는 읽기·쓰기 문화의 확산과 심화에 주력하고 있다. 책따세 홈페이지에 가면 그동안 책따세가 개발한 상황별·주제별 추천도서 목록과 책쓰기 교육 관련 자료를 내려받을 수 있다.

하지만 아무리 좋은 추천도서 목록이 있어도 그것을 그대로 가져다 자신이 가르치는 학생들에게 적용하는 것은 무리이다. 좋은 추천도서 목록을 1차 자료로 삼아 교사 스스로 '나만의 추천도서 목록'을 만들어보는 것이 좋다. 이를 위해 학생들에게 왜 책을 읽히려고 하는지, 이번 학기 또는 이번 단원 독서 교육을 통해 특별히 어떤 경험을 학생들에게 제공하고 싶은 것인지 자신만의 독서 교육 목표를 설정해야 한다. 이 과정은 학생들의 학년과 성별, 독서 수준과 흥미, 특성을 고려하는 과정이다. 또 어떤 책을 권할지, 어떤 식으로 그들의 삶(또는 문제)과 연관 지어 소개할지 결정하는 과정이기도 하다.

교사가 여러 책을 가까이하면서 무엇을 읽힐까, 어떻게 학생들과 연관시킬까와 같은 문제에 대해 깊이 생각해보고, 그 결과를 자신만의 목록으로 만들어보는 것은 독서 교육의 성패를 가름하는 중요한 요소다.

특정한 상황을 설정하고 그와 연관된 도서를 제시하는 방법도 써봄 직하다. 예를 들어 성性에 관심이 생긴 학생들이 읽으면 좋은 책, 졸업하는 학생들에게 추천하는 책, 예술계로 진출하려는 학생들에게 추천하는 책 등이 그것이다.

참고로, 구체적인 상황을 설정하고 그 상황에서 추천할 만한 도서를 체계적으로 연구한 것이 책따세의 '상황별·주제별 추천도서 목록'이다. '책을 읽기 싫어하는 학생들에게 권하면 좋을 책' '중고등학교 졸업생에게 권하는 책' '우리 아이들이 읽을 만한 성 관련 책'청소년에게 권하는 경제적 빈곤에 대한 책'평화를 위한 삶, 우리들의 희망 만들기'학교와 아이들, 우리들의 이야기' 등 책을 읽고 싶어질 만한 특정한 상황이나 주제를 정한 다음, 그에 맞는 추천도서를 선정한 것이다. 이외에도 좋은 만화책, 인물 이야기책, 여행책, 동화책, 예술책, 과학책, 성장소설 등 일정한 상황에 맞추어 활용하기 쉽도록 특수한 분야별로 청소년 눈높이에 맞는 책을 정리해 두었다.

이 목록을 참고하여 학생들이 깊게 생각해볼 문제를 설정한 다음, 그것을 해결하는 데 도움이 되는 추천도서 목록을 교사 스스로 만들어보는 것도 좋겠다.

===================== Tip

**교사 스스로 만들어보는 추천도서 목록**
자신이 가르치는 학생들과 책을 어떻게 연관 지어줄까 생각해본 다음, 다양한 기관의 추천도서를 활용하여 자신만의 추천도서 목록을 만들어 투입하면, 독서 교육의 실패를 줄일 수 있다. 책을 멀리하던 학생들도 차츰차츰 교사가 권하는 책에 손을 뻗는 모습을 쉽게 만나게 된다. (장별 부록 참조.)

그런데 책을 오랫동안 추천하여 읽히다 보면, 이런 방식으로도 어느 정도 한계를 느낄 때가 온다.

'언제까지 교사가 좋은 추천도서 목록을 선정해서 제공해야 하는 것일까?'

'학생이 스스로 좋은 책을 가려 뽑을 수 있도록 안목을 길러주는 것이 더 중요하지 않을까?'

'시간 때우기용 책과, 읽고 나서도 시간이 아깝지 않은 책을 구분하고, 자신의 내면과 삶을 가꾸어나가는 데 도움이 되는 책을 읽는데 더 많은 시간을 들이는 태도를 길러주는 것이 필요하지 않을까?'

그럴 때는 도서관에 학생들을 데려가 자신에게 도움이 될 만한 책을 직접 찾아보는 수업을 해볼 수도 있다. 좋은 책을 고르는 방법을 안내하고, 학생 스스로 자기 관심 분야와 수준에 맞는 좋은 책을 찾게 한다. 몇 번을 바꿔가면서 딱 맞는 책을 고른 다음, 그 책을 항상 가지고 다니며 읽는 습관이 생기도록 유도하는 '가방 속에 좋은 책 한 권'이 바로 이것이다.

# 2. 책쓰기 교육 단계별 지도 내용

여기까지 진행해도 교사의 의문은 계속될 수 있다.

'어쩌면 학생 스스로 자기 삶에서 해결해야 할 문제, 그러니까 의제를 설정하는 능력과 태도를 길러주는 게 가장 중요한 게 아닐까?'

'남이 써놓은 책에서 답을 찾아내는 능력도 중요하지만, 자기 스스로 의제를 설정하는 능력을 길러주는 것이 더 중요하지 않을까?'

'그렇게 찾아낸 의제를 해결하는 데 도움이 될 만한 자료와 정보, 책과 사람을 스스로 찾아 나설 수 있는 능력을 길러주는 것이 중요하지 않을까?'

이런 질문들이 떠오르기 시작한다면, 이제 독서 교육의 틀을 더욱 과감히 바꿔야 할 때가 왔다는 신호다. 여기에 대한 하나의 요긴한 해법으로 다가오는 것이 바로 '나만의 책쓰기 교육'이다.

자신이 관심 있는 분야를 찾아 책의 주제를 설정하고, 어떤 식으로 공부해나갈지 생각해 책의 차례를 구성하게 하는 것, 그렇게 만든 설계도대로 책을 쓰기 위해 스스로 찾아 읽게 되는 것, 읽기와 쓰기가 자연스럽게 통합되는 책쓰기 교육을 시작해보자.

허병두는 『나만의 책쓰기—허병두의 즐거운 글쓰기 교실 3』(문학과지성사, 2012)에서 나만의 책쓰기 교육을 위해 부담 없애기 훈련부터 최종 정리까지 총 10단계에 걸친 지도 전략을 제시하였다. 이 전략에 따라 학교 현장에서 책쓰기 교육을 실천해본 결과, 다음과 같이 5단계로 간략화할 수 있다는 것을 깨달았다.

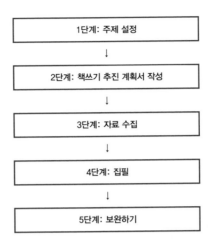

| 1단계: 주제 설정 |
| --- |

↓

| 2단계: 책쓰기 추진 계획서 작성 |
| --- |

↓

| 3단계: 자료 수집 |
| --- |

↓

| 4단계: 집필 |
| --- |

↓

| 5단계: 보완하기 |
| --- |

학생들은 먼저 자신이 무엇에 대해 쓸 것인지 주제를 설정하고, 차례를 구성하며 책쓰기 추진 계획서를 작성한다. 필요한 자료를 수집하여 원고를 집필하고, 어느 정도 원고가 모이면 저자 소개글과 서문을 쓰면서 책의 형태를 갖추도록 보완해나간다.

각 단계별로 학생들을 어떻게 지도할지 하나씩 살펴보자. 매주 2차시씩 10주간 진행하여 총 20차시를 진행할 수도 있고, 책쓰기 프로젝트 기간을 설정하여 매주 4차시씩 4~5주 안에 집중적으로 마무리할 수도 있다. 어느 경우든 주제를 설정하는 데 가장 많은 공을 들이며, 전체 과정 중 절반에 가까운 시간을 쓴다. 자신이 무엇에 대해 관심이 있는지 발견하는 과정이 이 교육의 핵심이기 때문이다.

━━━━━━━━━━━━━━━━━━━━━━━━━━━ Tip

책쓰기 교육 수업 기획안

대략 20차시를 전후로 한 프로젝트 수업 형태로 책쓰기 교육을 시행할 때,
교육 여건에 따라 한 학기 동안 천천히 진행하는 방법과 프로젝트 주간
을 정해서 집중적으로 이끄는 방법 중에 선택할 수 있다. 장별 부록으로
제시한 수업 기획안을 참고하여 차시별 수업의 흐름을 가늠해보자.

이어서 서술되는 각 단계별 지도 내용은 「부록 2. 나만의 책쓰기
활동지」를 참고하며 읽는 것이 이해하기 편하다.


## 1) 1단계: 주제 설정

학생들이 책을 쓰기 위해서는 자신만의 주제를 찾는 과정이 가장
기본이 된다. 지금 현재 자신의 관심사에서 시작하여 더 알고 싶은
것, 잘하고 싶은 것, 바꾸고 싶은 것 등등으로 점점 범위를 넓혀가
며 생각을 펼치게 하여 마침내 자신이 책으로 쓰고 싶은 것을 정하
게 한다. 이때 '원형정리법'을 활용하면 학생들의 발상과 메모를 쉽
게 도울 수 있다("나만의 책쓰기 활동지 1" 참고).

원형정리법이란 "자유롭게 자신의 생각과 느낌을 떠올리며 이를
원 둘레에 메모하며 방사선 형태로 펼쳐 나가는 특별한 메모식 정리
방법"(허병두, 『나만의 책쓰기—허병두의 즐거운 글쓰기 교실 3』, 142쪽)이다.

학생들에게 활동지에 그려진 원 안에 자신의 이름을 써 넣고 원

주위를 빙 돌아가며 메모하게 한다. 대개 4~5개 정도 적고 나면 연필을 내려놓는데, 이럴 때 교사가 더 쓰라고 요구해봐야 학생들은 더 이상 떠오르는 게 없기 때문에 잘 반응하지 않는다.

대신 교사가 직접 시범을 보이며 학생들이 원형정리법에 익숙해지게 하는 게 좋다. 칠판에 원을 그려 넣고 '중학교 1학년' 같은 공통 화제를 써 넣는다. 그러고는 교실 전체를 지명하며 발표를 시킨다. 속도감과 재미를 주기 위해 교사가 "번개!"를 외치면서 손으로 학생을 지명하면 '번개를 맞은' 학생이 대답하는 식으로 해도 좋다. 교사는 학생들의 발표 내용을 받아 적으면서 '돌아돌아!' '끼리끼리!' '줄서줄서!'의 원형정리법 메모 요령이 드러나게 판서한다.

'돌아돌아!'란 원 안에 적힌 화제를 보면서 떠오르는 생각을 원 둘레를 따라 이리저리 펼치는 것이고, '끼리끼리!'란 비슷한 것들끼리 연관 지어 메모하는 것이다. '줄서줄서!'는 떠오른 생각을 끼리끼리 모아서 메모하되 범위가 넓으면 원 가까이에, 범위가 좁으면 원에서 멀리 떨어지게 배열하는 것이다.

이런 식으로 교사가 시범을 보이면서 원형정리법의 세 가지 핵심 요령을 알려주고 학생들의 발상을 촉진한다. 그다음 자신의 활동지로 돌아가 20개까지 늘려보라고 학생들에게 요구한다. 그래도 여전히 아이들은 쉽게 생각을 늘려나가지 못한다. 1분 정도 시간을 더 줄 테니 짝 것을 보고 쓰라고 하고, 다시 1분을 더 주면서 자기가 보고 싶은 사람 것을 가서 보고 응용해오라고 한다. 자리를 이탈해 친근한 아이들에게 갈 수 있게 해주는 순간, 교실이 활발해지면서 아이들은 원형정리법과 조금 더 친해지게 된다.

자기를 돌아보기 위해 '아리랑 곡선'을 그리게 할 수도 있다. 아리랑 곡선은 세로축 상하에 각각 기쁨과 슬픔의 감정축을 그리고, 가로축에 출생부터 현재 또는 미래까지 시간의 흐름을 그린 다음, 시기별 자신의 감정을 좌표 형태로 점을 찍으며 표현하게 하는 활동이다. 아리랑 곡선에 찍은 점 옆에 당시의 사건을 간단히 메모하게 하는데, 그것 중 한두 가지를 골라 글을 쓰면 자연스럽게 자서전 쓰기로 이어질 수 있다("나만의 책쓰기 활동지 2" 참고).

주제를 설정하기 위해서는 학생들의 관심 범위를 자연스럽게 넓혀주는 게 중요한데 신문을 활용할 수도 있다. 신문을 한 부씩 나눠주고 훑어보며 관심 있는 기사를 연필로 체크하게 한다. 그런 다음 고른 기사 전체를 활동지에 오려 붙이고, 왜 관심이 가는지 이유를 간단히 쓰고 기사 내용을 소개하게 한다. 자연스럽게 신문 기사를 읽고 요약하는 연습이 된다("나만의 책쓰기 활동지 3" 참고).

이때 학생들을 자세히 관찰하면 관심 분야가 스포츠나 연예 관련으로 한정되어 있음을 확인할 수 있다. 정치, 사회, 경제, 교육, 문화 등 다양한 분야로 관심을 넓히도록 유도하기 위해 신문 기사의 가치를 평가하게 해보면 좋다. 가장 마음이 따뜻해지는 기사, 가장 흥미 있는 기사, 집에 가서 식구들에게 알려주고 싶은 기사 등 평가 기준을 정해주고 1위부터 3위까지 각각 고르게 하는 것이다. 익숙해지면 '가장 ~한 기사'라며 학생들이 스스로 기준을 정해 기사의 가치를 평가하게 해도 좋다. 평가를 하기 위해 부지런히 신문을 넘기며 폭넓게 신문을 읽는 모습을 확인할 수 있다("나만의 책쓰기 활동지 4" 참고).

이렇게 폭넓게 신문을 읽는 수업을 꾸준히 진행한 후 어느 정도 자료가 모였다 싶으면, 그동안 스크랩한 내용을 다시 훑어보게 한다. 자신이 어느 분야에 관심을 두고 있는지 돌아보면서 생각의 범위를 확장할 수 있다("나만의 책쓰기 활동지 5" 참고).

만약 특별히 진로 분야에서 책의 주제를 설정하게 하고 싶다면, 먼저 '자기 이해'를 돕는 게 필요하다. 자신이 어떤 사람인지 파악하고 이해하게 돕는 것이다. 여러 방법이 응용 가능하지만 학교 진로 상담실에서 구하기 쉬운 성격유형 검사, 직업적성 검사, 다중지능 검사 등을 활용하여 자기를 알아보게 하고, 심리 검사 후 자신에 대해서 알게 된 것과 앞으로의 진로 탐색 계획에 대해 간단한 글을 쓰게 할 수 있다. 그러고 나서 종합적 해석, 추천 직업 분야, 자신의 관심 직업 위주로 간략하게 메모를 하고 모둠원에게 조언을 들어보게 해도 좋다("나만의 책쓰기 활동지 6" 참고).

이렇게 진로와 관련한 자기 이해가 어느 정도 이루어지면 직업 세계에 대한 정보를 탐색하게 하는 것도 좋다. 이때 도서관에 미리 '진로 서가'를 따로 꾸며놓고 활용할 수 있다. 진로 서가를 구성할 때는 짧은 시간에 깊이 있게 탐색하기 좋도록 학생들의 상황을 구체적으로 분류하고, 자신의 상황에 맞는 추천 진로 도서를 찾아가도록 안내하는 것이 좋다. 학생들의 진로 인식 수준은 천차만별이기 때문에 그런 학생들의 상황을 고려하여 진로 서가를 구성하는 것이다.

특정 직업 탐색, 일의 세계 탐색, 자기 탐색, 삶의 의미 탐색 등으로 진로 서가를 분류하고, 학생 각자가 처한 상황에 맞게 추천도서를 골라 읽을 수 있도록 한다.

원하는 직업이 분명하여 특정 직업이나 분야에 대한 구체적인 정보를 얻고 싶다면 '직업 탐색' 코너를, 아직 특정한 희망 직업이 없다면 여러 직업과 분야를 두루 접하면서 일의 세계를 폭넓게 탐색할 수 있는 '일의 세계 탐색' 코너를 찾아가면 된다. 아직 좋아하는 분야도 없고 자신감도 없어 고민이라면 심리 상담과 진로 상담을 하면서 자기와 세계를 두루 탐색하는 '자기 탐색' 코너를, 무엇을 위하여 공부하고 상급 학교에 가고 어른이 되는 것인지 삶의 의미를 찾고 싶다면 '삶의 의미 탐색' 코너를 가보라고 한다. 자세한 추천도서는 「부록 1. 진로 교육 추천도서 목록」을 참고하면 된다.

진로 서가에 꽂힌 책들을 활용하여 정보 탐색을 할 때, 빠른 시간에 책을 많이 찾아내는 방법을 익히게 하면 좋다. 제한 시간 안에 자신이 관심 있는 분야를 다룬 책을 얼마나 많이 찾고, 내용을 파악할 수 있는지 확인해보겠다고 하는 것이다. 한 번에 다섯 권 이상 찾아내도록 격려하고, 도서관에 갈 때마다 찾은 책 중 한 권을 읽고 그날 읽은 내용을 정리하게 하면 진로에 관한 정보 탐색을 도울 수 있다. 이때도 원형정리법을 활용할 수 있다. 원 주위에 그날 읽은 목차 개수만큼 가지를 그리고, 그 위에 소제목을 그대로 쓰게 한다. 그리고 그 목차에 나오는 단어 중 기억나는 것을 열 개 정도 적은 다음, 적어놓은 단어를 참고하면서 문장을 쓰게 하면 읽은 내용을 쉽게 정리할 수 있다("나만의 책쓰기 활동지 7" 참고).

학생들이 관심 분야를 찾아 주제를 설정해도 그 범위가 너무 넓어 추상적인 수준에 머물러 있을 때가 많다. 이때 자신이 감당할 수 있는 범위로 주제를 좁히게 해주는 것이 필요하다. 먼저 세 가지 주제를 고르고 그것들을 활동지에 쓰게 한다. 그러면 대개 '축구' '청소년' '진로' 등 단어 형태로 적는다. 이 단어 형태의 메모를 범위를 좁혀가면서 어구나 문장 형태로 구체화하는 것이 주제 좁히기 과정이다. 예를 들어 '축구→한국 축구→좋아하는 축구 선수 top 10 쓰기' '청소년→비행 청소년→비행 청소년의 상처와 말썽 그리고 극복 과정' 이렇게 말이다("나만의 책쓰기 활동지 8" 참고).

교실에서 보면 이때부터 아이들 간의 격차가 벌어지기 시작한다. 빠르게 적용하는 아이들 여섯 명 정도를 그날의 선생님으로 정해서 다른 아이들을 도와주게 할 수도 있다.

주제를 좁혀 어구 형태로 구체화시켰다면, 자신이 설정한 주제에 관해 급우들에게 평가를 받아보게 하는 것도 좋다. 내가 쓸 수 있을지, 재미는 있을지, 이 책이 유용할지에 대해서 친구들에게 10점 만점으로 점수를 매기고 의견을 써달라고 한다. 그 과정에서 학생들은 자신이 어떤 주제를 선택하는 게 좋을지 가늠하게 된다("나만의 책쓰기 활동지 9" 참고).

## 2) 2단계: 책쓰기 추진 계획서 작성

주제를 설정했으면 이제 책의 차례를 구성한다. 차례는 건축 설계도와도 같다. 차례 구성이 되어 있다면 어떤 내용을 쓸 것인지 구상이 끝난 상태라고 볼 수 있다. 역으로 차례를 보면, 그 주제에 대해 학생의 탐색이 어느 정도까지 이루어졌는지 알 수 있다.

차례를 구성한다는 것이 쉬운 일이 아니기에 학생들을 단계적으로 안내하는 것이 중요하다. 먼저, 옆에 두고 차례 구성을 본뜰 만한 책을 구해오게 한다. 도서관에 데려가서 '이런 책은 나도 써보고 싶다' 또는 '이 정도 책이라면 나도 쓸 수 있을 것 같다'에 해당하는 책을 찾아오게 한다. 전자는 훌륭한 책의 예이고, 후자는 쉽고 만만한 책의 예이다. 전자만 제시하면 학생들이 부담을 느낄 수 있기 때문에 후자도 조건으로 제시하는 것이다. 학생들 성향에 따라 선호하는 조건이 달라진다("나만의 책쓰기 활동지 9"의 2번 활동 참고).

이렇게 풀어놓고 책을 찾아오라고 하면 꼭 "선생님 제가 쓰고 싶은 주제는 없는데요?"라며 당황해하거나 항의하는 학생들이 있다. 그럴 땐 "당연히 없지. 그러니까 네가 쓰는 거야"라며 격려해주고 돌려보낸다. 자신이 쓸 바로 그 책이 아니라, 구성을 본뜨고 싶은 책을 찾아오라고 다시 안내한다. 즉, 주제가 비슷하지 않아도 자기가 쓰고 싶은 것과 형태가 비슷한 책을 찾아오게 하는 것이다. 그때부터 학생들이 알아듣기 쉽도록 그 책을 '본보기책'이라고 명명한다.

다음으로 '책쓰기 추진 계획서'에 각자가 정한 주제와 누구에게 읽힐 것인지를 쓴 뒤, 본보기책 제목과 그 책을 왜 골랐는지 쓰게 한다. 본보기책의 목차도 다 옮겨 적게 한다. 이걸 다 써야 하냐며 학생들이 불평해도 교사는 끄떡도 않아야 한다. 어떤 책의 목차를 꼼꼼히 다 써봤을 때에야 비로소 자기 책에 응용하기 편하기 때문이다.

책을 잘 고르고, 꼼꼼히 그 책의 목차를 베껴놓은 학생들은 그 목차에서 '주제'만 자기 것으로 바꾸면 된다는 것을 의외로 금방 파악한다. 옮겨 쓴 목차에서 단어 몇 가지 정도를 주제에 맞게 바꾸는 식으로 응용하면 된다고 받아들인다("나만의 책쓰기 활동지 10" 참고).

자료를 수집하고 주제에 대한 고민이 깊어가면서 책쓰기 추진 계획서(이하 추진 계획서)에 들어가는 목차는 여러 번 수정을 거듭하게 된다. 목차가 어느 정도 완성이 되었을 때 "나만의 책쓰기 활동지 11"을 나눠주면서 깨끗하게 정서하라고 한다. 이 활동지는 앞으로 자료를 수집하고 집필을 하는 동안, 내내 곁에서 나침반 역할을 하게 된다.

추진 계획서를 받아보면 주제 설정 수준을 개인별로 파악할 수 있다. 이때 전혀 주제를 설정하지 못하거나, 실패가 너무 뻔한 방식으로밖에 주제 설정을 하지 못하는 학생들을 도와줘야 한다.

부록으로 실은 활동지 중 "나만의 책쓰기 활동지 12"는 중학교 아이들을 대상으로 책쓰기 교육을 했을 때 나온 주제들을 모은 것이다. 몇몇 주제는 학생들에게 자극을 주기 위해 다른 책에서 뽑아온 것도 있다. 이 표를 나눠주며 마음에 드는 책 제목에 'O'를 표시하고, 그 책 제목을 바꾸면서 살짝 응용하게 한다. 예를 들어 '영화와의 데이트'라는 제목에 눈길이 갔다면 '축구와의 데이트'라는 식으로, 자신이 쓰고 싶은 주제를 넣어 응용하라고 하면 아이들에게 좋은 자극이 되어 곧잘 새로운 주제를 생각해낸다.

경우에 따라서는 함께 책을 쓰고 있는 급우들의 추진 계획서에서 영감을 얻을 수도 있다. 학생들의 책쓰기 주제가 너무 획일화되어 있을 때 참신한 주제의 추진 계획서를 몇 개 선정한 다음, 전체 학생들 앞에서 발표하게 해도 좋다. 이때 그 학생의 추진 계획서를 복사해서 나눠주면 더 몰두해서 듣는다("나만의 책쓰기 활동지 13" 참고).

### 3) 3단계: 자료 수집

주제를 설정하고 차례 구성까지 끝냈다면, 이제 자료를 수집할 차례다. 자료라면 '네이버 지식인'에 물어보는 방법밖에 모르는 학생들을 위해 자료 수집 방법을 체계적으로 안내할 필요가 있다("나만의 책쓰기 활동지 14" 참고).

먼저 우리나라 최대 규모의 기사 데이터베이스를 제공하는 '빅카인즈'(www.kinds.or.kr) 사이트를 이용하는 법을 알려준다. 신문은 일단 기자가 한 번 정보를 걸러서 만들어내는 자료이기에 정확도가 뛰어나다. 이때 중요한 점은 좋은 자료가 적당히 추려질 때까지 검색 조건을 달리하는 법을 안내하는 것이다.

학교 도서관에 비치된 전문 잡지도 훌륭한 자료 더미이다. 일부 학생들이 한두 잡지만 이용하고 있지만, 학교 도서관에는 좋은 잡지가 꽤 다양하게 갖추어져 있다는 점을 잊지 말자.

도서관에서 자신이 원하는 분야의 책을 찾을 수 없을 때나, 책을 다 읽어보지 않더라도 관심 분야에서 어떤 책들이 나오는지, 목차 구성이 어떻게 되어 있는지를 검색할 줄 안다면 그의 정보 수집 능력은 굉장히 높아질 것이다. 인터넷 서점에서 상세 검색 이용하기, 미리보기 메뉴 이용하기 등을 가르쳐주면 좋다. 혹시 학생이 참고하기 위해 사고 싶은 책이 있는데 망설이고 있다면, 공공 도서관에서 대출하거나 학교 도서관에 구입 신청을 하라고 알려주자.

전문 블로그도 꽤 유용한 정보처이다. 막연히 포털 검색을 눌러대는 것보다 검색 탭에서 '블로그'를 선택한 다음, 검색창에 관심 단어를 한두 개 입력하여 검색된 글을 읽어보면 이 글을 쓴 블로거가 1년 이상, 이 분야에서 전문적인 글을 올려온 사람인지 아닌지 가늠할 수 있다. 전문 블로거라고 판단되면 그 블로그를 집중적으로 검색하여 필요한 정보를 얻어낸다.

필요한 내용을 한글 파일로 정리해 USB에 저장한 다음, 나눠준 출력 신청서 양식을 작성해 제출하면 학교 도서관에서 출력을 해주는 것도 좋은 방법이다. 이 시스템을 갖춰놓으면 학생들이 꽤 좋아한다. 물론 사서 교사의 협조가 필수다.

다음으로 쓰려는 주제에 대해 내용이 잘 정리된 책, 즉 자기가 내용을 샅샅이 공부해야 하는 책을 찾아오게 한다. 이를 편의상 '자료책'이라고 명명하고, 세 권 정도 지니고 있게 한다. 자료책은 책의 완성도를 높여준다("나만의 책쓰기 활동지 7" 참고).

경우에 따라서는 앞서 설명한 자료 수집 단계를 거치지 않고 바로 집필로 들어가게 한 다음, 아무것도 쓰지 못하는 학생들만 별도로 모아 그 학생에게 맞는 자료 수집 방법을 따로 일러주는 것도 좋다. 일단 쓰기 시작해야 자신이 무엇을 알고 무엇을 모르는지 아는 경우도 많기 때문이다.

자료 수집 단계에서 전문가 인터뷰를 추진해봄 직하다. 전문가 인터뷰란 "나의 진로 분야에서 나에게 늘 조언해줄 평생의 귀인"을 찾는 과정이다. 내가 스승으로 모시고 싶은 저자를 찾아보는 것이다.

인터뷰하고 싶은 대상을 찾으면 책날개에 적힌 저자의 메일 주소를 활용하여 인터뷰를 요청하는 메일을 보낸다. 없으면 출판사 편집부에 전화를 걸어 문의하면 된다. 아이들은 출판사에 전화를 거는 과정 자체도 두려워하고, 그런 만큼 도전하면서 큰 희열을 느낀다. 내 경험상 30명의 학생들 중 15명가량이 인터뷰 약속을 잡는 데 성공했다("나만의 책쓰기 활동지 15" 참고).

## 4) 4단계: 집필

드디어 글을 쓸 차례다. 학생들에게 공책 형태의 빈 종이를 나눠주면 이때부터 학생들도 자기 앞에 빈 스케치북이 펼쳐져 있고, 본격적으로 붓을 들어야 함을 알아차린다.

많은 사람들이 그렇듯 첫 문장, 첫 줄을 떼지 못하는 학생들이 많다. 첫 줄에 대한 부담을 덜어줘야 학생들이 빈 종이 앞에서 도망가지 않는다. 이때에도 원형정리법이 부담을 덜어주는 좋은 도구가 된다("나만의 책쓰기 활동지 16" 참고).

초고를 쓸 때 절대 순서대로 쓰려 하지 말고, 차례를 훑어본 다음 가장 자신 있는 장을 고르라고 한다. 그다음 빈 종이 한가운데에 오늘 쓰려는 장 제목을 원 안에 쓰게 한다. 원 주위로 떠오르는 단어를 빙 둘러 메모하면 된다. 마치 화가가 팔레트에 물감을 덜듯, 원형정리법을 활용한 활동지에 자신의 생각을 덜어 부담 없이 연결할 수 있도록 도와주는 것이다. 물론 생각이 술술 풀려 글이 잘 써지는 사람은 이 단계를 생략해도 문제없다.

원형정리법을 가르쳐주어도 활동지에 아무 내용도 채워 넣지 못하는 학생들이 있다. 이런 학생들은 당연히 초고 쓰기도 진행되지 않는다. 대개 이들은 주제가 지나치게 막연하게 설정되어 있거나, 주제에 대해 아무런 공부가 되어 있지 않은 학생들이다. 이런 경우에는 새로운 내용을 투입해줘야 한다. 쓰기 위해 '읽기'로 돌아가는 것이다. 이때 인터넷 서점을 활용하여 '자료책' 찾아보는 방법, 신문 기사 데이터베이스를 활용하는 방법, 잡지 활용법, 전문 블로그에서 정보를 모으는 방법 등 앞서 다룬 자료 수집 방법을 다시 안내해준다. 그 방법을 통해 읽을거리를 수집하고, 읽은 내용을 메모하게 한다.

초고를 쓸 때는 마감 날짜를 정해놓는 게 좋다. 출판계의 농담 중에 "원고는 (작가가 아니라) 마감이 쓴다"는 말이 있다. 학생들에게도 일단 중간본의 마감 날짜를 정해주고 원고를 제출받은 다음, 일정한 양과 질을 갖춘 원고에 만점을 주는 식으로 점수를 부여하는 게 좋다. 이렇게 점수를 부여한 다음, 패자부활전식으로 점수 상향이 가능한 기간을 정해주면, 그 기간에 괴력을 발휘하여 뒤늦게 분량을 채워내는 학생들이 생긴다. 시간을 많이 준다고 초고의 양이 늘어나는 것은 아니다. 내 경우, 학생들에게 중간본 제출 마감일을 제시한 뒤 이와 같이 이끌어나갔다.

또 초고의 형태가 갖춰지기 시작할 때, 표절에 대한 교육을 하는 것이 좋다. 평가 방식과 연결하여 설명하면 쉽게 이해한다. 인터넷 여기저기에서 긁어온 자료들을 그대로 옮겨 적는 것을 '베낌'으로, 관련된 책 한 권을 읽고 정리해서 쓴 글을 '요약'으로, 관련된 책 세 권 이상을 읽고 잘 정리해서 쓴 글을 '종합'으로 명명한다. 각각 하, 중, 상으로 평정할 수 있다고 설명해주면 학생들은 자료를 폭넓게 찾아보는 일의 중요성, 찾은 자료를 무작정 옮겨 적지 않고 자기 언어로 요약해서 쓰는 일의 중요성에 대해 어느 정도 인식하기 시작한다. 아울러 다른 사람의 글에서 3어절 이상 연속으로 베껴 쓰는 것은 표절이 됨을 정확하게 인식시킨다.

초고는 손으로 쓰게 하는 것이 좋다. 컴퓨터로 글을 쓰기 시작하면 학생들은 '복사'해서 '붙여넣기'의 유혹을 이겨내지 못한다. 무작정 베껴 쓰는 학생에게는 옆에 자료를 놓고 그대로 가져다 쓰는 것보다는, 읽은 자료를 덮고 기억나는 내용을 써보라고 구체적으로 알려줘야 자기 언어로 정리하는 법을 배운다.

초고를 쓰고 있을 때 교실을 순회하면서 학생들이 쓴 글을 자세히 읽어보면, 주어와 서술어의 논리적 호응에 대한 감이 없이 비논리적 문장을 쓰는 학생, 적절히 끊어 쓰지 못하고 한 문장을 네다섯 줄이 넘게 계속 늘여 쓰는 학생 등을 발견하게 된다. 이렇게 논리적이고 정확한 문장에 대한 기본적인 감각을 갖추지 못한 학생들을 개별적으로 지도해주면 아주 효과적으로 글쓰기를 교정해줄 수 있다.

**Tip**

학생들 중에는 차례를 구성한 다음에도 해당 부분에 한 문단 정도의 글을 쓰고 나면 더 이상 내용을 부풀려 상세화하는 것을 특히 어려워하는 경우가 있다. 그럴 때는 일단 학생이 써놓은 글을 읽어보고 교사가 그 글에 관해 추가적인 질문을 던진 다음, 학생이 그 질문에 대답하게 하면 좋다. 일단 말로 생각의 실마리를 풀어내게 한 후 그것을 종이에 옮기면 글이 되는 신기한 경험을 몇 차례 하고 나면, 뼈대만 세워진 생각에 살을 붙여 구체적으로 글 쓰는 법을 자연스레 체득하게 된다.

## 5) 5단계: 보완하기

초고 분량이 최종 목표에 근접하면 저자 소개글과 서문을 쓸 기회를 준다. 분량에 상관없이 내용을 한 페이지로 계산해주겠다고 하면, 초고 쓰기에 지쳐가던 학생들이 다시 기운을 낼 수 있다. 저자 소개글과 서문은 원고가 책의 형태를 갖추도록 만드는 중요한 요소이기도 하다.

어떻게 써야 할지 막막해한다면, 따라 쓰기 좋은 저자 소개글을 몇 편 보여주고 어떤 요소로 구성되어 있는지 분석한 다음, 자신을 인상 깊게 소개하게 하면 된다. 서문 역시 같은 방법으로 지도한다 ("나만의 책쓰기 활동지 17·18" 참고).

중간본을 제출한 학생들은 탄력이 붙었기 때문에 이제 완성을 향해 나아갈 줄 안다. 여기에 저자 소개글과 서문까지 써서 붙이면 책의 체재를 갖추게 된다. 다 완성한 학생들 중 희망자를 추려 학기 말 자투리 시간을 활용해 컴퓨터실에서 한글 문서로 작성하게 하면, 훨씬 더 보기 좋은 책을 완성작으로 남겨줄 수 있다. 한글 문서 작성을 끝낸 학생들의 경우, 학교 예산을 활용해 작은 책자로 출간해줄 수 있고, 학교에 하나쯤은 보유하고 있는 스프링 제본기를 활용해 묶기만 해도 꽤 근사한 책으로 만들어줄 수 있다.

지금까지 책쓰기 교육 지도 내용을 주제 설정, 책쓰기 추진 계획서 작성, 자료 수집, 집필, 보완하기의 5단계로 제시해보았다. 「부록 2. 나만의 책쓰기 활동지」와 비교하면서 지도 방법을 머릿속에 그려보자.

# 교사 스스로 만들어보는
# 추천도서 목록 예시

### 졸업생을 위한 추천도서 목록

▲약간 어려움
▽쉬움

★ 1호선 '꿈꾸라!'
중학 생활의 끝이기도 하지만, 새로운 시작이기도 한 지금! 자신 앞에 펼쳐진 많은 날들을 소중하게 생각하면서 되고 싶은 모습을 진지하게 꿈꿔보는 시간을 갖기를!

· 『그린 멘토, 미래의 나를 만나다』(한국환경교사모임, 뜨인돌. 2014)
학생들이 스스로 디자이너, 발명가, 교육자, 건축가, 한의사, 교사 등 각자 자신의 자리에서 의미 있는 실천을 하며 친환경적인 삶을 살아가는 사람 50명을 만나 인터뷰한 책. 미래의 그린 멘토가 된 자신을 발견하길.

· ▲『나는 말랄라』(말랄라 유사프자이 외, 박찬원 옮김, 문학동네, 2014)
최연소 노벨 평화상을 받은 소녀, 테러리스트가 쏜 총에 맞아 죽음의 위기까지 갔다가 살아나 교육운동가로 용감하게 살아가고 있는 말랄라의 이야기.

· 『동대문 외인구단』(류미, 생각학교, 2014)
동대문 경찰서에서 문제아들을 모아 야구단을 만들었다! 좌충우돌 질풍노도의 문제아들이 야구단에서 성장해가는 감동 실화.

· 『할머니 의사 청진기를 놓다』(조병국, 삼성출판사, 2009)
50년 동안 6만 명의 엄마 없는 아기들의 주치의가 되어준 의사 선생님의 진료 일기.

★ 2호선 '눈뜨라!'
이제 고등학생이 되는 우리. 17세. 커지는 덩치만큼 마음과 생각도 자라나리라. 알고 싶은 것들의 폭이 더 넓어질 것이고, 느끼게 되는 감정들은 한층 더 깊어지겠지. 조금은 어리고 충동적인 사춘기 시절이 지나가고 인생과 사회, 자신에 대해 해결하지 못할 질문들 속을 헤매는 어설픈 철학자들이 되어갈 터.
고등학생이 된 나는 어떤 고민을 하며 살아가게 될까? 어른들이 만들어놓았고 내가 헤쳐나가야 할 이 사회는 대체 어떤 곳일까? 이런 질문들을 던져보며 시야를 확 넓혀보기를!

· 『김치도 꽁치도 아닌 정치』(임정은, 다른, 2014)
정치가 국회의원들만의 일이 아닌 바로 나의 일이 될 수도 있음을 흥미롭게 경험하게 해주는 책.

- 「내 가족의 역사」(리쿤우, 김택규 옮김, 북멘토, 2014)

  일본 폭격기의 공습을 받아 가족은 모두 죽고 자신은 다리를 잃고 살아남은 소년. 그 소년의 사위인 만화가가 그린 '내 가족의 역사' 그리고 중국 역사. 만화도 이렇게 묵직할 수 있다니.

- ▲「대한민국 치킨전」(정은정, 따비, 2014)

  치느님이라고 불릴 정도로 사랑받는 치킨. 치킨을 통해 구석구석 대한민국을 들여다본다면 어떤 이야기들이 나올까?

- ▽「방드르디 야생의 삶」(미셸 투르니에, 고봉만 옮김, 문학과지성사, 2014)

  무인도에 혼자 남게 되었다면, 나는 어떻게 삶을 꾸려갈 수 있을까? 흥미로운 로빈슨과 방드르디 이야기를 읽으며 자신의 인생관을 점검해볼 수 있는 책.

- 「어서 오세요 수학 가게입니다」(무카이 쇼고, 고향옥 옮김, 탐, 2014)

  수학 왜 배워?! 평소 수학에 대해 받았던 스트레스를 한 방에 날리고 삶에 대한 시야를 확 틔워줄 수 있는 책.

- 「옷장에서 나온 인문학」(이민정, 들녘, 2014)

  배내옷부터 명품까지, 싼 티셔츠부터 명품까지 옷을 통해 바라보는 세상 이야기.

- 「한 폭의 한국사」(손영옥, 창비, 2012)

  눈이 시원한 그림들을 보며 한국 역사에 대한 지식을 화악~ 넓힐 수 있는 책.

★ 3호선 '힘내라!'

불안한 미래, 뭘 잘할 수 있는지 뭘 하고 싶은지도 모르는 바보 같은 자신, 보잘것없는 성적, 내세울 것 없는 가정 형편……. 이 순간 우리를 힘 빠지게 하는 것들이 많을 수도 있을 것이다. 허나 눈을 조금만 다른 곳으로 돌려보면 우리의 젊음으로 할 수 있는 많은 일들을 발견하게 될 터. 삶의 빛깔을 다르게 해줄 그 1퍼센트의 차이를 맞이하기를!

- 「공부해서 너 가져」(김범, 웅진지식하우스, 2014)

  학교 폭력과 성적 스트레스 때문에 고민하고 있는 김별에게 어느 날 나타난 개간지 아저씨. 유쾌한 이야기를 통해 우리나라 청소년의 공통적인 고민들을 시원스럽게 상담해주는 소설.

- ▲「너같이 좋은 선물」(박 불케리아, 예담, 2011)

  음악을 통해 세상과 소통하고 자신을 더욱 사랑하게 된 고아 소년들의 실제 성장 드라마를 읽으며 힘을 내고 싶다면.

- 『바람을 길들인 풍차소년』(윌리엄 캄쾀바 외, 김홍숙 옮김, 서해문집, 2009)
  단돈 9만 원이 없어서 학교를 중퇴한 아프리카 소년 캄쾀바. 하지만 풍차가 그려진 책을 읽으며 가난한 자기 마을에 풍차를 만들어 불도 켜고, 펌프도 움직이게 하고 싶다는 꿈을 꾸는데…… 그의 씩씩한 이야기를 따라가다 보면 어느새 내게도 불끈 희망이!

- ▽『변두리』(유은실, 문학동네, 2014)
  서울 변두리, 도살장 동네 황룡동에서 씩씩하게 커가는 소녀 수원이를 만나며 삶의 용기를 얻고 싶다면.

- ▲『오즈의 의류수거함』(유영민, 자음과모음, 2014)
  외고 시험에 불합격하고 학업에 대한 부모님의 압박을 비관하여 자살까지 생각했던 여학생 도로시, 동네 의류수거함에서 옷을 훔쳐 팔면서 노숙자, 식당 주인, 자살 시도 남학생 들을 차례로 만나게 되는데…… 외롭고 슬픈 사람들이 서로를 치유하는 이야기를 읽으며 힘을 얻을 수 있는 책.

★ 4호선 '놀아라!'
다람쥐 쳇바퀴 돌 듯 도는 일상. 왜 그리 또 지켜야 할 규칙, 해서는 안 되는 일들은 많은지……. 가만 보니까 어른들도 너희처럼 이렇게 빛깔 없는 삶을 사는 것 같지 않던? 인생이 이런 건가?
아냐! 이제 우리 좀 놀아가며 살자. 갑자기 주어진 자유 시간을 어떻게 보내야 할지 몰라 방구석에 틀어박혀 마우스나 딸깍이고 휴대폰과 노는 것 말고 좀 다르게 한번 놀아보자. 잘 놀아본 사람이 일도 잘하는 법!

- ▲『나는 찍는다 스마트폰으로』(한창민, 오픈하우스, 2014)
  스마트폰으로도 이렇게 멋진 사진을 찍을 수 있다니! 눈이 시원해지는 사진들을 보며 나도 사진 고수에 도전.

- 『더 원더풀 O』(제임스 서버, 박중서 옮김, 찰리북, 2014)
  한 마을을 침략한 악당이 'O' 자가 들어간 단어를 쓸 수 없게 만든다면? 이제 마을 사람들은 어떻게 소통할 수 있을까? 그리고 악당을 몰아낼 수 있을까? 기발한 상상에서 출발한 이야기.

- 『서울 사는 나무』(장세이, 목수책방, 2015)
  우리 곁에 늘 있는 나무, 하지만 자세히 들여다본 적 없는 나무. 이 책에 있는 나무 지도 한 장 펴들고 동네로 나무 관찰 여행을 떠나고 싶다면.

- ▽『숲속의 학교』(가와이 마사오, 김미숙 옮김, 심포니, 2015)
  세계적인 동물학자 가와이 마사오가 안내하는 동물들과의 만남. 생명과 교감하는 진짜 휴식을 경험하고 싶다면.

# '나만의 책쓰기' 수업 기획안(학기형)

| 주 | 차시 계획 | 평가 |
|---|---|---|
| 1 | 1~2차시: 자신 들여다보기 | 자신 들여다보기, 신문으로 주제 찾기 수행한 것을 주제 탐색 수행 평가 반영(10점). |
| 2~3 | 3~6차시: 신문으로 주제 찾기 | |
| 4 | 7차시: 주제 정하기, 주제 좁히기<br>8차시: 본보기책 찾아오기, 주제 평가표 받기 | 주제 탐색 수행 평가 반영(10점).<br><br>※평가 후 책쓰기 진행 정도에 따라 개인별 보충 지도 필요. |
| 5 | 9차시: 책쓰기 추진 계획서 작성<br>10차시: 책쓰기 추진 계획서 발표 | |
| 6~7 | 11~14차시: 책쓰기 추진 계획서 발표 계속 | |
| 8 | 중간고사 | |
| 9 | 15차시: 그날 쓸 목차의 내용 생성하기, 자료 찾기<br>16차시: 초고 쓰기 | 차례/초고 쓰기의 진행 정도를 쓰기 수행 평가에 반영(20점). |
| 10~11 | 17~20차시: 초고 쓰기, 자료 찾기 | |
| 12 | 21차시: 초고 쓰기, 자료 찾기<br>22차시: 저자 소개글 쓰기 | |
| 13 | 23차시: 서문 쓰기, 고쳐 쓰기<br>24차시: 고쳐 쓰기, 책 제목 정하기, 제출 | 제출본의 완성도를 수행 평가에 반영(20점). |

\* 24차시에 걸친 수업이 끝나면 평가가 이루어진다. 기말고사가 끝나고 방학식 전까지 남는 시간을 이용해 한글 문서로 '나만의 책'을 작성하고 제본하는 시간을 갖는다.

## '나만의 책쓰기' 수업 기획안(주간형)

| 과정 | 주요 활동 | 차시 계획 |
|---|---|---|
| 주제 설정 및 책쓰기 추진 계획서 작성 (8차시) | • 자기 이해<br>• 주제 설정: 직업의 세계와 자신의 역할 모델에 대해 다각적, 심층적으로 탐색한 후 자신의 진로 분야에서 책으로 쓰고 싶은 주제를 설정(원형 정리, 진로 독서, 인물 책 독서 등을 활용)<br>• 본보기책 정하기<br>• 추진 계획서 작성: 목차 구성, 전문가 인터뷰 계획 수립, 자료 수집 계획을 포함하여 | [1차시]<br>– '진로 프로젝트를 통해 알게 된 나와 향후 진로 계획'을 친구들과 돌려 읽고 모둠 짜기, 모둠 토의하기<br><br>[2~4차시]<br>– 진로 서가에서 책 훑어보기, 훑어본 내용 메모하기, 대출할 책 정하기<br>(과제: 공공도서관에서 본보기책 대출해오기. 구입 권장.)<br>– 인터뷰하고 싶은 저자에게 이메일 보내기<br><br>[5~6차시]<br>– 원형 정리로 주제 설정하기, 주제 좁히기, 주제 평가표 작성하기<br><br>[7~8차시]<br>– 추진 계획서 작성: 목차, 전문가 인터뷰, 자료 수집 계획 포함 |
| 자료 수집 (4차시) | • 도서관, 서점에서 자료 찾아보기<br>• 인터넷 검색, 관련 다큐 등 찾아보고 메모하기<br>• 자료책 찾아 읽고 메모하기<br>• 전문가 인터뷰 | [9~10차시]<br>– 도서관, 인터넷 서점에서 자료 찾기<br>– 인터넷 검색으로 자료 찾기<br>– 자료책 찾아 읽으며 메모하기<br><br>[11~12차시]<br>– 자료책 찾아 읽으며 메모하기<br>– 전문가에게 질문할 내용 보완하기 |
| 집필 및 보완하기 (6차시) | • 초고 쓰기<br>• 저자 소개글, 서문 쓰기<br>• 책 제목 정하기 | [13~14차시]<br>– 초고 쓰기<br>– 전문가 인터뷰 내용 정리하여 나만의 책에 반영하기<br><br>[15~16차시]<br>– 초고 쓰기<br><br>[17~18차시]<br>– 저자 소개글 쓰기, 서문 쓰기, 책 제목 정하기 → 제출 |

| 과정 | 주요 활동 | 차시 계획 |
|---|---|---|
| 책으로 펴내기 (4차시) | ● 컴퓨터로 글쓰기<br>● 고쳐 쓰기<br>● 편집하기<br>● 표지 디자인 | [19~22차시]<br>- 컴퓨터로 글쓰기, 고쳐쓰기, 편집하기, 표지 디자인 |

# 책쓰기,
# 어떻게 지도할까?

홍승강

★홍승강 선생님은?

| 과목 및 경력 | 국어, 20년 |
|---|---|
| 책쓰기 교육 지도 대상 | 고등학교 1학년 |
| 지도 대상의 특징 | 남학교, 서울 강북의 사립고로 입시에 대한 스트레스가 많음 |
| 책쓰기 교육 시수 | 주 1시간+학기 말(20차시) |
| 책쓰기 교육 주제 | 자유 주제 |

2016년 5월 세계적인 문학상 맨부커 인터내셔널상을 한국인 최초로 소설가 한강이 수상했다. 그리고 수상 직후 1분당 아홉 권이 팔릴 정도로 붐을 일으켰다. 사실 『채식주의자』는 2007년에 출판되었지만, 수상 소식 이후에 더 대중적으로 이목을 끌었다. 하지만 그뿐이었다. 그것을 계기로 책 읽는 문화가 확산되길 기대했지만 더 이상의 반응은 없었다.

참으로 안타까운 일이다. 독서가 좋다는 것은 누구나 알고 있다. 그런데 책을 읽는 사람은 생각보다 많지 않다. '읽어라, 읽으면 좋다' 목 아프게 외쳐도 잘 안 읽는다. 하긴, 어른들도 안 읽으면서 학생들에게 읽으라고 강요하는 것도 우습기는 하다. 2015년 유엔UN이 발표한 조사에 따르면 한국인의 독서량은 192개국 중 166위로 최하위권에 속해 있다. 뿐만 아니라, 문화체육관광부 '국민독서실태조사'에 따르면 그해 1년 동안 책을 단 한 권도 읽지 않은 성인이 전체의 34.7퍼센트를 차지했다. 성인의 독서율은 2007년 76.7퍼센트에서 2015년 65.3퍼센트로, 하루 평균 독서 시간은 2010년 31분에서 2015년 23분으로 떨어졌다. 이러한 수치를 보면 우리가 책을 얼마나 안 읽는지 알 수 있다.

왜일까? 무엇이 문제일까? 지난 10여 년간 학생들에게 독서 지도를 하면서 끊임없이 내 머리를 아프게 했던 질문이었다. 간단하게 생각하면, 공부에 큰 도움이 안 되기 때문이다. 가장 중요한 대학 입시에, 학교 내신 성적에 직접적인 도움이 안 되기 때문에 독서보다 문제 풀이가 더 중요하다고 여긴다. 실제로 학생들과 이야기를 해본 결과, 초등학교 때는 독서가 재미있어 엄청나게 많은 책을 읽다가 중학생이 되면서 공부를 해야 한다는 이유로 책과 멀어지기 시작했다고들 한다. 그러다 고등학생이 된 후론 책을 읽을 시간적 여유마저 없다는 이야기를 자주 듣는다. 이런 이야기를 들을 때마다 마음이 아프다.

그래서 처음에는 학생들에게 공부에 직접적으로 도움이 되는 책들을 추천해주었다. 예를 들어, 각 교과 공부에 도움이 되는 학습 보조 자료와 같은 책들, 논술, 면접에 도움이 되는 책들을 안내해주었다. 그러다가 아이들이 의외로 무슨 책을 읽어야 할지 모르는 경우가 많다는 사실을 알게 되었다.

이런 적도 있었다. 어느 날 고3 학생이 도서관에 와서 왔다 갔다 정신없이 돌아다니기에 물어보았다.

"무슨 책을 찾니?"

"저, 자기소개서에 쓸 책을 찾고 있어요."

"그래, 어떤 내용의 책을 찾는데?"

"전, 나무에 관심이 많고요, 환경과 관계된 책을 찾고 있어요."

그때 마침 생각나는 책이 두 권 있었다. 『숲의 생활사』(차윤정, 웅

진닷컴, 2004)와 『종이로 사라지는 숲 이야기』(맨디 하기스, 이경아 옮김, 상상의숲, 2009) 이 두 권을 추천해주었다. 그 학생은 책을 들고 신나서 돌아갔다.

하지만 이것만으로는 부족하다는 생각이 들었다. 추천도서 목록을 만들고, 학생들에게 배부하고, 안내하고, 아이들은 읽고…… 그러나 이 과정도 어디까지나 교사 중심적이라는 생각이 들었다. '학생들이 스스로 만든 도서 목록을 가지고 친구들에게 소개를 해줄 정도의 능동적이고 주체적인 활동이 필요하다'고 생각했다.

'아, 어떻게 아이들 스스로 책을 읽고, 친구들과 함께 나눌 수 있을까? 그렇다면 누군가에 의해 강요된 지루한 책 읽기가 아니라, 스스로 즐기면서 책을 읽을 수 있을 텐데.' 이런 고민을 하던 중 책따세의 '나만의 책쓰기' 강의를 들었고 '아, 이거다!' 하는 생각이 들었다. 신기한 경험이었다. 책을 쓰라고 하니까, 아이들이 스스로 책을 찾아 읽었다. 이유는 간단하다. 써야 하니까. 알아서 자료를 찾아보게 되고 책을 읽을 수밖에 없는 것이었다. 내가 좋아하는 것들 중에서, 내가 자신 있는 것들 중에서, 내가 쓰고 싶은 것을 자유롭게 쓰는 활동이었다. 학생 스스로가 주체가 되어 책을 찾아 읽고, 몰랐던 사실을 알게 되는 즐거운 책쓰기 활동이 시작된 것이다.

아무리 좋은 책이라 해도 읽으라고 누군가가 강요할 때와는 달리 쓰고 싶은 책을 써보자고 했을 때, 아이들은 자기를 돌아보고 자기가 좋아하는 것을 찾아 스스로 자료를 찾아가며 책을 써나갔다.

이 책을 읽는 여러분들과도 이런 신기한 경험을 함께 나누고 싶어 이 글을 쓰게 되었다. 역시, 읽기보다는 쓰기가 더 재미있다. 읽기는 작가가 써놓은 글을 이해하는 활동이고, 쓰기는 자기가 주체가 되어 스스로 글을 써나가는 활동이기 때문이다. 물론, 책을 쓴다는 게 쉽지만은 않을 것이다. 학생들에게 가르쳐야 할 나부터가 책을 써본 경험이 없어 걱정이었다. 그렇게 설렘 반, 두려움 반으로 책쓰기 교육을 시작하게 되었다.

생각보다 힘든 과정이었다. 하지만 한 번 더 해보고 싶을 정도로 아이들과 소통하며 서로의 생각을 공유하는 시간들이 좋았다. 그리고 무엇보다 아이들이 좋아하는 수업이었고, 결과물이 나왔을 때 아이들의 뿌듯해하는 그 표정을 잊을 수가 없었다. 힘들었던 만큼 행복했던 그때의 경험을 바탕으로 책쓰기 교육 과정에 대해 자세하게 소개하고자 한다.

# 1. 책쓰기의 기초
## ─주제 설정을 중심으로

　우리 생각보다 아이들이 글을 쓸 기회가 많지 않다. 심지어 수학 문제도 손으로 계산하여 풀기보다는 눈으로 푸는 학생들이 있을 정도로 공부할 때도 손을 잘 쓰지 않는다. 연습장에 써가면서 하는 공부는 시간이 너무 많이 걸려서 쓰면서 공부하기 어렵다는 학생도 있다. 어찌 보면, 아이들이 해야 할 공부가 너무 많아 일어나는 현상이 아닐까 생각해본다. 그만큼 학습의 부담이 큰 것이다.

　하지만 글쓰기는 모두에게 필요하다. 글을 쓰지 않고 사는 사람은 아마 없을 것이다. 그럼에도 학교에서는 체계적인 글쓰기 방법들을 안내해주지 않는다.

　한번은 학생들에게 영화 감상문을 써오라고 했다. 10명 중 8명은 감상문이 아닌 기행문을 써온 것을 보고 정말 깜짝 놀랐다. 8명의 내용이 너무 똑같았다.

　　오늘은 친구들과 영화를 보러 가는 날이다. 오랜만에 영화를 보게 되어 기분이 좋다. 배가 고파서 햄버거를 먼저 먹었다. 그리고 영화를 보았다. 참 재미있었다. 이런 기회를 주신 국어 선생님께 감사드린다.

　영화의 내용도, 주제도 없고, 자기 느낌은 딱 한마디. '재미있었다'가 전부였다. 자신이 느낀 바를 글로 표현할 수 있는 글쓰기 교육이 절실하다는 생각이 들었다. 독후감의 경우도 마찬가지이다. 이를테면, '책을 읽었지? 그럼 독후감을 써보자. 책의 줄거리를 쓰고, 자기 느낌을 쓰면 된단다.' 이게 전부다. 책의 줄거리를 쓰는 방법, 내용을 요약하는 방법, 자기 느낌을 쓰는 방법 등에 대해서는 자세하게 설명해주지 않는다. 물론, 좋은 선생님을 만나면 이러한 글쓰기 방법에 대한 구체적인 안내를 받을 수 있겠지만, 그것은 매우 드문 일이고 운이 따라야 가능하다.

> **Tip**
>
> 독후감 쓰기에 관심이 있다면 『가치 있는 책 읽기 같이 읽는 책 읽기』(조영수, 찰리북, 2016)을 읽어보시라. 자세하게 여러분을 안내해줄 것이다.

이렇듯 간단한 감상문도 제대로 못 쓰는 학생들이 어떻게 책을 쓸까? 고민을 많이 했다. 나도 책을 써본 경험이 없었기에 걱정이 태산이었다. 하지만 어떤 면에서 글쓰기보다 책쓰기가 더 쉬울지도 모른다는 생각이 들었다. 글쓰기는 분량은 짧지만, 그렇기 때문에 구성 면에서 보면 완성도가 높아야 한다. 하지만 책쓰기는 더 긴 분량을 써야 하지만, 구성 면에서 글쓰기에 비해 조금 엉성해도 전체적으로 내용이 탄탄하면 이해하는 데 문제가 없을 것으로 생각되었다. 분량 때문에 기죽을 필요는 없는 셈이다.

그리고 소설이나 시 같은 문학 분야보다는 비문학적인 책을 쓰는 것을 권장했다. 문학적인 글은 일반인이 쓰기 쉽지 않다. 시를 쓰거나 소설을 쓰겠다는 학생들의 작품을 보면 대개 자기 세계에 빠져 있는 경우가 많다. 아직 경험이 많지 않아 그럴 수도 있겠으나, 전문적으로 문학적인 글쓰기를 배운 적이 없기 때문이다. 단, 문학이더라도 수필이라면 누구나 쉽게 쓸 수 있다. 시나 소설 창작법에 대한 책이 많듯이 시나 소설은 배워야 좋은 작품을 쓸 수 있다. 물론 배우지 않고도 쓸 수 있겠지만, 내 경험상 학생들의 작품은 표현이나 줄거리가 상투적으로 흐르기 쉽고, 본인이 쓴 작품에 도취되어 독자들의 공감을 얻기도 어렵다. 하지만 비문학적인 글은 상대적으로 전문적인 훈련을 받지 않아도 큰 무리가 없다.

간단한 글쓰기 방법만 알고 있다면, 누구나 큰 어려움이나 제약 없이 책을 쓸 수 있다. 실제로 여덟 살의 남자아이가 『여자 친구에게 말 걸기』(알렉 그레븐, 이근애 옮김, 소담주니어, 2011)를 써서 독자들에게 큰 인기를 얻은 적이 있다. 글쓰기의 기본만 안다면, 남녀노소를 불문하고 누구나 쓸 수 있다. 자신감을 가져도 좋다. 실제로 서점에 나가 보면, 이 정도는 나도 쓸 수 있겠다 싶은 책들이 종종 눈에 띌 것이다. 이것은 생각을 실천으로 옮기느냐 그러지 못하느냐의 차이일 뿐이다.

이렇게 자신감을 가지고, 글쓰기의 기본만 익힌다면 충분히 책을 한 권 쓸 수 있다. 글쓰기의 기본은 앞으로 자세하게 다루겠지만, 미리 몇 가지 언급한다면, 브레인스토밍(창의적 글쓰기의 시작), 1분 글쓰기(글쓰기의 부담 줄여주기), 상동구이尙同求異(같은 의미의 다른 표현 연습), 글쓰기 삼총사('왜냐하면' '예를 들어' '다시 말해'), 원형정리법(내용을 구성하는 최고의 정리법), 요약하기(남의 것을 그대로 베껴 쓰지 않기) 등이 있다.

이러한 것들을 충분히 연습을 한다면, 모두 '나만의 책 한 권씩'을 가질 수 있을 것이다.

## 1) IPOS 프로젝트 학습

밑줄 긋고 외우는 주입식 교육에서 벗어나 듣고, 말하고, 읽고, 쓰는 활동 중심의 통합적 교육 활동으로 진행하되, 대학 입시와 관련하여 면접, 논술 등을 미리 준비할 수 있도록 책쓰기 지도를 하고 싶었다. 그렇다면 구체적으로 무엇을 가르쳐야 할까? 이런 고민을 하다가 국어과 교육과정을 보게 되었다. 교육과학기술부 고등학교 작문 교육과정을 기본으로 하여 나름대로 프로그램을 만들어보았다. 작문의 일반 절차인 '① 계획하기→② 내용 생성하기→③ 내용 조직하기→④ 초고 쓰기→⑤ 고쳐 쓰기→⑥ 출판하기'에 따라 책쓰기 수업을 계획하였는데, 간단하게 각 단계를 살펴보면 다음과 같다.

① 계획하기: 주제를 설정하여 발표하고, 친구들에게 조언을 듣는 활동을 통해 책쓰기의 가장 중심이 되는 주제를 확정한다.

② 내용 생성하기: 브레인스토밍을 활용해 최대한 많은 자료를 확보

한다. 각종 매체를 이용해 자료를 수집한다. 자료를 수집할 때는 반드시 출처를 밝힌다.

③ 내용 조직하기: 원형정리법을 활용해 목차와 내용을 논리적, 창의적으로 구성한다.

④ 초고 쓰기: 자료를 활용하여 생각나는 대로 끝까지 인내심을 갖고 쓴다. 무엇보다 끝까지 쓰는 것이 중요하다.

⑤ 고쳐 쓰기: 초고를 다듬어 하나의 완전한 글이 될 수 있도록 보고 또 보며 더 좋은 글이 되도록 수정한다.

⑥ 출판하기: 책의 형태를 파악하여 PDF 파일로 만들고 공유하여 나눔을 실천한다.


이를 바탕으로 하여, 〔그림 1〕과 같이 'Input' 'Processing' 'Output' 'Sharing'의 약자를 가지고 'IPOS(아이포스) 프로젝트 학습'(이하 아이포스)을 만들었다. 아이포스는 듣기, 말하기, 읽기, 쓰기의 통합 교육으로, 혼자보다는 함께하는 즐거움을 통해 다양한 사고의 경험을 하며 창조의 기쁨과 나눔의 소중함을 느낄 수 있는 책쓰기 프로그램이다. 가장 기본적인 정보처리 과정을 토대로 하여 아이포스 과정을 조금 더 자세히 살펴보면 다음과 같다.


① Input(입력): 듣기, 읽기 등을 통해 여러 정보를 얻는 과정이다. 배경지식을 쌓으며 자료를 모아나간다. 자신에게 필요한 정보를 선택하는 능력이 중요하다.

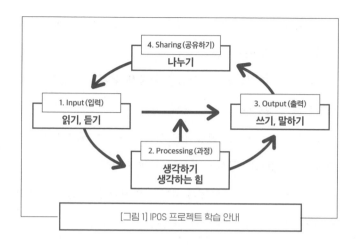

[그림 1] IPOS 프로젝트 학습 안내

② Processing(생각하기): ①을 통해 얻은 정보를 재구성한다. 모은 자료를 어떻게 구성할지 생각하는 핵심적인 과정이다. 창의적이면서도 논리적으로 재구성하는 능력이 중요하다.

③ Output(출력): ②를 통해 머릿속에서 재구성한 내용을 말이나 글로 표현하는 과정이다. 생각만으로는 아무것도 할 수 없다. 실제로 자기 생각을 표현해보며 자기 생각에 남들도 공감할 수 있게 하는 능력이 중요하다.

④ Sharing(공유하기): ③을 통해 습득한 내용을 함께 나누는 과정이다. 혼자보다는 함께 나눌 때 더 보람이 있다. 혼자 말하고, 글을 쓴다는 생각에서 벗어나 공유하는 과정을 통해 성장할 수 있다는 열린 마음이 중요하다.

아이포스. 즉 '나의 포스'는 책쓰기를 통해 아이들이 자기만의

'포스'(여기서 포스는 「스타워즈」에 나오는 '근원적인 힘'이라는 의미)를 찾길 바라는 마음에서 지은 이름이다. 포스가 느껴지지 않는가? 실제로 책쓰기 지도를 하게 되면 학생들의 '생각하지도 못했던' 포스를 느낄 수 있을 것이다.

여기서 한 단계 더 나아가 집필에 그치지 않고 함께 자기의 책을 나누고 공유함으로써 많은 사람들에게 창작의 동기를 제공해주는 책쓰기는 그 어디에서도 맛볼 수 없었던 특별하고도 유익한 경험이었다.

지금도 후배인 학생들은 말한다. "선생님, 저희는 책쓰기 안 하나요?" 읽고, 생각하고, 쓰고, 나누고. 여러분들도 아이포스에 동참해보시라.


## 2) 주제 설정

### (1) 책쓰기 안내

2014년, 입학한 지 며칠 되지도 않은 고등학교 1학년 학생들을 대상으로 1년 동안 책쓰기 지도를 했다. 다행히 많은 조건들이 잘 맞아떨어졌다.

사실, 1학년 학생 전체를 대상으로 책쓰기 수업하는 것은 쉽지 않았다. 왜냐하면 교육과정 편성이 교사 수급 문제와 직결되어 있기 때문이다. 이런 어려운 형편에서 감사하게도 국어과의 배려로, 고등학교 1학년 전체(11개 반)를 일주일에 한 시간씩 정규 수업 시간에 논술 수업을 할 수 있는 기회를 얻었다. 나는 이 시간을 책쓰기 시간으로 활용했다. 그리고 마포구청의 논술지원금 중 일부를 아이들이 만든 책을 종이책으로 출판하는 데 사용할 수 있었다. 이러한 두 가지 커다란 조건이 마련되어 안정적으로 프로그램을 진행할 수 있었다. 정규 수업 시간이 어렵다면, 방과후학교나 특기적성 시간을 이용하는 것도 좋은 방편이다.

> **Tip**
>
> 국어과의 협조를 구해야 책쓰기 수업을 할 수 있다. 수업 진도 문제, 평가 문제 등등 고려해야 할 요소가 많기 때문이다. 하지만 동료 교사들의 동의만 얻을 수 있다면, 잊지 못할 책쓰기 수업에 도전해볼 수 있다.
> 그리고 각 학교마다 지자체(대부분 구청)의 지원금들이 있다. 우리 학교는 매년 마포구에서 논술 관련 지원금을 신청하여 받아왔다. 그 예산 중 일부를 마포구와 협의하여 책쓰기 프로그램 예산으로 편성하였다. 대부분의 경우, 지원금의 목적에 크게 벗어나지 않는 한 허락해준다. 나중에 책을 인쇄물로 출판하는 데 매우 중요하므로 여러 경로를 통해 예산을 확보하는 작업이 필요하다.

아직도 처음 책쓰기 수업에 대해 학생들에게 운을 뗄 뗀, 고등학교 1학년 첫 수업 시간이 잊히지 않는다.

"일주일에 한 시간 논술 수업 시간을 이용해서 책쓰기를 진행할 것이다."

그때 아이들의 반응이란.

'뭐라는 거야? 글도 써본 적이 없는데 책쓰기가 뭐야? 누가 책을 쓴다는 거야?'

나는 학생들의 냉담한 표정에도 아랑곳하지 않고 책쓰기에 대해 차근차근 안내를 했다. 각자 쓰고 싶은 주제를 정해 책을 한 권씩 쓰는 활동이다. 분량은 A4 용지 30페이지 분량(200자 원고지 100매, 20,000자)이다. 모든 학생들의 책은 전자책(PDF 파일)으로 출판할 예정이고, 우수한 책은 종이책으로도 출판할 예정이다. 그리고 앞으로의 간단한 일정과 계획을 알려주었다. 아이들은 여전히 멍~ 했다.

## (2) 브레인스토밍

이렇게 멍~ 때리고 있는 아이들에게 다음 시간에는 브레인스토밍에 대해 설명했다. 중학교 때 해본 학생들도 있었다. 브레인스토밍은 떠오르는 대로 마음껏 자신의 생각을 펼쳐 정보의 양을 최대화하는 연습이다.

브레인스토밍은 진주조개 잡이와 같다. 진주조개라고 해서 모두 진주를 갖고 있지는 않다고 한다. 진주를 얻는 방법에는 두 가지가 있다. 하나는 숨을 참고 바닷속 깊이 들어가 진주조개를 발견하는 즉시 확인하여 진주가 있으면 주머니에 넣고, 없으면 버리고 다시 바다 위로 올라와 숨을 쉬길 반복하는 방법이다. 다른 하나는 진주조개를 보이는 대로 다 주머니에 담아두었다가 나중에 육지로 올라와 진주가 있는지 없는지를 확인하는 방법이다. 당연히 후자의 경우가 더 효율적이다. 이것이 바로 브레인스토밍이다. 최대한 많은 자료를 모아 양으로 질을 높이는 방법인 것이다.

이 활동은 책쓰기의 모든 단계에 걸쳐 매우 유용한 글쓰기 도구이며, 창의력의 기초가 되기도 한다. 그리고 무엇보다 아이들이 좋아한다. 언제 이렇게 마음껏 자신의 생각을 표현해본 적이 있겠는가?

예를 들어, 에너지 절약 차원에서 에스컬레이터를 중단시키고, 계단을 이용하게 하는 방법에 대해 브레인스토밍을 한다고 가정해보자.

만약 학교에서라면 어떻게 할까? 에너지 절약 문구를 에스컬레이터에 붙이고 계단으로 다니라고 선생님들이 길목을 지키며 지도할 것이다. 이런 교육을 받은 학생들이 긍정적인 태도를 가지고 자발적으로 이 규범을 지켜나갈 수 있을까? 브레인스토밍을 해보자. 아이디어를 팍팍 내보자. 이 문제는 실제로 있었던 일이다. 강제하지 않고도 사람들이 자발적으로 계단을 이용하게 만들 수는 없을까?

실제 사례에서는 계단을 소리 나는 피아노 건반으로 만들어 이 문제를 슬기롭게 해결했다고 한다. 이 이야기는 스웨덴 스톡홀름에서 있었던 폭스바겐의 캠페인이었다. '사람들이 재미있게 계단을 이용하게 할 수는 없을까?'를 고민하던 중 피아노 계단을 생각해낸 것이다. 이렇게 브레인스토밍은 문제를 창의적으로 해결하는 데 큰 도움을 줄 수 있다.

직접 지도해본 결과, 아이들은 브레인스토밍을 정말 좋아한다. 그리고 잘한다. 아마 정답을 찾는 교육에 익숙한 아이들이 숨 쉴 수

84

있는 유일한 수업이라 그런 건 아닌지 하는 생각이 들어 이런 수업을 자주하려고 노력한다.

**Tip**

재미 이론 웹 사이트(www.thefuntheory.com)에 들어가 보면 피아노 계단 외에도 창의적인 아이디어가 많이 숨어 있다. 이 사이트는 재미있는 방법으로 사람들의 행동을 바꾸는 생각들을 소개하고 있다. 환경을 위해 또는 공익을 위해 더 나은 방향으로 변화하는 모습을 보여준다.

### (3) 주제 찾기

책쓰기에서 가장 중요한 주제 찾기 단계에서도 브레인스토밍을 활용한다. 책쓰기에서 '주제'는 '책의 전부'라고 말해도 될 정도로 매우 중요하다. 싱싱한 재료가 요리의 맛을 좌우하듯이 주제가 명확하게 설정되어 있어야 좋은 책을 쓸 수 있다.

주제를 설정하기 위해, 우선 아이들에게 좋아하는 것을 최대한 많이 써보라고 했다. 생각보다 아이들이 잘하지 못했다. 몇 개 쓰고는 끝이었다. 그래서 다시 스스로가 가장 자신 있는 것을 써보라고 했다. 열 명 중에 내가 1등 할 수 있는 것, 또는 내가 하고 싶은 것, 해보고 싶은 것 등등. 그냥 편하게 생각나는 대로 마구마구 쓰면 된다고 지도했다.

이렇게 아이들이 쓴 내용을 토대로 해서 세 가지 기준으로 주제를 정해나갔다.

첫째, 흥미성이다. 무엇보다 재미가 있어야 한다. 흥미가 있어야 손이 따라간다. 그렇다고 해서 혼자만 재미있어 하면 안 된다. 작가도 독자도 모두가 재미있어야 한다. 일단 내가 좋아하는 것을 주제로 삼아야 즐겁게 쓸 수 있다.

둘째, 가능성이다. 쓸 수 있는 내용을 써야 한다. 예를 들어 '우주의 역사를 탐구하다'와 같은 주제는 너무 광범위해서 접근하기 어렵다. 주제를 좁혀야 한다. 제한을 두는 것도 좋은 방법이다. '고등학생이 바라보는 우주의 역사.' 훨씬 구체적으로 바뀌었다. 좀더 범위를 좁혀, '고등학생이 바라보는 지구의 역사'로 수정한다. 이쪽이 자료를 수집하고, 자기 생각을 정리하기에 좀더 수월하다.

셋째, 유용성이다. 책쓰기는 독자를 전제로 하는 글쓰기이다. 이 책을 읽는 독자들에게 무언가를 주어야 한다. 정보를 제공할 수도 있고, 감동을 줄 수도 있다. 그러므로 작가는 책을 쓰는 내내 항상 독자를 염두에 두어야 한다.

이렇게 주제에 대해 생각하며, '주제 평가표'를 만들어보는 활동을 한다. 주제 평가표는 부록에 있으니 살펴보시라("나만의 책쓰기 활동지 9" 참고).

### (4) 주제 발표 및 조언 듣기

주제 평가표를 근거로 하여 친구들의 평가를 받아 자신이 정한 주제를 발표하게 한다. 흥미성, 가능성, 유용성의 세 가지 기준을 토대로 무엇을 주제로 정할 것인지를 생각해보고, 가장 쓰고 싶은 주제를 선정하여 발표를 시킨다. 발표자는 이 과정에서 기본적인 말하기의 태도를 배울 수 있다. 비언어적 표현(시선, 표정, 몸짓)과 반언어적 표현(속도, 억양, 크기)의 적절한 사용, 내 주제가 과연 예상 독자들에게 어떻게 다가갈 것인지에 대해 미리 생각해볼 수 있는 좋은 기회이다. 즉, 사전 조사를 하는 셈이다.

발표를 듣는 학생들은 어떻게 하면 더 좋은 책이 될 수 있는지 조언해준다. 재미는 있을 것 같으나 유용성이 부족하다든지, 이미 인터넷 검색을 하면 다 나오는 자료를 굳이 책으로 낼 필요가 있는지 등 작가가 더 좋은 책을 만들 수 있도록 소중한 의견을 보태주면 된다. 실제로 주제 발표를 하면서 나는 아이들이 성장했음을 느낄 수 있었다. 처음에는 작가가 된다는 기대감에 자기 맘대로 주제를 정하던 아이들이 조금씩 독자에 대해 생각하는 모습을 보였다. 자기 위주에서 남을 배려하기 시작한 것을 보며, 학생들의 진화를 몸소 체

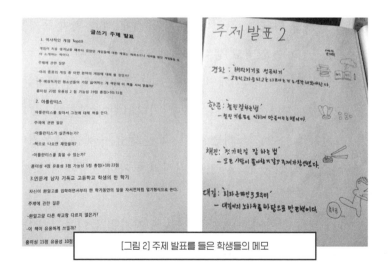

[그림 2] 주제 발표를 들은 학생들의 메모

험했다. 작가 혼자 아무리 좋다고 해도 독자가 외면한다면 좋은 책이라고 보기는 어렵기 때문이다.

## (5) 주제 확정

한 명, 두 명 발표가 늘어갈수록 수준이 높아진다. 작가의 수준도, 예상 독자의 수준도. 어떤 책을 써야 할까, 좀더 좋은 주제는 없을까 아이들은 끊임없이 고민하고 또 고민한다.

이런 경우도 있었다. "나는 이런 책을 쓰고 싶은데, 친구들은 별로라고 하네요. 어떻게 해야 할까요?" 참으로 난감하다. 작가가 좋아하는 걸 쓰는 게 맞을까? 독자가 좋아하는 걸 쓰는 게 맞을까? 개인적으로는 이렇게 조언했다. "네가 쓰고 싶은 것을 써라. 대신 독자도 그것을 좋아할 수 있게 설득해보자"라고 말이다. 책을 쓰는 데 무엇보다 중요한 것은 집필 동기와 인내심이다. 그래야 아이들이 끝까지 지치지 않고 써나갈 수 있다. 내가 즐겁게 책을 써야 독자들에게도 즐거움을 줄 수 있다고 생각하기 때문이다.

주제를 확정하는 과정은 개인차가 크다. 주제를 일찍 정하는 학생도 있고, 늦게 정하는 학생도 있다. 기다려주어야 한다. 그리고 개인별로 시차를 두어 지도하면 된다. 그럴 만큼 주제는 책쓰기에서 중요하다. 신중에 신중을 기해가며 각자가 좋아하는 주제를 찾아 확정하면 그만이다.

이렇게 주제를 찾아가는 동안 학생들은 자기를 돌아보고, 친구들에 대해 조금씩 알아가게 된다. 또한 교사인 나도 학생들을 이해하는 데 큰 도움이 되었다. 모두 책쓰기 활동을 통해 얻을 수 있는 소중한 경험들이다.

### 3) 책쓰기 추진 계획서 작성

#### (1) 생각을 정리해주는 '원형정리법'

원형정리법은 수능 문제에서 많이 본 '개요 짜기'라고 생각하면 된다. 그런데 수능 문제에 나오는 개요 짜기는 나중에 다시 고치기도 어렵고 무언가를 추가하기도 어렵다. 이에 비해 원형정리법은 시각적인 효과도 있으면서 생각나는 대로 표현하기도 쉽고, 수정하기도 추가하기도 쉽다. 정말 최고의 정리법이라는 생각이 든다. 누구나 할 수 있고, 방법도 아주 간단하다. 그냥 종이 한가운데 원을 그리고 생각나는 대로 써나가면 된다. 이것을 토대로 하여, 그대로 초고를 써나가면 된다. 어렵지 않아서, 내 생각을 마음껏 펼칠 수 있어서 좋다. 누가 뭐라고 하지도 않는다. 브레인스토밍의 확장이라고 보아도 무방하다.

원형정리법은 3단계로 진행한다. 전체 책의 개요도를 그린다고 생각하면 된다. 먼저, 빈 종이 가운데 5백 원짜리만 한 원을 그린 후 주제를 적는다. 그 주제에 대해 생각나는 대로 브레인스토밍을 한다. 그리고 나서 주제에 대해 글감으로 쓰고 싶은 내용을 골라 비슷한 것끼리 분류한다. 마지막으로 책쓰기의 전체 구성을 위해 분류한

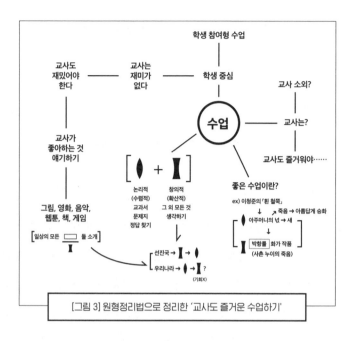

[그림 3] 원형정리법으로 정리한 '교사도 즐거운 수업하기'

내용을 가지고 상하 관계를 나누면 된다.

## (2) 책쓰기 추진 계획서 작성하기

조금이라도 글을 써본 사람들은 안다. 마감 시간이 주는 압박을. 아이들도 마찬가지다. 냉정하게 기간을 정해줄 필요가 있다. 무작정 시간을 많이 준다고 좋은 책이 만들어지는 것은 아니다. 시간을 많이 주면, 마음도 따라서 느슨해지기 때문이다.

책쓰기에 힘을 불어넣어 줄 '책쓰기 추진 계획서'는 다음과 같은 항목으로 되어 있다. 책의 주제, 예상 독자, 예상 제목(창의적으로 재미있게, 그래야 독자를 끌 수 있다), 책의 목차, 관련 자료, 주제심화책,

콘셉트책, 집필 일정 계획 등이다. 그중 '주제심화책'과 '콘셉트책'에 대해 이야기해보도록 하자.

주제심화책은 자신의 주제와 관련된 정보들을 깊이 있게 탐구할 수 있는 책이다. 콘셉트책은 같은 분야는 아니지만, 여러 가지 아이디어를 줄 수 있는 책을 말한다. 실제로 아이들을 지도하다 보니, "프로 게이머가 되고 싶어요. 무슨 책을 읽어야 하나요?"라고 묻는 학생들이 있다. 참으로 난감하다. '프로 게이머가 되는 방법에 관한 책이 있을까? 있다고 해도 많지는 않을 텐데.' 이럴 때는 전혀 새로운 책으로 아이디어를 얻으면 된다. 이를테면, 요즘 대세인 '셰프가 되려면?'과 같은 책을 보고 목차나 아이디어를 그대로 패러디하는 것이다. 그래서 책쓰기 추진 계획서에 주제심화책 목차와 콘셉트책 목차를 베껴 쓰며 아이디어를 얻어보라고 했다. 생각보다 콘셉트책을 통해 창의적인 책들이 많이 만들어졌다.

예를 들어, 실제 학생들이 쓴 책 중 『타란툴라, 매력에 빠져들다』는 『아이폰 매력에 빠지다』라는 책에서, 『첼시의 팬으로 산다는 것』은 『사람답게 산다는 것』이라는 책에서, 『과학은 내 친구』는 『철학은 내 친구』라는 책에서 아이디어를 얻었다.

### (3) 자신감을 심어주는 책들 소개

주제를 선정하고 목차까지 짜고 나면 조금씩 뭔가를 쓰려고 하는 학생들이 보인다. 본인들이 책을 쓰고 있으면서도 아직까지 내가 책을 쓸 수 있을까를 걱정한다. "글 한 번 제대로 써본 적이 없는

데, 제가 과연 책을 쓸 수 있을까요?" 학생들에게 쓸 수 있다고 얘기해봐야 그때뿐이다. 그래서 서점에 가서 '이 정도는 쓸 수 있겠다' 싶은 책들을 생각나는 대로 다 사왔다. 그리고 아이들에게 한 권 한 권 소개해주었다. "이런 주제로 쓴 이런 책도 있다. 이 정도면 너희들도 한번 써볼 수 있지 않겠니?" 책을 본 아이들이 술렁이기 시작했다. 내가 보여준 책들 대부분이 사진 위주의 에세이였다. 사진이나 그림이 크게 들어가고 그에 관해 간단하게 설명이나 느낌을 적은 책. 솔직히 말하면, 요 정도면 충분하다는 생각에 아이들에게 소개해준 것이었다. 그런데 결과적으로 보았을 때, 아이들은 그 이상을 보여주었다. 아마 이 책들을 보며 조금 욕심이 난 듯하다. 이보다는 더 잘 쓸 수 있겠다는.

학생들에게 자신감을 심어준 책 목록은 장별 부록으로 실었으니 살펴보시라.


## 4) 자료 수집

### (1) 자료 찾기

주제가 정해졌다면, 이제 자료를 찾을 때이다. 개인적으로는 글을 쓰기 위해 자료를 찾을 때 기분이 제일 좋다. 호기심이 많아서인지 욕심이 많아서인지 최대한 많은 자료를 모은다. 지금은 4차 산업혁명 시대에 어떻게 공부할 것인가를 주제로 책을 쓰기 위해 책, 영화, 웹툰 등의 최대한 많은 자료를 모으고 있다. 자료를 찾으며 좋은 점은 몰랐던 정보를 알게 되는 즐거움이다. 자료는 최대한 많이 모으는 것이 중요하다. 그래야 쓸 내용들이 풍부해진다. 그리고 또 하나 중요한 것이 있다. 바로 욕심을 버리는 것이다. '내가 어떻게 모은 자료인데, 아이고 아까워라' 이런 마음으로 자료를 짜깁기하다 보면 내 생각은 온데간데없이 사라지고 남의 생각으로 가득 찬, 짜깁기 책으로 전락하게 된다. 내가 쓰고 싶은 내용을 뼈대로 하고 자료는 단지 살을 붙이는 정도로 이용해야 한다. 자료는 다양한 매체를 이용할 수 있다. 신문, 책, 영화, 드라마, 게임, 인터넷 등에서 찾을 수 있다. 자료를 수집할 때에는 반드시 출처를 함께 적어야 한다.

예를 들어, 책일 경우에는 '책 제목, 저자, 출판사, 출판연도' 순으로 적고, 인터넷 자료일 경우에는 사이트 주소를 명시해야 한다고 알려주었다.

### (2) 저작권 교육

인용한 자료의 출처를 표기하지 않으면 저작권법에 위배되기 때문에 저작권 교육은 중요하다. 자료 수집 단계에서 저작권에 대해 학생들에게 간단한 교육을 하는 것이 좋다.

많은 학생들이 워드로 책을 쓰다 보니 모은 자료를 그대로 베껴 쓰는 경우가 많았다. 베껴 쓰지 않는 가장 좋은 방법은 내용을 요약하는 것이다. 중심 문장을 찾아보고, 핵심어를 찾아 자기가 이해한 내용으로 정리해보는 연습은 매우 중요하다.

━━━━━━━━━━━━━━━━━━━━━ **Tip**

저작권 교육은 『학교 선생님을 위한 저작권의 이해』(한국저작권위원회)의 자료를 토대로 지도했다. 해당 자료는 인터넷으로 쉽게 다운로드 받아 볼 수 있다. 이 외에 『쉽게 익히는 이야기 속 학교 저작권』 등도 한국저작권위원회 사이트(www.copyright.or.kr)에서 PDF 파일을 제공하고 있다.

『학교 선생님을 위한 저작권의 이해』는 교사가 학교에서 교육 자료의 작성과 활용, 시험, 수업, 인터넷 활용, 그리고 기타 학교 활동 등 학생들을 훈육하는 여러 과정에서 발생할 수 있는 저작권 문제를 이해하고 이에 대처하는 것을 돕기 위해 마련된 지침서이다.

이 지침서는 가능한 한 다른 참고 자료 없이도 읽을 수 있도록 관련 법 규정도 설명에 담고 있으나, 필요한 경우에는 다음 사이트에서 관련 자료들을 참조할 수 있다.

• 저작권 관련 법령이나 국제조약 또는 주요 외국 저작권법: 저작권심의조정위원회 홈페이지(www.copyright.or.kr)
• 다른 국내 법령: 법제처 홈페이지(www.moleg.go.kr)

그림이나 사진의 경우, 최대한 공유 저작물을 활용하여 저작권 문제가 없도록 해야 한다. 구글(www.google.co.kr)에서 저작권과 관계없이 사용할 수 있는 이미지를 찾는 방법 등을 가르쳐주어야 한다. 구글을 이용하는 이유는 자료뿐 아니라 비상업적 용도로 사용할 수 있는 이미지 검색을 쉽게 할 수 있어서였다. 구글을 통해 자유롭게 사용할 수 있는 이미지 찾는 방법을 간단하게 살펴보면 다음과 같다.

① 구글에서 검색창에 찾고자 하는 내용을 넣고 이미지 검색을 한다.

② 검색창 밑에 있는 '도구'를 클릭한다.

③ 사용 권한에서 '비상업적 용도로 재사용 가능'을 클릭한다.

> **Tip**
>
> 자료를 이용할 때에는 공유 저작물을 적극적으로 활용하는 것이 좋다. 특히 공유마당(gongu.copyright.or.kr)은 누구나 자유롭게 이용할 수 있는 공유 저작물이 있는 사이트다. 이곳은 공유 저작물로 새로운 저작물을 만들고, 만든 저작물을 공유하고, 이를 새로운 창작을 위해 다시 쓰는 끝없는 순환을 추구하는 공간이다. 그리고 무료 이미지를 제공하는 픽사베이(pixabay.com)도 큰 도움이 된다.

책쓰기 수업을 하다 보니 저작권을 보호한다고 하여 쓸 수 없는 자료가 너무 많았다. 저작권 보호가 필요하다는 것에는 동의한다. 하지만 이것으로 인해 창작에 커다란 제한을 받는다면 조금 생각해 볼 여지가 있지 않을까. 저작권의 보호를 넘어 공유가 필요하다는 생각이 절실하게 들었다. 자세한 내용은 7장의 '저작권 기부운동' 관련 부분을 참고하시라(300~303쪽 참조).

### (3) 내용 정리법

사람들은 서점에 가서 책을 고를 때 제일 먼저 무엇을 볼까? 나는 제목과 저자를 먼저 본다. 그리고 머리말을 보고, 한두 챕터를 읽어본다. 주제는 같아도 전혀 다른 구성의 책들도 많다. 같은 내용으로도 다양한 구성을 해볼 수 있다. 그것이 글의 구성, 목차 만들기 단계에서 이루어진다.

수집한 자료를 토대로 목차를 만들려면, 우선 자료들을 분류하고 순서를 정해 상하 관계로 나누어야 한다.

첫째, 끼리끼리 모은다. 창의적이고 논리적인 분류를 하는 것이다. 일례로 호랑이, 사슴, 고래, 악어를 분류해보자. 여러 가지 방법이 있다. 가장 쉬운 것은 '호랑이'와 '사슴, 고래, 악어'로 나누는 것이다. 무슨 기준일까? 세 글자, 두 글자이다. 그 외에도 아래와 같은 다양한 분류법이 있을 수 있다.

- 호랑이, 사슴, 고래 // 악어 : 포유류 // 파충류
- 호랑이, 악어, 고래 // 사슴 : 육식 // 채식
- 호랑이, 사슴 // 고래 / 악어 : 육지 // 바다 / 강, 호수
- 호랑이, 악어 // 사슴, 고래 : 한자어 // 우리말
- 호랑이, 악어, 사슴 // 고래 : 다리 있음 // 다리 없음

'참신한 분류법이 무엇이 있을까?'를 고민하다가 스포츠 팀의 마스코트를 생각해보았다. 호랑이는 기아 타이거즈(한국 프로야구 팀), 사슴은 밀워키 벅스(미국 프로농구 팀), 고래는 대명 킬러웨일즈(한국 아이스하키 팀), 악어는 게이터스(미국 플로리다 풋볼 팀)의 마스코트다. 이 중 게이터스의 경우, 경기 후반 체력 부족으로 지는 경우가 많았

다고 한다. 그래서 연구진들이 음료를 만들어 힘을 낼 수 있도록 도왔다. 이 음료가 바로 '게토레이(Gator+aid=Gatorade)'다. '게이터를 돕는다'는 뜻이다. 이렇게 창의적인 분류를 하다 보면 새로 알게 되는 것들도 있고, 논리력도 자연스레 생겨난다.

둘째, 순서를 정해보는 것이다. 순서에 따라서도 많은 차이가 있다. 예를 들어, 데이트를 할 때 영화를 보고 밥을 먹을 것인지, 밥을 먹고 영화를 볼 것인지를 고민해볼 수 있다. 영화를 보고 밥을 먹으면, 밥을 먹으면서 함께 본 영화 이야기를 나눌 수 있겠지만 영화를 보는 내내 배에서 꼬르륵 소리가 날지도 모른다. 반대로 밥을 먹고 영화를 보면, 밥을 먹으면서 영화에 대한 기대를 하겠지만 배가 불러 졸지도 모른다. 순서에 따라 상황이 달라질 수 있다.

셋째, 상하 관계이다. 상의어일수록 추상적이고 함축적이며 핵심 내용을 품고 있다. 하의어는 구체적이다. 각각의 역할에 따라 적절하게 배치해야 한다.

이 세 가지 기준으로 정리를 해나가면서 내용을 구성하면 된다. 쉽게 이야기하면, 글의 개요를 작성하는 것이다.

# 2. 본격 책쓰기
## ─글쓰기를 중심으로

글을 쓰지 않고 살아갈 수 있는 사람은 한 명도 없다. 대학에 가면 리포트를 써야 하고, 직장에 가면 보고서를 작성해야 한다. 윤태호의 웹툰『미생』에서도 직장 생활의 글쓰기에 대해 자세하게 소개하고 있다. 책쓰기 교육을 진행하며 학생들에게 글쓰기의 기본을 안내해주고 싶었다. 브레인스토밍, 1분 글쓰기(생각나는 대로 쓰기 연습), 상동구이尙同求異(같은 의미의 다른 표현 연습), 글쓰기 삼총사('왜냐하면' '예를 들어' '다시 말해') 등이 바로 그것이다. 하나씩 간략히 살펴보도록 하자. 이 중 1분 글쓰기와 글쓰기 삼총사는『나만의 책쓰기─허병두의 즐거운 글쓰기 교실 3』(허병두, 문학과지성사, 2012)을 참고했다.

브레인스토밍은 앞서 자세하게 이야기했기에 생략한다. 83쪽의 내용을 참고하시라.


## 1) 글쓰기의 부담 줄여주기

### (1) 1분 글쓰기

'1분 글쓰기'는 글쓰기의 부담을 줄여주는 연습이다. 글을 쓰다 보면 생각이 막힐 때가 있다. 그럴 때 아주 유용하다. 핵심어를 중심으로 생각을 확장시키면 된다. '2분 글쓰기' '3분 글쓰기'로 응용해볼 수 있다. 단, 3분이 넘어가면 손이 아프고 집중력이 흐려진다. 딱 3분까지가 적절하다.

1분 글쓰기의 규칙은 다음과 같다. ① 생각나는 대로 쓴다. ② 펜이 쉬면 안 된다. ③ 멈추면 안 된다.

1분이 되면 무조건 글쓰기를 멈춘다. 그래야 효과가 있다. 생각보다 1분은 길지 않다. 막상 쓰다 보면, 더 쓰고 싶어진다. 쓸 말들이 떠오른다. 이 방법은 초고를 작성할 때 매우 유용하다. 일단 쓰고, 나중에 좀더 좋은 문장으로 고쳐나가면 된다.

## (2) 상동구이 글쓰기

'상동구이 글쓰기'는 연암 박지원의 말에서 힌트를 얻었다. 임진왜란 당시 신립 장군은 중국 한나라 한신 장군의 배수지진背水之陣을 그대로 가져와 전략을 펼쳤다. 하지만 승리는커녕 철저하게 패하고 말았다. 반면, 이순신 장군은 승리했다. 똑같은 전략을 빌려왔는데 누구는 실패하고, 누구는 성공했다. 왜일까? 그대로 베껴오는 것은 의미가 없다. 그때그때 상황이 다르기 때문이다. 즉, 배수지진의 의도를 파악하고 상황에 맞게 재구성할 필요가 있다. 학교에서도 성적이 좋은 학생이 어떤 책을 본다더라 하면, 모두 그 책을 사서 본다. 그렇다고 모든 학생들의 성적이 좋아지는 것은 아니다. 그것을 내 것으로 만들어야 하는데, 그냥 흉내만 내다가 낭패를 보는 것이다. 상동구이는 바로 그런 의미이다. 같음을 추구하되, 다르게 만들어간다는 의미이다. 예를 들어, 남학생이 여자 친구에게 고백할 때, 어떻게 말하는 것이 좋을까? '나는 너를 사랑해'는 너무 진부하다. 같은 의미의 다른 표현을 만들어보는 것이다. 드라마에서 유행했던 '내 안에 너 있다'라든지, 노래 가사처럼 '난 네가 좋아하는 일이라면 뭐든지 할 수 있어'라든지. 자, 그럼 여러분도 한번 도전해보시라.

### (3) 글쓰기 삼총사─왜냐하면, 예를 들어, 다시 말해

좋은 글은 독창성과 보편성을 동시에 가져야 한다. 너무 독창적이면 재미는 있지만 공감을 끌어올 수 없고, 너무 보편적이면 진부해서 재미가 없다. 앞서 연습한 브레인스토밍이나 1분 글쓰기, 상동구이 표현들은 모두 독창성과 연관이 되어 있다. 이제 보편성을 갖출 논리력이 필요하다. 논리력을 키우는 가장 좋은 방법이 바로 '글쓰기 삼총사'이다.

글쓰기 삼총사는 읽기와 쓰기에서 모두 엄청난 효력을 발휘한다. 읽기에서는 중심 문장과 뒷받침 문장을 구분하는 데 유용하다. 삼총사가 포함된 문장들은 모두 뒷받침 문장이므로, 중심 문장을 쉽게 찾을 수 있다. 반대로 쓰기에서는 중심 문장을 논증하고, 예시하고, 상세화하는 데 좋은 연습이 된다. 논술 시험을 준비할 때도 유용하다. 하지만 생각보다 쉽지 않아서 많은 연습이 필요하다.

다음 글은 '높이 나는 새가 멀리 본다'를 토대로 어떤 학생이 글쓰기 삼총사를 적용한 예이다.

높이 나는 새가 멀리 본다. 왜냐하면, 고도가 높아질수록 시야도 넓어지기 때문이다. 예를 들어, 산에 올라가면 도시가 한눈에 들어온다. 다시 말해, 높이 나는 새는 멀리 볼 수 있다.

위에서 보듯 많은 학생들이 '다시 말해'에서 중심 문장을 그대로 옮겨 적는 경우가 많다. 상세화의 '다시 말해'는 중심 문장에서 확장되어야 하고, 말 그대로 구체적으로 진화시켜나가야 한다. 꾸준한 연습을 통해 삼총사에 익숙해지길 바란다. 글을 쓰다가 막힐 때 이 삼총사는 더욱 진가를 발휘한다. 이 삼총사만 안다면, 글을 쓰다가 막히는 일은 없을 것이다. 쓰다가 막히면, 그냥 '왜냐하면'을 써 보고, '예를 들어'를 써보고, '다시 말해'를 써보며 생각을 구체화해 나가면 된다.

### (4) 논리력과 창의력 증진 방법

앞서 얘기한 바와 같이 독창성과 보편성을 모두 가진 글이 좋은 글이다. 이 둘의 조화를 위한 가장 좋은 연습이, 은유와 '왜냐하면'의 조합이다.

(        )이/가 아름답다.

왜냐하면, (        )이기 때문이다.

이 간단한 두 문장으로 논리력과 창의력을 증진시킬 수 있다. '아름답다'의 의미를 제대로 이해하고 있다면, '(  )'를 채우는 데 어려움은 없을 것이다. 다만, 남들이 다 생각하는 진부한 것보다는 나만의 생각을 토대로 하여 채워나가면 된다. '왜냐하면'은 이 창의적인 사고가 나 혼자만의 생각이 아니라 남들도 인정하는 사고여야 한다는 것이다. 첫 문장인 '(  )이/가 아름답다'를 듣고 '왜냐하면~'의 내용이 예상된다면 진부하다고 볼 수 있다. 물론 '왜냐하면'을 통해 반전을 줄 수도 있다. 수업 시간에 한 학생은 "해바라기는 아름답다"고 발표했다. 나를 포함한 대부분의 학생들은 '왜냐하면, 오로지 태양만을 바라보고 있기 때문이다'를 떠올렸다. 그런데 이 학생은 '왜냐하면'에서 반전을 주었다. "왜냐하면, 고흐의 그림이기 때문이다"라고. 이렇듯 아이들의 창의성은 나를 깜짝 놀라게 했다. 미리 리허설도 없이 즉흥적으로 했던 연구수업에서 한 학생은 이렇게 발표했다.

"보이지 않는 것들은 아름답다. 왜냐하면, 외모보다는 마음이 더 중요하기 때문이다."

발표를 들으며 생텍쥐페리의 『어린 왕자』 중 한 구절이 떠올라 나도 모르게 소름이 돋았고, 발표한 학생에게 다가가 소름 돋은 내 팔을 보여주기도 했다. 교사라면 아마 나와 비슷한 경험을 하게 될 것이다.

## 2) 책쓰기에 대한 부담 줄여주기

### (1) 책 능력치 만들기

좋은 책을 쓰기 위해서는 먼저 어떤 책이 좋은 책인지 생각해볼 필요가 있다. 좋은 책의 기준은 사람마다 다를 수 있다. 그래서 누군가가 추천한 목록을 수동적으로 받아들이기보다는 학생들 스스로 좋은 책을 찾아보는 활동이 필요하다. 즉, 고기를 잡아주는 것이 아니라 스스로 고기를 잡을 수 있게 하는 것이다. 그러기 위해 책 능력치 만들기 활동을 했다.

언제까지 교사가 아이들에게 책을 추천해줄 수 있겠는가? 그 많은 책들을 교사가 어떻게 다 읽어보고 추천을 하겠는가? 아이들이 각자 스스로의 기준으로 좋은 책을 찾아 꾸준히 읽어갈 수 있도록 도와주고 싶었다. 이를 나는 '책 능력치'라고 부른다. 게임을 좋아하던 나는 게임에서 힌트를 얻어 만들었다. 시각적 효과가 있어서 더욱 좋다. 그리고 무엇보다 어렵지 않아서 좋다.

다음 설명을 잘 읽고, 책 능력치를 만들어보자.

① 각자 여섯 가지의 기준을 정한다.
② 각자 세운 기준을 꼭짓점에 적는다.
③ 육각형 내부의 중앙에 점을 찍고, 각 모서리로 연결하는 선을 살짝 긋는다.
④ 중앙에서 모서리로 이어진 각 선을 5등분하여 5점 만점으로 하

고, 기준에 맞는 점수를 정한 후, 점으로 표시한다.

⑤ 마지막으로 점수가 표시된 선을 직선으로 모두 이어본다.

⑥ 직선으로 이어진 내부의 도형의 안쪽을 색칠한다.

⑦ 친구들에게 발표하고, 설명한다.

예를 들어, 축구 선수 손흥민의 능력치를 정할 경우 축구 선수라면 꼭 필요한 능력, 즉 좋은 축구 선수의 기준을 정해본다. 공격수이기에 슈팅력과 골 결정력이 필요하고 드리블, 패스, 체력은 기본이요, 팀 기여도도 중요할 것이다.

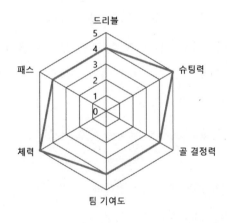

손흥민 선수의 능력치

위를 참조하여, 각자 책 능력치를 만들어보자.

재미있게 읽은 책의 능력치

책 제목: _____

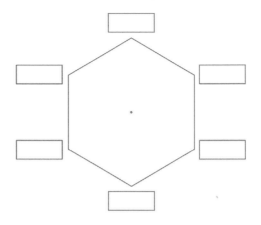

이 활동을 하며 놀라운 사실을 하나 발견했다. 학생 10명 중 8명은 좋은 책의 기준으로 '교훈'을 설정했다는 것이다. 왜일까? 아무래도 정답을 찾아내야만 하는 학교교육의 영향이 아닐까 생각해본다.

이렇게 각자 좋은 책의 기준을 정해보면, 자연스럽게 좋은 책을 선별할 줄 아는 안목을 가질 수 있다. 그리고 기준을 정하며 생각을 하게 된다. 학생마다 기준이 모두 다르기 때문에 참신성을 가질 수도 있으며, 그 기준에 대한 나름대로의 이유가 있을 테니 논리성 또한 연습해볼 수 있다. 그리고 무엇보다도 쉽고 재미있다. 책 능력치뿐 아니라, 영화 능력치도 좋다. 나는 수업 평가도 이것으로 받는다. 좋은 수업, 좋은 교사에 대해 생각해볼 수 있어서이다. 그리고 학생들 자신의 능력치도 만들어볼 수 있다. 각 과목에 대한 성적으로 능력치를 만들면 자기가 무엇이 부족한지 한눈에 알 수 있다.

## (2) 책, 어디까지 알고 있니?

이제는 책을 만들어가야 한다. 그러려면 책이라는 매체에 대해 생각해볼 필요가 있다. 그래서 간단한 퀴즈들을 준비했다. 이 글을 읽는 여러분들도 한번 함께 풀어보았으면 좋겠다.

책에서 홀수 쪽은 오른쪽일까? 왼쪽일까?

책의 1쪽은 어디에서부터 시작되는가?

책 제목은 책에 몇 번이나 나올까?

쉬운 문제는 아니다. 물론, 책에 관심이 많다면 또 그리 어려운 문제도 아니다. 도서관에 직접 가서 책을 찾아보며 서지정보, KDC 분류법 등 책에 대해 학생들과 함께 살펴보면서 다양한 활동을 해본다. 이때 도서관 사서 선생님의 도움을 받으면 더욱 좋다.

책에 대한 안내가 끝나면, 책 제목을 지어보라고 한다. 주제는 미리 정하지만, 책 제목은 나중에 정해도 상관없다. 책 제목은 무엇보다 독자들의 흥미를 유발하는 아이디어가 필요하다. 마치 광고와도 같다. 우선, 책을 들어 읽어보게끔 유도해야 한다. 책의 제목을 정했으면, 출판사 이름도 만들어보고, 서지 정보도 작성해보라고 한다. 너무 장난스럽지 않게 해야 한다. 그리고 마지막에는 머리말과 후기도 써보라고 한다. 특히 머리말은 책 전체의 내용을, 작가의 의도를, 주제를 함축하고 있으므로 신경 써서 작성해야 한다.

## 3) 실전 책쓰기

### (1) 집필

드디어 이제 초고를 쓰기 시작한다. 여름방학 기간 힘을 많이 비축해두었기에 추진력을 가지고 힘차게 써나가야 한다. "모든 초고는 쓰레기"라고 말한 헤밍웨이의 말처럼 초고는 단지 초고일 뿐이다. 초고 쓰기에서 가장 중요한 것은, 일단 죽이 되든 밥이 되든 끝까지 써보는 것이다. 너무 잘 쓰려고 처음부터 쓰다 고치다를 반복하다 보면 서론을 쓰다가 지쳐버릴 수도 있다. 아마 이와 비슷한 경험을 많이들 해보았을 것이다. 문제집을 사서 처음에는 엄청난 의욕을 가지고 시작했다가 앞부분만 열심히 풀고 뒤로 갈수록 점점 깨끗해지는 경우, 시험공부를 하려고 책을 펴고 열심히 공부하다가 자기도 모르게 점점 흐지부지되었던 경우. 나만 이런 경험이 있는 것은 아닐 것이다. 누구나 처음에는 의욕에 불타서 일을 하다가 시간이 갈수록 힘이 빠지는 것은 당연한 것이다. 그렇기 때문에 엉망진창이 되더라도, 내용을 다 바꾸더라도 무조건 끝까지 써보는 것이 중요하다. 쓰면서 계속 새로운 생각이 날 것이고, 그럴 때는 원형정리법을 이용하여 변경해나가면 된다.

### (2) 첨삭받기

초고를 완성하는 시기는 학생들마다 다르지만, 대개는 9월 정도에 완성한다. 그다음은 이제 초고를 손볼 차례다. 물론 혼자서 내용들을 수정해도 되지만 어차피 책은 독자를 염두에 두고 쓰는 글이다. 그렇다면 예상 독자에게 읽어보길 권해볼 수 있다. 선생님께, 친구들에게, 그리고 부모님께 첨삭을 부탁드리는 것도 좋은 방법이다. 아무리 바쁘더라도 아이가 책을 썼다는데 읽어보지 않을 부모는 없을 것이다. 나부터도 그렇다. 내 아이가 책을 썼다는데 읽어보고 싶을 것이다. 첨삭을 받기 전에 추진 계획서와 주제에 대해 간단히 소개한 후, 작가의 의도가 제대로 전달되고 있는지를 확인해보는 과정은 매우 중요하다. 왜냐하면, 책은 독자와의 소통을 염두에 두는 활동이기 때문이다.

### (3) 고쳐 쓰기

첨삭을 받았으면, 이제 고쳐 쓰기를 하면 된다. 고쳐 쓰기 역시 국어과 교육과정에 자세하게 나와 있다. 글 전체 수준에서 문단으로, 문장으로, 어휘의 순으로 고쳐 쓰기를 해나가면 된다. 우선 글 전체의 구조, 순서 등을 다시 한 번 살펴보고, 문단의 연결이 자연스러운지, 통일성을 해치는 부분은 없는지, 일관성은 잘 유지되고 있는지를 살펴본 후 적절한 어휘들을 사용했는지, 대체할 더 좋은 어휘들은 없는지 어법에 틀린 부분은 없는지를 점검한다. 특히 맞춤법에도 신경을 쓴다. 이는 신뢰성과 연계되어 있기 때문이다. 이때도 역시 혼자 하기보다는 친구들과 함께 서로의 글을 읽어가며 활동하는 것이 좋다. 고쳐 쓰기의 예를 아이들에게 알려주었는데, 자세한 내용은 장별 부록을 살펴보시라.

## 4) 출판하기

### (1) 전자책으로 출판하기

책은 출판을 전제로 하는 글쓰기이므로, 학생들이 쓴 글은 모두 출판한다. 우선, PDF 파일로 출판을 한다. HWP나 PPT 파일과는 달리 PDF는 호환성도 좋고, 용량도 작다. 휴대폰으로도 쉽게 PDF 파일을 열어볼 수 있다. 그래서 완성된 모든 책은 PDF 파일로 변환하여 학교 홈페이지에 올려두었다. 휴대폰으로도 학교 홈페이지에 접속하기만 하면 로그인 없이도 쉽게 열어볼 수 있기 때문에 큰 불편함 없이 책을 읽을 수 있다. 이렇듯 전자책은 접근성이 뛰어나다는 장점이 있다.

**Tip**

전자책 출판은 ISSUU(www.issuu.com)를 활용하면 좋다.
ISSUU는 매거진, 카탈로그, 신문 또는 다른 발행물을 위한 무료 전자출판 플랫폼이다. PDF 파일을 올리기만 하면 전자책으로 출판해준다. 아주 쉽다. 그리고 PC뿐 아니라 휴대폰으로 언제 어디서든 볼 수 있다는 장점이 있다. 뿐만 아니라 몇 명이 내 책을 읽었는지, 몇 명이 내 책의 내용을 인용해갔는지 등이 통계로 나와 재미도 있다.

## (2) 종이책 제작을 위한 평가

어쩔 수 없이 종이책을 만들기 위해 평가를 했다. 사실 이 수업은 시험도 평가도 없는 수업이었다. 정규 수업이기는 하지만 이수만 하면 되는 수업이었다. 처음에는 시험도 평가도 없는데 아이들이 잘 따라올까 걱정도 많았다. 하지만 자신들의 이야기를 직접 써보는 활동이 재미있었는지 잘 따라와 주었다. 물론, 모든 학생들이 책을 완성시키지는 못했다. 그렇다고 강요하지도 않았다. 최대한 아이들이 책을 쓸 수 있도록 도와주었을 뿐이다. 전자책으로 368명 중 250명이 제출했고, 종이책으로는 예산 관계상 59명의 학생들을 뽑아야 했다. 59명의 학생을 어떻게 선발해야 하나 고민하다가 간단한 평가 기준을 정해보았다.

첫째, 진실성이다. 자기 생각을 얼마나 솔직하게 작성했는가? 다른 사람의 생각을 그대로 베껴 쓰지는 않았는가?

둘째, 논리성이다. 얼마나 설득력 있게 작성하였는가? 자신의 생각을 독자들에게 구체적으로 설명하고 있는가?

셋째, 창의성이다. 기존의 책들과는 어떻게 다른가? 목차나 내용이 얼마나 참신한가?

이 세 가지 기준으로 점수를 주어 평가했다.

평가할 때, 어려운 점도 있었다. 열심히 썼고, 내용도 좋은 경우에는 창의성에 좀더 점수를 주었다. 다른 학년(3학년)의 학생들에게 읽어주기도 하고 보여주기도 하며 의견을 묻기도 했다. 의외로 후배들이 쓴 책에 관심 있는 학생들이 많았다. 그래서인지 단 한 명도 평가에 의문을 제기하거나 따지러 온 학생은 없었다.

### (3) 종이책으로 출판하기

완성된 책 중에서 우수한 책들은 종이책으로도 제작한다. 학생들이 제출한 모든 책을 종이책으로 만들어주고 싶었으나, 예산 문제로 인해 어쩔 수 없이 59명의 학생들 책만 종이책으로 제작하게 되었다.

종이책을 만드는 과정에서도 고민이 많았다. 손에 잡힐 정도의 문고본으로 만들 것인가? 아니면 일반적인 책 크기로 만들 것인가? 아니면 잡지처럼 조금 크게 만들 것인가? 아이들과 상의한 결과, 전문 도서처럼 보이기보다는 조금 가볍게 볼 수 있으면 좋겠다는 의견

[그림 4] 학생들이 직접 쓰고, 디자인하고, 편집하여 만든 종이책

을 받아들여서 잡지 콘셉트로 조금 크게 만들었다. 편집과 디자인까지 모두 학생들이 직접 했다. 지금 내가 보아도 뿌듯하니, 당사자인 학생들은 얼마나 뿌듯할까?

### (4) 공유하기─나눔을 실천하다

학생들이 만든 전자책은 학교 홈페이지에 올려두어 우리 학교의 학생뿐 아니라 선생님들 부모님들, 그리고 모든 사람들이 볼 수 있게 공유해놓았다. 별도의 로그인 없이도 학생들이 쓴 책을 읽을 수 있다. 심지어 첨부파일을 다운로드하여 외부와 공유할 수도 있다. 학생들과 책쓰기 수업을 시작하면서 약속한 내용이었다. 너희들이 쓴 책을 후배들과 다른 사람들을 위해 공유하자고. 저작권 기부가 별것 아닌 것처럼 보이지만, 후배들에게는 나도 한번 만들어보고 싶다는 창작 동기를 고취시킬 수 있고, 선생님들에게는 나도 한번 아이들과 이런 활동을 해보고 싶다는 의욕을 갖게 할 수 있다. 부모님들은 자녀의 솜씨에 감탄하며 뿌듯함을 느낄 수 있다. 나 혼자만 가진다는 것은 어쩌면 참으로 안타까운 일이다.

종이책은 다음과 같이 활용했다. 우선, 본인에게 세 권을 주었다. 나중에 혹시 대학 입시에 제출할 포트폴리오로 한 권, 부모님께 선물로 한 권, 자기 소장용으로 한 권. 그리고 학교 도서관에 두 권을 기증했다. 그중 한 권은 도서관 장서로 바코드를 붙이고 도서 등록을 해서 후배들이 언제든지 볼 수 있도록 하고, 한 권은 도서관에 보관용으로 두었다. 이렇게 자신의 책을 다른 사람들이 볼 수 있도록 나누는 활동을 통해 아이들은 또 한 번 성장했을 것이다.

　책쓰기를 지도하며 책쓰기 교육은 정말이지 아이들에게 많은 것을 줄 수 있다는 생각이 들었다.

　첫째, 읽기와 쓰기, 듣기와 말하기 통합 교육으로 국어 공부에 도움이 된다. 일회성이 아닌 지속가능한 토론 수업을 할 수 있다. 자연스럽게 아이들은 소통을 하고, 서로에 대해 알게 되고, 이해를 하게 된다. 내 생각만이 절대적으로 옳다는 편견에서 벗어나 남의 생각도 옳을 수 있다는 사고의 확장을 경험하게 된다. 수업 시간에 학생들에게 '토론이 뭘까?'라고 물으면 대부분의 학생들은 '싸우는 것'이라고 말한다. 하지만 토론은 다양한 의견을 통해 자신의 생각을 정리하는 소중한 시간이다. 읽기 능력, 쓰기 능력, 듣기 능력, 말하기 능력의 향상이 이 수업의 가장 큰 효과이다. 교사 중심의 지루한 강의식 수업이 아니라, 학생 중심의 활동적인 수업이라 즐겁고 재미있게 진행할 수 있다.

　둘째, 진로 탐색의 시간을 가질 수 있다. 생각보다 아이들이 자신의 진로에 대해 많이 생각하지 않고 있다. 시대의 흐름인지 '그냥 어떻게 되겠지'라고 생각하는 학생들이 대다수다. 그냥그냥 별생각 없이 사는 것 같아 안타깝다. 책쓰기 수업을 하면서 정말이지 아이들은 참 다양한 재주를 가지고 있다는 생각이 들었다. 공부를 좋아해서 학문적인 글을 쓰는 학생도 있었고, 거미를 좋아해서 거미의 생태를 쓴 학생, 음악을 좋아해서 EDMElectronic Dance Music을 소개하는 학생, 노벨 물리학상 수상을 꿈꾸며 LHCLarge Hadron Collider(대형 강입자충돌기)에 대해 연구를 한 학생, 게임을 좋아해서 게임에 경제학 이론을 적용한 학생 등 자신의 관심사를 주제로 한 책을 쓰면서 진로에 대해 다시 한 번 생각해보는 소중한 시간이 되었다.

셋째, 소통과 협업의 소중함을 배울 수 있다. 지금은 똑똑한 혼자보다 보통 사람 여럿이 함께 하는 것이 효율적인 집단지성Collective Intelligence의 시대이다. 대학에 가도 팀별 과제가 주어지고, 직장에 가도 팀별로 프로젝트를 진행한다. 하지만 우리 중등교육은 혼자 열심히 공부하는 시스템이다. 참으로 안타깝다. 책쓰기는 이러한 단점을 보완해주고, 교과 성적과 관계없이 모두가 함께 소통하고 서로 도와가며 자신의 책을 만들어가는 경험을 통해 협동 학습의 소중함을 느껴볼 수 있다.

넷째, 저작권 교육을 할 수 있다. 자료를 찾는 데 가장 힘들었던 이유가 바로 저작권이었다. 우선, 저작권이 무엇인지, 저작권이 왜 필요한지에 대해 아이들에게 지도한 후 저작권의 상업화에 대한 아쉬움도 이야기했다. 예를 들어, 싸이의 히트곡 「강남스타일」이 저작권을 철저하게 지켰다면, 다양한 패러디 버전이 나올 정도로 그렇게 흥행하지는 못했을 것이다. 물론, 저작권은 필요하다. 다만 자기가 가진 재산의 일부를 기부하고, 재능을 기부하듯이 저작권도 조금만 기부를 한다면 훨씬 많은 사람들에게 큰 도움이 될 것이다. 그래서 자연스럽게 저작권 교육도 하게 되었다.

우리는 글을 인용할 때 최대한 요약하기 기법을 활용했고, 그림이나 사진은 공유 저작물을 이용했다. 거기서 더 나아가 우리가 쓴 책들은 저작권을 기부하여 학교 홈페이지에 게재해 누구나 들어와서 자유롭게 볼 수 있게 하였고, 학교 도서관에 종이책을 기증하여 후배들의 창작 동기를 불러일으키는 데 큰 역할을 했다. 실제로 후배들이 선배들의 책쓰기를 보고 우리도 하고 싶다는 이야기를 여러 번 했다.

다섯째는 인성 교육. 즉 남을 배려하는 마음을 배울 수 있다. 책쓰기는 항상 독자를 생각해야 한다. 나 혼자만의 공부는 쉽고 편하다. 내 맘대로 하면 되기 때문이다. 그래서 빗나가기도 쉽다. 자기 혼자만의 독서도 마찬가지이다. 혼자만의 편견에 빠지기 쉽다. 실제로 그런 학생들을 많이 보았다. 책을 엄청 좋아하기는 하지만 다른 아이들과 잘 어울리지 못하는 아이, 자기만의 세계에 빠져 있는 아이…… 사실 책이 좋은 매체라고는 하지만 사람이 만든 것이고, 독서 또한 사람이 중심이 되어야 한다. 혼자 공부에 익숙한 아이들, 혼자만의 독서에 빠진 아이들에게 꼭 필요한 활동이 바로 책쓰기이다. 분명히 혼자보다는 여럿이 함께 하는 편이 자신을 위해서도 좋다. 편견에 사로잡히지 않을 수 있고, 다양성을 존중할 수 있으며, 세상을 보다 넓게 바라볼 수 있게 도와주기 때문이다.

무엇보다도 책쓰기를 하면서 교사인 내가 보람을 많이 느꼈다. 물론 무척 힘들었다. 하지만 조금씩 아이들의 결과물이 나오기 시작했고, 그것을 본 선생님들도 아이들의 잠재력에 놀라움을 감추지 못했다. 그리고 아이들 스스로도 자신감을 갖게 되었다. 특히 신촌 홍익문고에 자신의 책이 전시되었을 때, 아이들의 뿌듯해하는 표정을 잊을 수 없다. 아마, 아이들에게는 그 기억이 평생 좋은 추억으로 자리매김할 것이다. 이 모습을 바라보던 나 역시 뿌듯했고, 행복한 시간이었다. 학생과 교사 모두에게 행복한 추억으로 오랫동안 남을 것이다.

## 책으로 기쁨 나누기

책쓰기 수업을 통해 아이들은 스스로 자신의 진로를 생각하고, 자료를 찾고, 글을 써나가며 성장해갔다. 결과물들이 나오면서 아이들은 정말 해맑은 웃음을 지었다. 교사인 나도 뿌듯해하며 이 기쁨을 좀더 많은 사람들에게 알리고 싶어 여러 행사를 준비했다.

### 1. 종이책 전시회

먼저, 학교 축제 때 도서관 앞뜰에서 학생들이 쓴 책을 전시했다. 한 권 한 권 소중한 책들을 친구들이, 후배들이, 선생님들이, 부모님들이 와서 읽어보고 격려해주었다. 학생 저자들은 자신들이 쓴 책을 보며 자랑스러워했고, 선생님들은 정말 아이들이 적접 표지까지

[그림 5] 학교 축제 때 전시한 학생들 책

디자인해가며 만든 것이냐며 놀라워했다. 아마 학생 저자들에게도 소중한 추억으로 자리매김했을 것이다.

## 2. 학생 저자와의 대화

두번째로는 '학생 저자와의 대화' 시간을 가졌다. 대표 학생 5~6명이 자기 책을 보여주며 소개하고, 질의응답을 받는 행사였다. 학교 축제 때 도서관에서 열린 이 행사에서 학생 저자들과 친구들, 그리고 부모님도 함께 참석해 자리를 빛내주었다.

학생 저자들은 주로 책을 쓰게 된 동기, 주제를 선정한 과정과 이유, 책을 쓰며 느낀 점, 나만의 책을 출판한 소감 등을 발표했다. 그리고 미처 책에 담지 못한 이야기들도 했는데, 그 열정이 놀라울 정도였다. 출판된 모든 책은 도서관에 전시하고, 각자 자신의 책을 도서관에 온 친구들에게 소개하는 뜻깊은 시간을 가지기도 했다.

[그림 6] 학생 저자와의 대화 강연 모습

[그림 7] 출판 기념회 기념 사진

또 책따세 교사 연수에서 학생 저자를 초빙해 다른 학교 선생님들에게 자기가 쓴 책을 소개하는 시간도 가졌다. 아이들은 타 학교 선생님들 앞에서 자신들의 책을 자신 있게 설명했고, 선생님들은 학생들의 발표와 책을 보고 감동을 받았다. 말 그대로 인기 폭발이었다. 그리고『중앙일보』기자가 와서 학생들을 인터뷰해가기도 했다. 아이들은 새로운 경험을 통해 한 단계 더 성장할 수 있었다.


## 3. 신촌 홍익문고 전시


책따세 활동을 통해 알게 된 인연으로 신촌 홍익문고에서 학생들의 책을 전시하는 기회가 생겼다. 학생들은 자기가 쓴 책이 홍익문고에 전시된 것을 보고 무척이나 기뻐했다. 학생 저자들과 함께 방문하여 사진도 찍고 책 이야기도 하면서 좋은 시간을 보냈다. 운이

[그림 8] 신촌 홍익문고에 전시된 자신의
책을 보고 기뻐하는 학생 저자들

[그림 9] 홍익문고 대표님(가운데)과 함께
찍은 사진

좋았는지 홍익문고 대표님을 만나 100년 서점을 꿈꾸는 홍익문고에
대한 이야기도 들을 수 있었다.


## 4. 서울 독서교육 대상 수상


생각도 못했던 일도 생겼다. 학교로 독서 교육 프로그램에 대한
보고서를 제출하라는 공문이 왔고, 그해 진행했던 책쓰기 프로그램
을 비롯한 독서 교육 프로그램을 정리하여 제출했다. 이렇게 진행된
학생들의 책쓰기 프로그램으로 우리 학교가 2014년 서울 독서교육
대상(서울시 교육감상)을 수상했다.

그 후 교사를 대상으로 하는 경기도 국어과 1급 정교사 자격연수
와 개포고, 강화여고에서 학생을 대상으로 하는 책쓰기 프로그램에
대해 안내하는 시간도 가질 수 있었다.

책쓰기 수업을 잘 따라와준 아이들과 도와주신 선생님들 덕분이
었다. 앞으로도 책쓰기 교육이 지속되기를 바라는 마음뿐이다.

# 아이들에게 책쓰기에 대한
## 자신감을 주는 책

- 『고마워, 세상아』(꿈만들 사진동아리 엮음, 청어, 2014)
- 『그것들의 생각』(Cho, 위즈덤하우스, 2014)
- 『글자 없는 그림책』(신혜원 그림, 이은홍 구성, 사계절, 2008)
- 『나는 기다립니다』(다비드 칼리 글, 세르주 블로크 그림, 안수연 옮김, 문학동네, 2007)
- 『나는 한 마리 개미』(저우쭝웨이 글, 주잉추 그림, 장영권 옮김, 펜타그램, 2011)
- 『낙서열전 1, 2』(승문고 2학년 5~8반, 열림원, 2008)
- 『네가 태어난 날엔 곰도 춤을 추었지』(낸시 틸먼 글·그림, 이상희 옮김, 내인생의책, 2009)
- 『The Blue Day Book』(브래들리 트레버 그리브, 신현림 옮김, 바다출판사, 2011)
  - 동물들의 다양한 표정을 통해 감정을 고스란히 전달해주는 책.
  - 아이들은 자기의 감정을 어떻게 표현해야 할지 모를 때가 많다. 이 사진 에세이를 통해 자기 감정을 글로 표현하는 연습을 해보았다.
- 『도서관 생쥐』(다니엘 커크 글·그림, 신유선 옮김, 푸른날개, 2007)
  - 도서관에 사는 생쥐가 자기의 지식과 경험을 토대로 책을 만들어가는 그림책.
  - 생쥐도 책을 만드는데, 우리가 못 만들겠냐며 아이들의 자심감이 하늘 높이 올라갔다.

- 『도시의 표정』(손수호, 열화당, 2013)
- 『말은 필요 없어』(존슨 사치코, 종이의온도, 2014)
- 『뭘 써요, 뭘 쓰라고요?』(김용택 글, 엄정원 그림, 한솔수북, 2013)
- 『반대 개념으로 배우는 어린이 철학』(오스카 브르니피에 글, 자크 데프레 그림, 박창호 옮김, 미래아이, 2008)
- 『서울 시』(하상욱 지음, 중앙북스, 2013)
  - 긴 글을 읽기 어려워하는 아이들도 쉽게 읽을 수 있는 시집.
  - '시' 하면 어렵다는 생각을 버리고, 자신의 생각을 솔직하게 표현하는 연습을 할 수 있다.
- 『성공이 성공이 아니고 실패가 실패가 아니다』(이영표, 이승국, 홍성사, 2009)
- 『세계가 만일 100명의 마을이라면』(이케다 가요코, 매거진 하우스 편, 한성례 옮김, 국일미디어, 2006)
- 『여자친구에게 말 걸기』(알렉 그레븐 글, 케이 에이스데라 그림, 이근애 옮김, 소담주니어, 2011)
- 『우리나라가 만일 100명의 마을이라면』(전호성, 김인준 그림, 치우, 2012)
- 『Wisdom』(앤드루 저커먼, 앨릭스 블랙 정리, 이경희 옮김, 윤희영 감수, 샘터, 2011)
- 『이상한 화요일』(데이비드 위즈너 글·그림, 비

롱소, 2002)
- 글씨가 거의 없는 그림책으로 아이들이 직접 이야기를 만드는 것을 좋아했다.
- 실제로 모둠을 만들어 모둠별로 이야기 만들기 수업을 진행했다.
- 『인생은 원 찬스』(미즈노 케이야, 나가누마 나오키 공저, 신주혜 옮김, 지식여행, 2015)
- 『자전거를 좋아한다는 것은』(크리스 해던 글, 린던 맥닐 사진, 김병훈 옮김, 이케이북, 2014)
- 『점』(피터 레이놀즈 글·그림, 김지효 옮김, 문학동네어린이, 2003)
- 『지금 나에게 가장 소중한 것』(포스터 헌팅턴 엮음, 이동섭 옮김, 앨리스, 2014)
- 『쿠키 한입의 인생수업』(에이미 크루즈 로젠탈 글, 제인 다이어 그림, 김지선 옮김, 책읽는곰, 2008)
- 『크리에이티브 블록』(루 해리, 고두현 옮김, 토트, 2013)
  - 아이들은 기본적으로 브레인스토밍을 좋아한다는 것을 보여준 책.
  - 다양한 아이디어들을 쉽게 펼쳐볼 수 있어 부담없이 읽고 아이디어를 얻은 책.

# 고쳐 쓰기의 매력

이 자료는 학생들에게 '고쳐 쓰기의 중요성'을 설명하며 나누어주었던 유인물의 일부이다. 함께 읽어보며, 고쳐 쓰기의 매력에 흠뻑 취해보시라.


## 1. '은'과 '이'의 차이?

"버려진 섬마다 꽃이 피었다."

『칼의 노래』(김훈, 문학동네, 2012)의 첫 문장이다. '꽃은 피었다'고 썼던 작가는 오랜 고민 끝에 문장을 수정했다고 한다. '꽃이'는 물리적 사실을 객관적으로 진술한 언어이고, '꽃은'에는 관찰자의 주관적 정서가 개입되었기 때문이라고 한다.


## 2. 줄이고 또 줄이자 — 정민 교수님의 고쳐 쓰기

번역하려는 문장은 "空山木落雨繡繡"라는 글귀였다. 정 교수는 이렇게 번역했다. "텅 빈 산에 나뭇잎은 떨어지고 비는 부슬부슬 내리는데." 이 글을 본 이종은 교수는 정 교수에게 대뜸 "왜 이렇게 말이 많아?"라고 면박부터 줬다. 그리고 '空'(빌 공) 자를 손가락으로 짚더니 물었다. "여기 '텅'이 어디 있어?" 그러고는 "텅"을 지웠다. 그다음 이 교수는 번역문 속 "나뭇잎"에서 '나무'를 빼버리며 다시 물었다. "잎이 나무인 것을 모르는 사람도 있나?" 다음에는 "떨어지고"에서 다시 '떨어'까지 지웠다. "부슬부슬 내리고"에서는 '내리고'를 덜어냈다. 남은 문장은 "빈 산 잎 지고 비는 부슬부슬." (중략) 정 교수는 이 일화를 소개하면서 불필요한 것들만 줄여도 글이 달라진다고 강조했다. (구본준, 『한국의 글쟁이들』, 한겨레출판, 2008, 21~22쪽.)

## 3. 문법 공부로 신뢰성을 높이자

고쳐 쓰기를 통해 문법 교육도 자연스럽게 이루어진다. 학생들이 자주 실수하는 것들 몇 가지를 살펴보면 다음과 같다.

웬: 어찌 된, 예상했던 것과 달리, 의외의 일로

왠: 왜 그런지 모르게, 뚜렷한 이유도 없이. '왜인지'의 준말.


되: 동사 '되다'의 어간

돼: 동사 '되다'의 어간 '되-'뒤에 어미 '-어'가 붙은 형태인 '되어'의 준말.

안: 동사를 동사의 앞에서 부정할 때.

앓: '아니하다'의 준말로 동사의 연결어미 '-지' 뒤에 쓰여 앞

말의 행동을 부정.

위의 설명을 읽고, 아래 예시문에서 올바른 어휘에 'ㅇ' 표시를 해
보시라.

① 공부가 (안돼서, 앓돼서, 안되서) 잠깐 쉬고 있다.

② 나는 대학 졸업 후 물리학자가 (되고, 돼고) 싶다.

③ 이게 (웬일, 왠일)이야.

④ (웬지, 왠지) 기분이 좋아.

# 학생 저자 책 BEST 10

학생들에게 반응이 좋았던 책 10권을 소개한다. 59권 모두를 소개하고 싶었지만, 지면 관계상 10권으로 줄였다. 표지 디자인, 책 소개글 모두 학생들이 스스로 창작한 것으로, 책 소개는 학생들이 쓴 서문에서 발췌하였다. QR코드를 통해 해당 책을 열람할 수 있다.

| | | |
|---|---|---|
| 초보들을 위한 전자음악 EDM for beginners | **초보들을 위한 전자음악(송인준)**<br>EDM은 'Electronic Dance Music'의 줄임말로 전자 댄스 음악을 뜻한다. 이 책은 EDM이 너무 자극적이라고 생각하는 사람들을 위해 그루브를 가진 음악부터 날뛰게 하는 음악도 추천할 것이다. 저자가 직접 번역한 가사에도 주목해보자. | QR EDM BEGIN |
| | **온라인 게임 속 경제 찾기(이대얼)**<br>먼저 게임을 시작한 것에 대해 축하한다! 튜토리얼을 끝내고 게임을 시작한다. 레벨1이 막막한 당신에게 퀘스트가 보인다. 대부분의 게임은 퀘스트를 이어가다 보면 레벨 업을 하게 되고 점점 고렙에 가까워질 것이다. 게임을 통해 돈을 벌 생각이 있다면 추천할 만한 책. | QR 온라인 게임 속 경제 |
| | **우분투에 빠지다(임영택)**<br>컴퓨터 운영체계인 리눅스 우분투를 소개합니다. 우분투의 설치부터 커스터마이징까지 다루고 있습니다. 우분투는 미적으로도 아름다우며 기능도 강력하고 사용도 쉽습니다. 우분투를 통해 리눅스의 세계에 첫발을 내딛어보세요. | QR 우분투에 빠지다 |
| | **공부에 대해 생각하다(김원민)**<br>10년 넘게 공부한 경험을 토대로 하여 대한민국의 공부를 다시 생각해보자. 공부는 과연 성공을 위한 도구인가? 부모님들은 왜 공부를 강조할까? 공부를 못하면 성공하기 힘든 걸까? 공부에 대한 모든 궁금증을 해결해드립니다. | QR 공부에 대해 생각하다 |

| | | |
|---|---|---|
|  | 부모님께서 안 계실 때 라면 대신 먹는 요리(황민호)<br>부모님이 집에 안 계실 때 대부분은 라면으로 간단하게 해결해버리는 경우가 많다. 그래도 라면보다는 간단한 요리를 해 먹는 것을 추천한다. 그래서 이 책을 쓰게 되었다. 라면 말고도 다양한 요리가 있다는 것을 소개한다. | [QR code]<br>라면 대신 먹는 요리 |
| | Application(유철웅)<br>애플리케이션은 굉장히 매력적입니다. 무궁무진하기 때문이지요. 상상도 하지 못했던 것들을 애플리케이션으로 만들어내고 있습니다. 이러한 애플리케이션을 직접 만들어보는 것은 어떨까요? 한번 도전해보세요. | [QR code]<br>Application |
| | LHC 입자 콘서트(이옥구)<br>「LHC 현대 물리학의 최전선」이라는 책을 읽고 세상을 구성하는 입자를 찾는 것이 가장 근본적인 학문이라고 생각하여 CERN에서 일하는 입자 물리학자를 꿈꾼다. | [QR code]<br>LHC 입자 콘서트 |
| | 타란툴라의 매력에 빠져들다(강영준)<br>어린 시절부터 생물에 대한 관심이 많았던 저자는 친구를 통해 알게 된 타란툴라를 직접 기르며 수차례의 탈피 과정을 관찰하며 이 책을 집필하게 되었다. 과학의 본질인 탐구 과정을 잘 보여주고 있는 책. | [QR code]<br>타란툴라에 빠지다 |
| | 수학, 니가 뭔데?(한사무엘)<br>21세기 대한민국의 교육 체계 속에서 수학을 재미있게 공부하는 것이 쉽지는 않을 것이다. 하지만 이 책을 통해 수학을 좀더 알고 수학에 대해 더 친근한 마음을 가졌으면 한다. 수학을 공부하는 당신에게 신의 가호가 있기를. | [QR code]<br>수학 네가 뭔데? |
| | 교회에서 꺼내 온 선교사 이야기(김준형)<br>우리나라 초기 선교사들의 삶과 우리나라에 미친 영향을 주제로 직접 자기가 발로 순례하며 과거와 현재를 연결시켜주는 신앙도서. 지금까지 이런 책은 서점에서 찾아볼 수 없었다. | [QR code]<br>교회에서꺼낸온선교사 |

# '나'를 알아가는
# 책쓰기

이수정

★이수정 선생님은?

| 과목 및 경력 | 국어, 20년 |
|---|---|
| 책쓰기 교육 지도 대상 | 고등학교 1~2학년 |
| 지도 대상의 특징 | 남녀 공학, 농촌 지역으로 학생들이 소박하고 사교육보다는 공교육 의존도가 높아 교사의 교육 의도에 호의를 가지고 따르는 학생들이 많음 |
| 책쓰기 교육 시수 | 주 1시간+학기 말(20차시) |
| 책쓰기 교육 주제 | 진로, 자유 주제 |

고등학교 선생님들이 자주 하는 이야기가 있다. "아이들의 꿈은 수능성적표 받고 나서야 생긴다." 성적에 맞춰 대학과 학과를 선택하고 그에 따라 자기소개서를 쓰면서 서둘러 꿈이 생기는 것이 현실이다. 그래도 최근에는 그 시기가 조금 당겨졌다. 아이들이 대학에 학생부종합전형으로 많이 지원하면서 고3 여름방학이 지나면 대개 꿈이 생긴다. 그렇다고 이 아이들을 나무랄 수도 없다. 물론 그전부터 "○○○이 되고 싶다"라고 말하는 아이들도 있다. 그런데 조금만 더 살펴보면, 나름의 꿈이 있는 아이들은 어느 정도 성적을 유지하는 아이들이다. 또는 가수나 배우, 미술, 음악과 같이 특정 분야에 재능을 가지고 있거나, 아니면 꿈은 그저 꿈일 뿐 현실 가능성이 거의 없는 경우이다.

이런 아이들을 보며 나는 교사로서 반성하게 되었다. 오랫동안 아이들에게 독서를 강조한 것은, 스스로를 되돌아보고, 주변을 이해하고, 세상 속에서 함께 살아가게 하기 위해서였는데 과연 그런가? 나는 아이들이 세상 속에서 건강한 가치관을 지니고, 남과 더불어 살아가면서 자신만의 빛깔과 향기를 지켜나가길 바랐는데 안타깝고 미안했다.

마을 도서관에 갈 때마다 서른이 다 되도록 취업 준비를 하느라 도서관 열람실에서 부스스하게 나오는 졸업생들 몇몇과 마주한다. 대부분 대기업이나 공무원 시험을 준비하는 아이들이다. 학교 다닐 때는 나와 함께 즐겁게 책을 읽으며 자신의 꿈을 찾아가던 아이들이었는데, 지금은 세상의 기준에 맞춰 남들과 같은 길을 걸어가고 있는 것 같아 안타까웠다. 세상에서 자신만의 색깔을 만들기 위해 책을 읽었는데, 빛을 내기도 전에 시들어가고 있었다. 그 아이들을 보며 다시 한 번 아이들이 저마다의 빛깔과 향기를 찾아나갈 수 있도록 돕자고 결심했다.

그 첫걸음을 '테마독서' 수업으로 시작하였다. 테마독서란, 아이들의 성장을 위한 테마를 정하고, 테마를 대표하는 책들을 골라 그 일부를 발췌한 활동지를 중심으로 아이들이 자신의 생각을 끌어내게 하는 것이다. 책 자체보다는 '자신'에게 초점이 맞추어진 수업이다.

테마는 '나―너―우리'로 확장된다. '나'를 이해하고, 주변의 수많은 '너'를 돌아보며, '우리'가 되어 살아갈 세상으로 어떻게 걸어갈 것인지를 찾아가는 것이다. 아이들 스스로 자기만의 빛깔을 찾아내고, 그것을 가치 있게 펼쳐나가길 바라는 마음으로 학년, 수업 시수, 아이들의 성향에 따라 해마다 열 가지 정도 되는 테마에서 더하기 빼기를 한다.

수업 시간에는 테마를 중심으로 책의 일부를 함께 읽고, 책과 더 깊이 만나고 싶은 아이들은 책을 골라 읽을 수 있도록 안내하였다.

수업이 끝난 후 어떤 아이들은 소개한 책을 찾아 읽는다. 자신이 읽은 책이 이 테마에 더 어울린다며 들고 오는 아이들도 있었다. 읽어야만 하는 책이 아닌, 읽고 싶은 책을 찾아주었다는 뿌듯함을 느꼈다. 그렇지만 아쉬움도 있었다. 대부분의 아이들이 '자기만의 빛깔'을 찾아가지는 못했다. 책이 중심이 된 독서라기보다는 책을 통해 '나'를 찾고 성장시키는 독서였으면 했지만 거기까지 나아가기는 어려웠다.

그래서 다음번에는 책의 내용보다 '나'와 만나는 활동을 더 많이 넣었다. 그랬더니 어느새 책은 스르르 빠져나가고, 책을 읽지 않아도 할 수 있는 책과는 무관한 활동만 하고 있었다. 물론 자신이 어떤 생각을 하고 있고, 무엇을 좋아하고, 무엇에 좀더 자신 있는지를 알아가는 시간은 소중하다. 하지만 자신을 탐색하는 시간만으로는 나 자신이 원하는 모습으로 거듭나지 못한다. 각 테마의 책과 함께하는 활동에서 찾은 나 스스로를 객관화하고 갈무리하는 시간이 필요하다. 그것이 무엇일까? 그렇다. 책을 읽는 독자에서 책을 쓰는 저자가 되는 것이다. '나―너―우리'로 확장되는 독서 활동을 하며 다시 '세상'에서 나만의 빛깔과 향기를 지니고 가치 있게 살아갈 길을 찾아가는 시간! 그것이 내가 꿈꾸는 독서 교육이자 책쓰기 교육이다.

이것은 두 단계로 이루어져 있다. 첫 단계는 자신이 무얼 좋아하고 무엇에 관심이 있는지를 파악하는 '테마독서'이다. 이를 통해 두 번째 단계인 '나만의 주제가 있는 책쓰기'로 나아간다. 내가 이루고

자 하는 꿈이 있다면, 그것에 도달하기 위한 로드맵으로 책을 구성하는 것이다. 아직 이루고 싶은 꿈을 찾지는 못했지만 관심 있는 주제가 있다면 그것에 대해 더 깊이 파고들어 가며 책을 쓴다. 관심 있는 주제도 없다면 나의 과거와 현재를 돌아보며 어떠한 삶을 살아야 할지 천천히 찾아갈 수도 있다.

이 장에서는 '테마독서'와 '나만의 주제가 있는 책쓰기'를 함께 설명하려고 한다. 테마독서가 있기에 비로소 책쓰기로 나아갈 수 있기 때문이다.

우선 테마독서를 통해 책과 함께 자신의 빛깔을 찾아가는 활동을 한다. 그 긴 과정을 거치면서 아이들은 서서히 자신의 강점을 발견하고 자신감을 얻게 된다. 또한 내 주변을 돌아보며 함께 사는 세상임을 깨닫고 이 세상에서 어떠한 삶을 살아야 할지를 그려본다. 그런 후에 비로소 '나만의 주제가 있는 책쓰기'에 돌입한다. 자신만의 꿈을 세상에 펼쳐낼 수 있는 디딤돌을 마련하는 것이다. 그렇게 도약을 꿈꾸기 시작한다.

# 1. 테마독서
## ─'나'를 이해하고 '너'와 만나서 '우리'가 되는 길

'테마독서'는 '나만의 주제가 있는 책쓰기'를 위한 준비 과정으로서의 의미를 지닌다. 국어 시간에 이루어지는 활동이지만 책을 꼼꼼하게 읽거나 글을 잘 쓰는 것에 중심을 두기보다는 '자아 탐색'에서 '주변 탐색'으로 시선을 넓혀가는 데 초점을 맞춘다. 아이들에게도 이 점을 강조하여 부담을 가지지 않고 참여하게 하는 것이 중요하다.

---

**Tip**

테마독서는 한 학기 동안 일주일에 한 시간씩 시간을 마련하는 것이 가장 좋다. 일주일에 한 시간씩 만나면, 지속적으로 테마들에 대해 생각하고 다른 친구들과 생각을 공유하는 시간을 가질 수 있다. 학기 말이나, 지필 평가가 끝난 시점에 이벤트성으로 한다면 아이들도 수박 겉핥기식으로 할 뿐이다. 일주일에 한 시간씩 규칙적으로 하면 아이들도 으레 이 시간은 자신을 조금이나마 더 깊이, 자세히 보는 시간으로 생각하고, 교사도 꾸준히 피드백을 해줄 수 있어 아이를 잘 파악할 수 있다. 그러나 학교 교육과정상 힘들다면 한 학기 방과후학교로 개설하거나, 방학 중 하루 세 시간씩 일주일 동안 집중해서 독서 캠프로도 해볼 수 있다. 방과후학교나 방학 중 캠프로 할 때는 신청한 학생들의 면면을 살피며 어떤 테마를 고르는 것이 좋을지 생각해야 한다. 아이들과 함께 골라도 좋다.

---

테마독서의 기본적인 수업 계획안은 다음 〔표 1〕과 같다.

## [표 1] 테마독서 수업 계획안

| 영역 | 주제 | | |
|---|---|---|---|
| | 테마 | 테마 활동 | 읽기 자료 및 활동 |
| 나 | 나는 누구인가 | ▶자신에 대해 장점과 단점을 정리할 수 있다.<br>▶자신에 대한 소개글을 쓸 수 있다. | ① 학생 개개인의 마음에 담긴 책<br>② 활동지 '친구가 아는 나' |
| | 성장과 성숙 | ▶성장소설을 읽고 자신의 삶과 주인공의 삶을 비교할 수 있다.<br>▶참된 성장의 의미를 이해할 수 있다. | ① 「큰 발 중국 아가씨」(렌세이 나미오카)<br>② 「목요일, 사이프러스에서」(박채란)<br>③ 윤동주 「자화상」, 서정주 「자화상」을 읽고 모방시 쓰기<br>④ 애니메이션 「귀를 기울이면」(감독: 곤도 요시후미)으로 '나' 돌아보기 |
| | 시詩와의 대화 | ▶주어진 시에서 나의 경험을 끌어내어 정리할 수 있다.<br>▶청소년이 쓴 시, 청소년의 삶을 소재로 한 시를 읽으며 나를 돌아볼 수 있다. | ① 「내일도 담임은 울 삘이다」(류연우 외)<br>② 「난 빨강」(박성우)<br>③ 그 밖의 도서관의 시집들 |
| 너 | 사랑과 이해<br>(가족, 친구) | ▶주변 사물과 인물에 대한 이해와 사랑의 의미를 글로 표현할 수 있다(그림책 이용). | ① 「돼지책」(앤서니 브라운)<br>② 「십시일反」(박재동 외)<br>③ 「지독한 장난」(이경화)<br>④ 여러 그림책 |
| | 차별과 차이 | ▶차별과 차이의 다른 점을 이해할 수 있다.<br>▶현실에서 발생하는 차별 상황에 대해 자기의 생각을 표현할 수 있다. | ① 「도토리의 집」(야마모토 오사무)<br>② 「말해요, 찬드라」(이란주)<br>③ 「십시일反」(박재동 외)<br>④ '나만의 가치 사전 만들기'를 위한 활동지 |
| | 삶과 죽음 | ▶삶과 죽음의 의미를 이해할 수 있다.<br>▶행복한 삶에 대하여 의견을 표현할 수 있다. | ① 「오렌지 1kg 그리고 삶은 계속된다」(로젤린느 모렐)<br>② 「행복한 청소부」(모니카 페트)<br>③ 「어느 날 내가 죽었습니다」(이혜경)<br>④ 「모리와 함께 한 화요일」 관련 활동지 |
| | 물질적 가난 | ▶물질적 가난의 원인을 다방면으로 파악할 수 있다.<br>▶더불어 사는 삶의 의미를 이해할 수 있다. | ① 영화 「고양이를 부탁해」(감독: 정재은) 중 일부<br>② 「푸른 사다리」(이옥수)<br>③ 「괭이부리말 아이들」(김중미)<br>④ 신경림의 시 「가난한 사랑 노래」<br>⑤ 「나는 죽지 않겠다」(공선옥)<br>⑥ 브레인 라이팅 활동지 |

| | | | |
|---|---|---|---|
| 우리 | 나의 삶터 | ▶우리 고장에 대한 자료를 조사, 정리할 수 있다.<br>▶우리 고장의 나아갈 길에 대해 토론하고 제언할 수 있다. | ① 인터넷 검색(각 지역 홈페이지)<br>② 「양평군의 역사와 문화 유적」<br>③ 여러 가지 신문 및 영상 자료<br>④ '지역신문 만들기' 활동 |
| | 인간과 환경 | ▶인간과 환경의 관계를 파악할 수 있다.<br>▶환경의 중요성과 보존에 대한 자신의 생각을 표현할 수 있다. | ① 김광섭의 시 「성북동 비둘기」<br>② 「고릴라는 핸드폰을 미워해」(박경화)<br>③ 「세 바퀴로 가는 과학자전거」(강양구)<br>④ 환경 관련 동영상 자료; 한국판 「슈퍼사이즈 미」 제작자 윤광용 씨 인터뷰 |
| | 전통과 문화 | ▶우리 전통문화의 특징을 파악할 수 있다.<br>▶세계화 시대의 전통의 의미를 제시할 수 있다. | ① 「주강현의 우리 문화 1, 2」(주강현)<br>② 「판소리야 놀자!」(이경재)<br>③ 「이PD의 뮤지컬 쇼쇼쇼」(이지원)<br>④ 「지도 밖으로 행군하라」(한비야) |
| | 말과 글 | ▶우리말과 글의 특성을 이해한다.<br>▶바람직한 언어생활에 대한 자신의 의견을 표현할 수 있다. | ① 「한국어가 사라진다면」(서정곤 외)<br>② 「우리 말글 바로 알고 옳게 쓰자」(김병규, 정재도)<br>③ 신문 자료, 인터넷 자료 |
| | 나의 미래 신문 | ▶다양한 직업의 세계를 조사할 수 있다.<br>▶자신의 미래에 대해 계획을 세워 글로 표현할 수 있다. | ① 신문 자료(도서관에 보관 중인 지난 1년간의 신문), 인터넷 자료(학생이 직접 조사·정리)<br>② 여러 가지 자서전, 전기문 제시<br>③ '될 수 있다' 시리즈, '부키' 시리즈<br>④ 「책을 말하다」 비디오 자료 일부<br>⑤ '미래 신문' 활동지 |

테마독서의 영역은 기본적으로 '나—너—우리'로 정해둔다. 그리고 각 영역의 세부적인 테마들은 자유롭게 구성할 수 있다. 다만 '나'는 자아 탐색에 집중하는 시간이므로 이 영역의 테마들을 가장 먼저 하고, 가장 많은 시간을 할애한다. '너'는 친구나 부모와의 관계를, '우리'는 좀더 범위를 넓혀 사회와 역사를 돌아보는 시간이다. 이 영역들의 세부적인 테마들 중 처음에 계획한 것 가운데 초점을 두고 싶은 것을 몇 개만 뽑는다. 세부적인 테마 자체가 중요한 것이

아니라, 하나의 테마를 통해 주변과 세상을 돌아보며 그 속에서 나는 어떤 삶을 살면 좋을지를 생각하는 과정이 중요하다.

이때 아이들마다 개인적 독해 능력의 차이가 크기 때문에 활동지에 함께 넣을 읽기 자료는 책의 일부만을 발췌하고 그 밖에 다양한 책을 소개한다. 수업 시간에는 실제 책을 보여주면서 책 내용을 들려준다. 나는 도서관에서 수업을 진행하여 학생들이 수업이 끝나면 소개한 책을 대출해갈 수 있도록 하였다. 때로는 '이 책에 날개를 달아주세요!'라는 이름으로 내 책을 빌려주고 그 대신 속지에 읽고 난 느낌을 한 줄로 써오게 하면서 읽기를 독려했다(아이들은 은근히 자신이 가장 먼저 속지에 느낌을 쓰는 것을 자랑스러워한다).

하지만 책 읽기보다는 학생이 스스로와 만나는 과정이 더 중요하다는 것을 잊지 말아야 한다. 읽기 자료를 어떤 책으로 하느냐보다 더 중요한 것은, 아이들이 어떻게 재미있게, 몰입하며 자신에 대해 생각하게 하느냐이다. 그래서 수업 시간에 함께 읽을 자료들은 되도록 짧고 재미있는 것을 고르려고 노력해야 한다. 독해 능력이 중간 정도인 학생들이 할 수 있는 수준으로 읽기 자료와 활동을 구성한다.

마지막에는 활동의 결과를 서로 공유하는 시간을 가져 좀더 나은 학생의 것과 비교해볼 수 있게 한다. 독해 수준이 조금 높은 책은 활동이 마무리될 때 소개하여, 더 깊이 읽기를 하고자 하는 아이에게 알려준다. 이것으로 충분하다. 이 활동의 목적은 좋은 책을 읽히는 것이 아니라, 책을 통해 학생들이 '나'를 발견하고 내가 어떤 사람인지 알아가는 데 있다. 그렇기 때문에 이 과정을 통해 자신감을 얻고 즐거움을 느끼는 것이 무엇보다 중요하다. 이를 달성하였다면, 그 자체로 의미 있는 시간이라고 볼 수 있다.

## 1) 첫걸음—'나'만의 빛깔을 찾아내는 자아 탐색

우선 '나' 영역의 테마와 활동들을 살펴보자. 이 영역의 테마와 활동들은 학생들이 자기 자신을 알아가는 첫걸음이자 너무나도 중요한 단계이기 때문에 가장 많은 시간을 할애한다.

처음에는 아이들에게 먼저 자신의 장점과 단점을 써보라고 하니 잘하지 못했다. 남학생들은 장점으로 '키가 크다'를 가장 많이 쓸 정도였다. 여학생들 역시 겉으로 보이는 것만 찾을 뿐이었다. 아이들은 피상적으로 자신을 들여다보고 있었고, 단점보다는 장점 찾는 것을 더 어려워했다. 그래서 친구와 함께 장난하듯이 자아 탐색을 시작해, 국어 시간에 배우는 시와 연결 지어 자신에 대한 이야기를 풀어나가는 단계로 구성했다.

### (1) 친구가 알려주는 '나는 누구인가?'

가장 먼저 '친구가 아는 나' 활동으로 출발한다. 방법은 간단하다. 서로의 얼굴을 자세히 들여다보며 그리게 한다. 그림을 잘 그리고 못 그리고는 중요하지 않다. 10분 동안 친구의 얼굴을 들여다보며 특징을 잡아서 그리는 것이다. 그 시간이 있어야 이야기를 나눌 수 있을 만큼 사이가 가까워진다.

이어서 서로의 장단점을 써보게 한다. 이것을 어려워하는 아이들은 서로를 인터뷰하게 한다. 이때 세 가지 정도 질문을 던져 친구의 장단점을 정리하게 하였다. 아이들은 이게 더 어렵기는 한데 자기 자신에 대해 더 많이 알게 되는 것 같다고 했다. 아이들이 하는 질문의 수준은 높지 않다. '너 공부 왜 하니?' '좋아하는 가수가 누구니?' '나중에 뭐 하고 싶니?' 같은 것들인데, 힘들어하는 학생들을 위해 몇 개의 질문을 예시로 보여주면서 고르게 해도 좋다. 질문에 서로 대답하면서 자신에 대해 생각해보는 시간을 갖는 것이 중요하다.

**Tip**

질문을 어려워하는 학생들에게는 다음과 같은 질문을 예로 들었다.
① 이름의 뜻 혹은 태몽은 무엇인지?
② 남다른 별명이나 습관이 있다면?
③ 좋아하는 과목과 싫어하는 과목, 그 이유는?
④ 요즘 가장 관심 있는 것은?
⑤ 중학교 때 가장 친한 친구는? (지금 가장 친한 친구는?)
질문의 범위를 '친구' 자체로 좁히게 하는 것이 좋다. 가족에 대한 질문, 내면 깊이 들어가는 질문 등은 피하게 한다.

마지막으로 친구가 그린 얼굴과, 인터뷰를 통해 친구가 찾은 자신의 장점과 단점을 읽고 그 느낌을 정리하는 시간을 갖는다. 이를 통해 자신을 되돌아보게 된다. 처음에는 장점과 단점을 못 쓰던 아

[그림 1] 친구가 아는 나

[그림 2] 친구를 인터뷰하는 모습

이들도 이 과정을 거치며 자신의 장점을 알게 되고 조금은 자신감을 갖게 된다. 아이들 대부분이 상대방의 단점만 찾아 쓰지는 않기 때문이기도 하다. 좀더 활동을 확장하고자 한다면, 이어서 '편지 쓰기'나 '마인드맵'으로 자신을 정리해나가도록 한다. 특히 편지 쓰기는 스스로에게 편지를 쓰기도 하고, 누군가에게 쓰기도 하면서 그냥 줄글로 쓸 때보다 쉽게 써 내려간다.

**Tip**

인터뷰를 처음부터 학생들에게 과제로 제시하는 방법도 있다. 세 가지의 질문을 세 장소에서 하라고 하는 것이다. 한 번은 급식을 먹으면서, 한 번은 운동장을 걸으면서, 그리고 한 번은 자유롭게 고른 장소에서 하라고 한다. 그러면 질문과 대답의 수준이 높아진다.

## (2) '시와의 대화'로 내 이야기 펼쳐내기

'성장과 성숙' 테마에서는 애니메이션 「귀를 기울이면」(감독: 곤도 요시후미)을 보고, 주인공과 자신을 비교하는 활동을 하였다. 그다음으로는 윤동주와 서정주의 「자화상」을 읽고 '모방시 쓰기'를 하였다. '성장과 성숙' 테마의 활동들은 자신을 되돌아보고 스스로 뭔가할 수 있다는 것을 느끼라는 데 초점을 맞춘 것들이다. 이 활동을하면서 아이들에게 시를 스스로 읽어내는 힘이 있음을 발견했다. 국어 시간에 읽는 것보다 훨씬 편하게 읽어 내려가는 모습을 보면서, 더 다양한 시와의 만남으로 확장하고 싶었다.

이번에는 아이들 스스로 시집에서 '짝에게 어울리는 구절' '새로운 시작을 준비하는 나에게 들려주고픈 구절' '내 또래가 된 아들, 딸에게 들려주고픈 구절' 등이 담긴 시를 고르게 해보았다. 이렇게구체적으로 항목을 골라 쓰게 하면 아이들은 더 신중하게 시를 골라내었다.

시구절 찾기를 끝내면 이제 자신의 마음을 울린 시 한 편(두 편을 고르게 해도 좋다! 하나를 더 고르고 싶어 하는 아이들이 있기 때문이다)을 골라 시 전문을 쓰게 한다. 시를 필사하는 것이 처음인 아이도 많아, 꾀를 부리며 짧은 시를 찾아 쓰려 한다. 그러나 골라낸 시를 읽고자신의 이야기를 풀어내도록 할 거라고 하면 태도가 조금은 달라진다. 행복한 순간을 떠올리게 하는 시도 좋지만, 자신이 무척 불쌍하게 느껴졌을 때나 엄청나게 화가 났던 때를 떠올리게 하는 시도좋다.

142

시를 꼼꼼하게 읽어가며 마음속에 담아둔 자신의 이야기를 풀어낼 수 있는 시간은, 자신의 과거를 되돌아보는 과정이면서 현재의 나를 응원하는 과정이기도 하다. 대부분의 아이들은 자신의 소소한 일상을 이야기하거나, 현재의 다짐들을 꾹꾹 눌러 적는다. 극히 일부지만 자신의 상처를 풀어내기도 한다. 조용히, 보석 같은 시간을 만들어가는 아이들은 자신을 알아가며 깊어가는 것 같다. 나중에 수업 평가를 받아보면 아이들의 만족도도 높다.

## 2) 두 걸음—주변의 수많은 '너'와의 만남

'너' 영역에 속하는 테마와 활동들은 가족, 친구에서 출발하여 직접 대면하지는 못하지만 함께 살아가는 수많은 타인들과 만나는 과정이다. 늘 곁에 있기에 소중함을 모르는 가족에서부터 시작하여, 소외되고 차별받는 사람들을 돌아보는 기회를 통해 타인의 아픔에 공감하며 삶과 마주하게 된다.

### (1) 그림책으로 만나는 '너'들

앞서 '나' 영역의 '성장과 성숙' 테마에서 처음에는 일본 애니메이션 「귀를 기울이면」을 보면서 활동을 진행하였다. 애니메이션은 흥미롭기도 하지만 맥락을 읽어내는 힘을 기를 수 있는 좋은 텍스트이다.

최근에는 우리나라 애니메이션 중에서 꿈을 찾아가는 과정을 서정적으로 그린 「소중한 날의 꿈」(감독: 안재훈, 한혜진)을 발견하고 활용하고 있다. 이 애니메이션은 달리기를 잘하지만 지는 것이 두려워 더 이상 달리기를 하지 않는 '이랑'이 우연히 비행과 우주 탐사에 열정을 지닌 '철수'를 만나면서 자신의 미래에 대해 고민하며 성장하는 이야기이다.

그러다가 '너' 영역에서는 그림책을 이용해보기로 하였다. 워낙 좋은 그림책이 많기도 했고, 글과 그림이 어우러진 그림책은 내 주변의 사람과 상황을 한층 더 깊이, 은유적으로 표현하고 있기 때문에 아이들이 읽고 생각하는 힘을 기르는 데도 좋았다. 짧지만 생각할 거리, 이야기할 거리가 많아 애니메이션과는 또 다른 매력이 있었다.

우선, 그림책 중 『아름다운 가치 사전』(채인선 글, 김은정 그림, 한울림어린이, 2005)으로 '삶의 가치관'에 대해 생각해보는 시간을 갖는다. 이 책은 삶에서 실천해야 할 스물네 가지 가치를 어린이의 눈높이로 설명하고 있다. "공정"이란 가치는 "식구가 많은 이모에게 더 많이 나눠주는 것"이라는 식의 책 속 설명을 보여주고 아이들 스스로 가치들에 대해 정의를 내려보게 하였다. 스물네 가지는 너무 많아서 이 중에서 열두 가지만을 선별하여 진행했다. 먼저 열두 가지 가치에 대해 내린 자신만의 정의를 개인별 활동지에 적는다. 그 후 모둠별로 모여 각자 작성한 가치 정의를 서로 돌려보고 그중 훌륭한 것을 뽑아 모둠별 『가치 사전』을 만들도록 한다. 모둠별 활동을 하는 것은 장난스럽게 가치 정의를 만들고 끝내는 아이들을 막고, 혼자 할 때와는 다르게 가치의 의미에 진정성 있게 다가가게 하기 위해서이다.

이렇게 출발한 그림책 읽기는 더 다양한 그림책과의 만남으로 이어진다. 모둠별로 함께 책을 읽고, 대화 주제를 정해 브레인 라이팅을 한 후, 그 과정을 발표하며 다른 모둠과 그림책을 공유하는 것이다. 세부적인 활동 내용은 다음과 같다.

① 모둠원이 함께 자유롭게 그림책 읽기

내 주변을 돌아보게 하는 그림책을 소개하고, 모둠별로 한 권의 그림책을 골라 30분 안에 읽도록 한다. 어떤 모둠은 한 아이가 멋들어지게 동화 구연을 하기도 하고, 어떤 모둠은 예전에 그 책을 읽은 아이가 줄거리를 이야기하기도 한다. 또 어떤 아이들은 그림책을 돌려가며 읽기도 한다.

② 각자 책의 내용과 관련된 질문 만들기

모둠원이 함께 책을 읽어도 각자의 느낌은 다를 수 있다. 그 느낌을 표현하기 위해 질문을 만들고, 나름대로 답을 써보기도 하고, 이 중에서 모둠원이 함께 생각하면 좋을 만한 대화 주제를 정하기도 한다.

### ③ 브레인 라이팅으로 대화하기

8절지에 모둠원이 만든 질문 중에서 함께 대화하면 좋을 법한 질문을 가운데에 쓰고, 모둠원의 수만큼 구역을 나눈다. 질문에 대한 생각을 말하지 않고 자신의 구역에 묵묵히 쓴다. 그리고 종이를 돌려가며 친구가 쓴 생각에 대한 나의 생각을 '댓글 달기' 하듯이 이어간다. '브레인스토밍'은 머릿속에서 일어나는 생각들을 말로 하다 보니 말 잘하는 아이만 신이 나 보였다. 하지만 '브레인 라이팅'은 생각을 손으로 쓰는 것이어서 말하기 힘들어하는 아이도 온전히 하나의 구성원으로 참여하게 된다.

### ④ 다른 모둠과 활동 공유하기

각 모둠별로 브레인 라이팅을 한 8절지를 가지고 그 내용을 발표한다. 대부분 브레인 라이팅까지 하는 데 한 시간이 걸리므로, 발표는 그다음 시간에 하게 된다. 첫 시간에 한 권의 그림책을 읽고, 두 번째 모둠 활동 공유 시간에 학급의 모둠 수에 따라 6~7권의 책을 읽는 셈이다. 다양한 주제의 그림책과 다른 친구들이 만든 질문, 그리고 생각들까지 만날 수 있어, '한 번에 8권, 대박 효과' 활동이라고 하곤 한다.

146

[표 2] 학생들에게 소개한 8권의 그림책 목록

| 번호 | 책 이름 | 주제어 | 내용 |
|---|---|---|---|
| 1 | 행복한 청소부(모니카 페트 글, 안토니 보라틴스키 그림) | 자아 | 자신의 일을 사랑하고, 자신이 좋아하는 것을 순수하게 즐기는 청소부의 이야기. |
| 2 | 엠마(웬디 커셀만 글, 바버러 쿠니 그림) | 자아 | 70세가 넘은 나이에 자기가 정말 좋아하고 잘하는 일이 무엇인지 찾은 할머니 이야기. |
| 3 | 돼지책(앤서니 브라운 글·그림) | 가족(부모) | 집에서 우리 엄마는 어떤 자리에 있는지, 또 우리들의 모습은 어떤지를 생각하게 하는 책. |
| 4 | 내가 물려받은 것들(프레데릭 베르트랑 글·그림) | 가족(형제) | 옷을 물려받아야만 하는 동생의 서러움을 위트 있게 그리면서 마지막에 사랑을 느끼게 하는 책. |
| 5 | 리디아의 정원(사라 스튜어트 글, 데이비드 스몰 그림) | 이웃 | 가족과 떨어져 지내는 외로움 속에서도 다른 사람들에게 기쁨과 희망을 주는 소녀 이야기. |
| 6 | 미친개(박기범 글, 김종숙 그림) | 관계, 소통 | 마음대로 사랑하고 버려진 강아지의 슬픔 속에서 진정한 동물에 대한 사랑, 관계의 의미를 생각해보게 하는 책. |
| 7 | 가족앨범(실비아 다이네르트, 티네 크리그 글, 울리케 볼얀 그림) | 성 | 아동 성폭력을 의인화와 상징으로 무겁지 않게 표현하면서, 아이의 불안을 고스란히 느낄 수 있게 하는 책. |
| 8 | 여섯 사람(데이비드 맥키 글·그림) | 평화 | 평화를 얻기 위해 전쟁을 하는 아이러니를 통해 평화의 의미를 생각하게 하는 책. |

이 활동을 하며 아이들이 가장 많이 한 이야기는 "이런 그림책도 있었어요?"였다. 이 말을 들을 때마다 꾸준히 의미 있는 그림책을 찾아내고자 노력해야겠다고 결심한다. 또한 학교 도서관에도 청소년들이 읽을 만한 그림책을 지속적으로 구비해달라고 해야겠다고 생각한다.

이 수업의 가장 큰 장점은 교사인 내가 즐겁다는 것이다. 대부분의 아이들이 어려움 없이 함께 수업에 참여하는 모습을 보아서 즐겁고, 그림책을 보며 신나게 이야기하는 아이들을 보아서 더 행복했

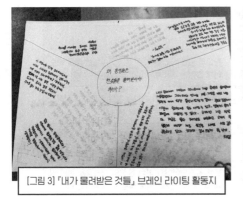

[그림 3] 『내가 물려받은 것들』 브레인 라이팅 활동지

[그림 4] 모둠별로 브레인 라이팅 하는 모습

다. 무엇보다도 그림책으로 아이들이 자신의 주변에 한층 수월하게 다가설 수 있어 참 좋았다.

### (2) 어느새 호응도가 높은 활동이 된 '물질적 가난'

처음 이 활동을 할 때는 가난한 친구들의 삶을 담은 영화(「고양이를 부탁해」 일부)를 보고, 우리 사회에 빈곤의 악순환(대물림)이 이어지는 사회적 구조를 수필 작품을 읽으면서 살펴보았다. 또 우리 사회의 차별을 이야기한 『십시일反』(박재동 외, 창비, 2003)이란 책을 통해서 힘겨운 이주 노동자, 장애인, 여성의 삶을 바라보는 활동을 하였다.

그러다가 아이들 또래의 청소년이 주인공인 소설을 찾았다. 바로 공선옥의 『나는 죽지 않겠다』(창비, 2009) 중 두 편의 단편소설 「나는 죽지 않겠다」와 「힘센 봉숭아」를 함께 읽고 이야기를 나누게 된 것이다. 때로는 이옥수의 『푸른 사다리』(사계절, 2004)라는 작품의 일부를 활용하였다. 아이들은 자신과 비슷한 나이의 가난한 주인공을 보면서 그 상황에 훨씬 더 깊이 공감했다. 가난이 그 아이의 잘못이 아님을 이해하고, 어려운 상황을 어떻게 극복하느냐도 전적으로 그 아이의 몫만은 아니라는 것을 어렴풋이 느끼게 된다.

소설을 읽고 등장인물에 대해 공감하는 과정을 거친 후 마지막으로 '모두가 행복한 사회를 위해 우리는 무엇을 할 수 있을까?'라는 주제로 모둠별 브레인 라이팅을 하여 세 가지씩 방법을 찾아보게 하였다. 그러고 나서 각 모둠별로 찾은 방법들을 모아, 그중에서 실현 가능한 것을 찾아보는 시간을 가졌다.

이 테마의 활동을 처음 시작할 때 조심스러웠다. 기초생활수급자, 차상위계층의 아이들이 상처받을까 걱정스러웠기 때문이다. 하지만 비싼 옷이나 스마트폰을 사기 위해 아르바이트를 하는 아이들이나 가난하다는 것을 무능력하다는 것으로 치부해버리는 아이들을 보며 이 테마가 필요하다고 생각했다. 아이들 중에는 누구는 무엇을 가졌는데 나는 가지지 못했다는 식의 상대적 빈곤감에 빠져 있는 아이들이 있다. 또한 가난한 이웃을 굳이 도와줄 필요가 없다고 생각하는 아이들도 있다. 이런 아이들을 보며 용기를 냈다.

나는 자기 집이 가난한 것을 부모의 무능함 탓으로만 생각하는 아이들에게 그것이 네 부모만의 잘못이 아니라는 위로를 보내고 싶었다. 또 상대적 빈곤감에 허덕이는 아이들이나 부자라고 우쭐거리는 아이들에게는 가난함과 부유함이 '너의 전부'는 아니라는 진실을 전하고 싶었다. 그래서 마지막에 '모두가 행복한 사회'를 위한 방법

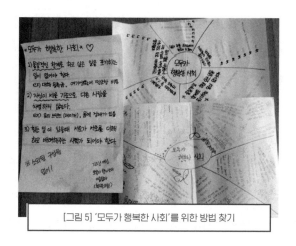

[그림 5] '모두가 행복한 사회'를 위한 방법 찾기

을 찾으려 머리를 맞대고 있는 녀석들을 볼 때면 뭉클해졌다. 나 혼자만 행복한 세상보다 내 주변이 행복한 세상일 때, 진정 행복할 수 있다는 것을 어렴풋이나마 느낀 순간이었을 것이다.

### 3) 세 걸음—'우리'가 되어 함께 하는 길

'우리' 영역은 아이들이 살아가야 할 '사회'를 이해하는 과정이다. 나를 이해하고, 주변의 타인들을 이해하면서 사회 속에서 어떻게 살아가야 할지 생각할 수 있는 테마들로 엮어 나간다. 내가 발 디디고 살고 있는 곳이 어떤 곳인지를 직접 느끼고, 그 속에서 내가 어떤 가치 있는 일을 펼쳐나갈 수 있을지를 생각하면서 자연스럽게 '나만의 주제가 있는 책쓰기' 활동으로 이어지게 하는 것이 핵심이다.

## (1) 내가 살고 있는 나의 삶터 '지역신문 만들기'

아이들이 지금 발 디디고 살고 있는 이곳에 대한 인식이 중요하다고 생각한다. 살고 있는 지역의 아름다움을 느끼고, 문제점을 찾아보는 것은 의미가 있지 않을까? 이 활동을 생각한 것은 내가 가르치는 곳이 도시가 아닌 농어촌이기 때문이기도 하다. 이곳의 아이들은 무작정 서울을 동경한다. 서울이 아닌 변두리 지역은 중심이 아니라는 소외감을 느낀다. 하지만 각자가 태어나고 자란 곳은 나름의 멋이 있다. 아이들 스스로 그것을 찾아보게 하고 싶었다.

이 활동은 네 명이 한 모둠이 되어 자신의 지역을 알리는 4면의 신문을 함께 만드는 것이다. 신문에 세 가지 내용은 반드시 들어가게 한다. 먼저 도서관에 비치된 향토 자료를 조사하고, 우리 고장의 명소를 직접 탐방하게 한다. 이때 되도록 알려지지 않은 곳을 찾아가서 그곳의 특별한 의미를 찾아보도록 한다. 두번째는 고장을 위해 애쓰시는 분들을 찾아가 직접 인터뷰를 하는 것이다. 마을 이장님을 찾아가도 좋고, 소방서나 경찰서, 재래시장을 찾아가 인터뷰해도 좋다. 또는 마을에서 가장 오래 사신 분을 찾아가 마을의 변화 과정을 듣고 와도 좋다. 우리 고장에 사는 어른들을 만나 이야기를 나누는 것이 핵심이다. 마지막으로는 더 나은 우리 고장을 만들기 위한 아이디어를 토의한 후 좋은 의견을 정리해오게 한다. 이 세 가지를 기본으로 하되 선택적으로 그 밖의 기사와 사진을 담아 4면을 채워오는 것이다.

이 활동을 하면서 아이들은 우리 고장을 다시 생각하게 된다. 한 모둠은 직접 군수를 찾아가 인터뷰하면서 지역 발전을 위한 자신들의 아이디어를 전달하고 오기도 했다. 또 건축가가 꿈인 한 아이는 노인들이 많이 사는 이 지역에 노인들과 젊은 사람들이 함께 어우러져 사는 마을을 만들고, 마을 도서관 짓는 데 자신의 재능을 기부할 것을 신문에 약속하고는 마침내 건축학과에 진학하기도 하였다.

### (2) 책쓰기를 위한 바탕 작업 '나의 미래 신문 만들기'

'나의 미래 신문 만들기'는 지금까지의 테마독서 활동을 마무리하는 과정이자 본격적인 책쓰기를 위한 바탕 작업으로, 자신의 '과거—현재—미래'가 담긴 신문을 만드는 것이다. 들어가야 할 내용은 자신이 되고 싶은 미래의 모습이다. 단순히 미래의 직업을 찾는 것이 아니라 어떤 삶을 사는 직업인이 되고 싶은지를 캐치프레이즈로 정하면서 시작한다. 삶의 좌우명이나 비전을 세워 그것을 캐치프레이즈로 삼게 하는데, 스튜어디스가 꿈인 아이는 '베풀 줄 알아야 행복할 줄도 안다.' 교사를 희망하는 아이는 '태양은 다시 떠오르기 위해 진다'와 같은 것을 캐치프레이즈로 내걸기도 했다.

이 '미래 신문'에는 꼭 들어가야 할 두 가지가 있다. '닮고 싶은 사람'과 '내가 원하는 미래를 위해서 지금 해야 할 일'이다. 이 두 가지를 글로 쓰든 그림으로 그리든 아이들 각자가 원하는 방식으로 자유롭게 해보게 한다. 다만 미리 닮고 싶은 사람, 곧 '롤모델'에 대해서는 조사를 해오도록 한다. 관련 사진이 있으면 인쇄를 해오게 하는 것도 좋다. 가끔 자신의 롤모델을 부모님으로 소개하는 아이들이 있

[그림 6] 나의 미래 신문 만들기

다. 사회적으로 대단한 위치를 차지하고 있어서가 아니다. 부모님의 삶을 대하는 자세를 존경한다는 것이다. 아이들은 우리가 생각하는 것만큼 철부지가 아니라는 것을 새삼 확인한다. 또 교사가 되고 싶은 아이들은 존경하는 선생님을 인터뷰해오기도 한다.

다음으로는 지금 당장 해야 할 일을 쓰게 하는데, 이때는 보다 구체적으로 쓰게 한다. 뜬구름 잡기 식의 꿈 이야기에서 좀더 현실적으로 다가가기 위해 현재 고등학생으로서 준비해야 할 일을 정리해보게 한다. 예를 들어, 교사가 되고 싶다면 사범대에 진학해야 하는데, 그러려면 우선 성적이 어느 정도 뒷받침되어야 한다. 그러기 위해서는 지금부터라도 어떻게 공부를 해야 할지 계획해보는 것이다. 또 어떤 책을 읽어두면 좋을지도 찾아서 정리한다. 자신의 현 상황을 진단하고, 미래를 위한 진로 계획까지 세워보게 한다.

이 과정을 거치면서 이후 책쓰기에서 꼭 넣어야 할 것들, 좀더 찾아보고 심화해야 할 것들, 그리고 책에 들어갈 자신의 생각을 미리 정리할 수 있다. 책쓰기에 너무 부담을 갖지 않고 쉽게 접근할 수 있는 셈이다.

# 2. '따로 또 같이' 하는 '나만의 주제가 있는 책쓰기'

한 학기동안 테마독서를 하며 책쓰기의 바탕을 마련했다고는 하지만, 아이들에게 책쓰기는 결코 만만한 활동이 아니다. 첫 수업을 시작할 때 20페이지 이상만 쓰면 된다고 하면 별것 아니라고 생각하지만, 막상 쓰기 시작하면 주제 선정부터 혼란스러워 한다. 책을 써 내려가면서도 자신의 생각만으로 처음부터 끝까지를 채워나가는 과정이 쉽지는 않다. 그래서 나는 책쓰기를 비슷한 진로나 관심사, 흥미를 지닌 아이들을 한 모둠으로 모으는 것에서 시작했다. 세 명 또는 네 명이 한 모둠이 되어 '나만의 주제가 있는 책쓰기 계획서' (이하 계획서)를 쓰는 단계부터 함께 서로를 응원하고 도와가며 책쓰기의 과정을 완주하게 하는 것이다.

## 1) '함께' 시작하는 첫걸음

책쓰기의 시작은 책의 주제를 잡는 것이다. 그런데 아이들 대부분은 책의 주제를 찾는, 그 첫 발자국을 떼는 것을 어려워한다. 아이들이 주제를 정할 수 있도록 수업 시간에 아이들의 이야기를 들어주되 스스로 찾아나갈 수 있게 도와주어야 한다. 그런데 아이들에게 책의 주제를 그저 하고 싶은 것으로 하라고 하면 주제의 범위가 매우 넓거나 두루뭉술하다. 우리나라의 역사를 정리하겠다고 하거나, '우주'라는 두 글자를 계획서에 주제라고 써놓고는 자신도 무엇을 어떻게 해야 할지 막막해한다.

좀더 구체적으로 범위를 정해주는 것이 필요하다. 책쓰기를 하는 궁극적인 목적이 현재의 자신을 돌아보고 자신이 이루고픈 진로를 찾아가는 것이므로, 주제를 '자신의 진로와 관련 있는 것,' 즉 평소에 염두에 둔 진로가 있으면 그것으로 하고 진로가 확실하지 않으면 자신이 좋아하는 것이나 관심 있는 것으로 정하게 한다. 그런데 이 시간이 되면 자신이 뭘 좋아하는지 모른다고 말하는 아이들이 많다. 그 아이들을 잘 살펴보면 실제는 자신이 뭘 좋아하는지 모르는 게 아니라 자신이 없어서인 경우가 대다수다.

그래서 나는 책쓰기를 '따로 또 같이' 하는 방식으로 써보면 어떨까 하는 생각이 들어, 아이들에게 함께 해보자고 제안하였다. 우선 반 아이들을 서너 명씩 묶어 모둠을 짜준다. 비슷한 진로를 가진 아이들을 한 모둠으로 짜되, 이때 아직 진로를 정하지 못한 아이들을 각 모둠에 함께 배치하여 서로 도와줄 수 있게 한다. 특히 각 모둠에서 진로가 확실하여 계획서를 빨리 쓴 학생 한 명이 그 조의 코치가 되어 선수들을 키운다는 생각으로 리더가 되어 이끌라고 지도한다.

**Tip**

가끔 학급에서 같이 모둠을 하려 하지 않는 아이가 있을 수 있다. 이럴 때는 모둠을 정하기 이전에 반장들을 불러 특별한 도움이 필요한 아이들은 반장의 모둠에 함께 하도록 하여 상처받지 않도록 배려한다.

'따로 또 같이'를 하기 전에는 수업을 들어가는 반 모든 아이들의 계획서를 보고, 수업 시간에 주제 선정을 지도하느라 진을 뺐다. 하지만 이제는 각 모둠에서 각자 세 가지의 주제를 정한 후 다른 모둠원의 의견을 들어, 구체적인 주제로 좁혀가는 과정을 아이들끼리 해나간다. 이때 '따로 또 같이'가 힘을 발휘한다. 범위가 넓은 아이들은 좁혀가고, 무엇에 관심 있는지를 모르는 아이들은 친구들의 응원에 힘을 얻는다. 주제 잡기를 힘들어하는 아이에게 같은 모둠 친구들이 "너 요리 좋아하잖아"라고 하면 아이들은 그것을 수용하기도 하고, 자신의 주제를 친구들과 자유롭게 이야기하면서 범위를 좁혀가기도 한다. 그래도 주제를 정하기 힘들어하는 아이들은 '나의 꿈으로 가는 길'이나, 지금 자신에게 필요한 것이 무엇인지를 주제로 정하게 해서 그것을 찾아가게 한다. 그렇게 '따로 또 같이' 책쓰기는 시작된다. 서로 도움을 주고받으며 함께 문제를 해결해나가면서 각자의 책을 쓰는 것이다.

세 가지의 예비 주제에서 최종 주제를 선정하면 이제 '나만의 주제가 있는 책쓰기 개요서'(이하 개요서)를 작성한다. 개요서를 통해 책의 목차와 형태 등 자신의 책에 대한 좀더 구체적인 계획을 세운다. 또 인터뷰를 하고자 한다면 어떻게 할지 등도 적는다. 이때도 학생들은 서로의 개요서를 보면서 의견을 나눈다.

책쓰기를 하는 동안 반 아이들 전체를 대상으로 하는 발표 시간을 세 번 갖는다. 첫번째로 작성한 계획서와 개요서를 발표시킨다.

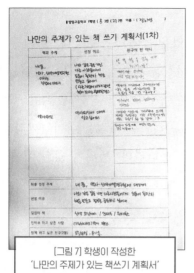

[그림 7] 학생이 작성한
'나만의 주제가 있는 책쓰기 계획서'

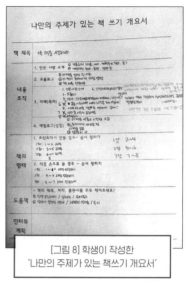

[그림 8] 학생이 작성한
'나만의 주제가 있는 책쓰기 개요서'

이때는 주제를 가장 먼저 정한, 각 모둠의 리더인 코치들이 발표를 한다. 두번째 학생은 중간발표를 하고, 마지막으로 남은 아이들이 완성된 책을 가지고 발표를 한다. 코치들을 첫번째로 발표하게 함으로써 계획서와 개요서가 미흡한 아이들이 간접적으로 도움을 받을 수 있다.

교사는 아이들에게 관련 도서목록을 소개해주는 것이 참 중요하다. 자신의 진로를 정했다면 그에 이르기 위해 어떤 길을 가야 하는지 과정과 방법을 알아야 한다. 또 자신이 좋아하는 것, 관심 있는 것을 주제로 정하고 나면 관련 지식을 찾아야 하는데, 아이들은 쉽게 인터넷에서만 찾으려고 한다. 그래서 반드시 한 권 이상의 관련 도서를 '길잡이책'(내가 책을 만드는 데 옆에 끼고 계속 보면서 내용상, 형식상 도움을 받을 수 있는 책)으로 선정하여 읽게 한다. 이때 관련 도서 목록을 미리 정리해두면 좋다. 나는 모든 수업을 도서관에서 진행했기 때문에 미리 사서 선생님에게 학기 초 선정한 '진로도서 목록'들을 도서관 한편에 비치해달라고 요청했다. 그 책들을 빌려갈 수는 없지만 학생들이 수업 시간 내내 찾아보고 정리하면서 자신이 쓸 책의 내용을 채워나가도록 하였다.

## 2) 서로에게 배우는 '중간발표'

주제를 정하고 계획서와 개요서를 쓰고 나면, 본격적으로 책의 내용이 될 자료들을 수집하고 선정하는 과정을 거친다. 자신의 주제에 대한 근거 자료를 정리할 때 최소한 길잡이책 한 권은 바탕이 되어야 한다는 조건을 학생들에게 주었기 때문에 온통 인터넷 자료만으로 정리하지는 않는다. 그런데 이때 소설을 쓰겠다는 아이나 그림책을 만들겠다는 아이가 굳이 책을 읽어야 하느냐고 물을 때가 있다. 그런 아이들에게 자신이 쓰고 싶은 책과 비슷한 장르의 책을 권해준다. 예를 들면 성장소설을 쓰겠다는 아이는 자신이 좋아하는 성장소설 세 권을 찾아 읽고 독후감을 쓰게 한다. 그림책을 만들겠다는 아이 역시 다섯 권의 그림책을 골라 내용과 그림을 꼼꼼하게 분석하는 작업을 하게 한다. 내 경우, 수업을 도서관에서 했기 때문에 아이들은 나뿐만 아니라 사서 선생님의 도움을 받아 책을 찾고 정리할 수 있었다. 읽고 싶은 책이 학교에 없을 때는 마을 도서관에서 대출하게 하였다.

우선 관련 도서를 찾을 때는 '큰 범위에서 작은 범위로' '비슷한 것에서 같은 것으로' 주제의 범위를 점점 좁혀 세세한 것으로 정리해나가게 하였다. 관련 도서의 목차를 보면서 필요한 내용을 잡아가며 정리하는 것도 잊지 않도록 지도한다. 예를 들면, 교사가 되겠다는 아이는 교사가 하는 일을 안내하는 책이나 바람직한 교사상을 담고 있는 책을 찾게 한다. 교수법을 담은 책, 교단 에세이, 교사가 나오는 소설 등을 찾은 후 마음에 드는 책을 읽어가는 것이다. 책 내용을 매주 수업 시간에 30분씩 읽고, 읽은 내용을 손글씨로 정리하게 한다. 나는 돌아다니면서 아이들이 책을 읽고 필요한 자료를 정리하는 것을 도와준다.

이렇게 자료를 정리하는 중간 과정에서 모둠별로 한 명씩 전체 발표를 시킨다. 그 한 명은 모둠에서 두번째로 잘하고 있는 아이, 즉 그 모둠의 코치가 키운 첫번째 선수이다. 주제를 정하고, 자료를 조사하고, 조사한 자료 중에서 책에 들어갈 내용을 어떻게 정리하여 책의 내용을 조직하고 완성해갔는지 그 과정을 발표한다. 친구의 발표를 통해 아직 갈피를 잡지 못한 아이들은 내용을 정리하고 펼치는 방법을 배운다. 자신도 앞으로 어떤 식으로 진행하면 될지 힌트를 얻고 은연중에 도움을 받게 되는 것이다. 이런 의미에서, 중간발표 시간은 꼭 필요하다. 책쓰기 과정 중에 아이들은 여러 가지 어려움에 부딪히게 된다. 그런 의미에서 자신의 관심사를 찾아내는 것부터 다양한 자료를 모으고 이를 잘 정리해내기까지, 중간발표는 깊이 있는 책 만들기를 위해서 다시 힘을 내는 시간이다.


### 3) 책쓰기를 하려 하지 않는 아이들을 위한 응원

각 학급마다 아무리 어려운 활동을 해도 반드시 해내는 아이가 한 세 명쯤 된다면 무엇을 하든 시큰둥한 아이들도 대여섯 명은 된다. 두 손 불끈 쥐고 "도대체 아무것도 관심이 없는데 뭘 하란 말이에욧!"이라는 아이들 말이다. 그런 아이들에게 네가 좋아하는 것이 무엇인지 초점을 맞춰서 해보라고 한다. 이전에 진행했던 테마독서 활동을 떠올려 보게 하면 좋다. 그래도 아무것도 하고 싶지 않다는 아이는 팀으로 하는 책쓰기 과정이 부담스럽거나 책쓰기라는 긴 글쓰기 과정 자체를 힘에 부쳐하기 때문이다. 그렇지만 나는 이 아이들을 포기할 수 없었다.

그런 아이들에게는 두 가지 활동 중 하나를 골라서 하게 시켰다. 하나는 단편소설을 하나씩 읽고 정리하게 하는 것이다. 나는 『국어 시간에 소설읽기』(김은형 엮음, 휴머니스트, 2012)에서 고른 소설을 한 편씩 읽게 하고, 읽은 내용을 정리하도록 했다. 한 시간 안에 다 못하면 과제가 된다. 그러면 일부 아이들은 이 활동보다 책쓰기가 더 낫다고 하면서 다시 도전한다. 누가 시켜서 읽기 싫은 책을 읽는 것보다 부족해도 자신이 하고 싶은 것을 찾아나가는 과정이 더 나을 것 같다고 하면서 말이다.

또 하나는 그림을 그리게 하는 것이다. 미술을 전공하려는 학생들이 이 활동을 특히 좋아했다. 매시간마다 같은 학급 아이들의 얼굴을 그리고 느낌을 정리한다. 세밀화로 그리든 만화처럼 간단하게 그리든 캐리커처를 하든 아이들 자유다. 친구들의 얼굴을 그리면서 내 주변을 관찰하며 생각을 하게 하는 것이다. 미술을 전공하려는 아이는 그림을 그리면서 실습 준비도 하고, 그동안 잘 보지 못한 학급 친구들의 얼굴을 뜯어보며 새로운 면을 발견하게 된다. 어떤 아이는 친구들의 얼굴을 하나하나 그려서 마지막 수업 시간에 학급 친구들에게 선물로 주어 모두를 행복하게 하였다. 그렇게 자기 빛깔을 찾아간 것이다.

## 4) 직업인과의 생생한 인터뷰

책쓰기를 하면서 어떤 아이들은 자신의 진로와 관련된 분들을 찾아가 인터뷰를 하고 싶어 한다. 같은 직업을 가진 분을 인터뷰 대상으로 선정하면 다른 학급 아이라도 함께 묶어주어 찾아가도록 모둠을 또다시 꾸려준다. 그리고 인터뷰 대상은 지역 내(학부모님의 도움을 많이 받는다)에서 찾도록 한다. 이전에 '지역신문 만들기'를 하면서 지역분들을 찾아가 인터뷰를 해본 경험이 있기 때문에 아이들은 인터뷰 대상을 찾는 데 그리 어려워하지는 않는다. 내가 근무하는 학교는 사립이기 때문에 나 역시 이 지역에서 오래 지내다 보니 학부모님들께 도움을 청하기가 그리 어렵지는 않다. 나는 아이들이 거창한 위인이 되길 바라지 않는다. 소박한 삶을 살더라도 행복한 사람이 되길 바란다. 우리 주변에는 저마다 각자의 자리에서 열심히 살아가시는 분들이 많다. 멀리서 인터뷰 대상을 찾기보다는 지역에서 그런 분들을 아이들에게 소개해줄 수가 있다. 파티시에가 되고 싶은 아이들에게 유기농 빵집을 운영하는 동네 빵가게 사장님을 찾아가게 한다. 변호사가 되고 싶은 아이는 학부모님 중 변호사인 분께 보낸다. 지역에는 건축가도 있고, 회계사도 있다. 그분들께 연락을 하면 거의 모든 분들이 흔쾌히 인터뷰에 응해주신다. 인터뷰를 마치고 돌아온 아이들이 가장 많이 하는 말은 "자신이 하고자 하는 일이 아주 먼 것만은 아닌 것 같다"는 것이었다.

그런데 지역에서 찾기 어려운 경우도 있다. 어떤 아이들은 자신이 좋아하는 작가를 만나고 싶어 하기도 한다. 그러면 해당 작가의 최신 책을 출판한 출판사에 전화를 걸어 작가의 메일 주소를 알아낸 후 메일을 보내게 한다. 이때 아이들이 메일을 보내기 전 교사가 꼭 점검을 해주어야 한다. 예의를 갖추어야 하기 때문이다. 자신이 좋아하는 작가의 메일을 받은 아이는 뛸 듯이 기뻐한다. 그러면 아이에게 다시 감사의 메일을 보내게 하고, 나 역시 지도 교사로서 메일로 감사의 인사를 전한다.

나는 아이들에게 반드시 인터뷰 질문으로 이 일을 하기까지 어떤 과정을 거쳤는지를 꼭 묻게 한다. 아이들은 꿈을 이루고 성공한 멋진 모습만을 본다. 그 꿈에 도달하기까지 얼마나 힘겨운 과정을 거쳤을지는 잘 생각하지 않는다. 이렇게 인터뷰를 하면서 아이들은 '열심히' 그리고 '꾸준히' 해야 된다는 것을 배우고 온다.


## 5) 숨겨진 '빛나는 1퍼센트'를 발견하는 순간

책이라고 하기에는 너무나 짧은, 20페이지 정도밖에 되지 않는 책이지만 아이들은 한 학기 동안 여기에 매달려 시간을 보낸다. 책을 쓰는 내내 아이들은 "힘들어요!"를 외치지만, 학년 말에 자신이 엮어낸 책을 보고는 무척 뿌듯해한다.

책쓰기를 모두 마치면 모둠에서 발표를 하지 않은 아이들이 완성된 책에 대해 이야기하는 시간을 갖는다. 모둠에서 가장 힘들게 책을 만든 아이들이라서 할 말도 많다. 때로는 계획서나 중간발표를 한 아이들이 자신의 책도 발표하고 싶다며 나서기도 한다. 그만큼 자기 책에 애착을 가지고 있다. 그래서 책쓰기의 전 과정이 끝나는 날, '출판 기념회'라는 이름으로 모두의 책을 책상 위에 깔아놓고 돌아보는 시간을 갖는다. 그 속에서 아이들은 친구의 책에 별표를 붙여주기도 하고, 평소에는 조용하기만 하던 친구가 쓴 소설을 돌려 읽으며 빠져들기도 한다.

'혼자 하는 책쓰기'인 동시에 '함께 하는 책쓰기'를 하면서 모두가 자신의 꿈을 향해—누구는 좀더 적극적으로 누구는 아직은 소극적

[그림 9] 자신이 쓴 책을 발표하는 학생들

으로—한 걸음 한 걸음 걸어가고 있음을 알게 된다. 서로를 격려하
며 어깨동무하며 걸어가는 길은 조금은 더디지만 함께하기에 조금
더 멀리 갈 수 있었다.

　자기가 스스로 요리를 하고 그 과정을 찍어 『나만의 요리책』을 만
들기도 하고, 자기 집에서 기르는 강아지를 모델로 『반려동물 기르
는 법』을 만든 깜찍한 녀석도 있었다. 양평이라는 지역적 조건을 살
려 논으로, 밭으로 나가 자기 집 주변의 식물의 잎과 꽃을 직접 채
집하여 정성 가득한 『식물도감』을 만들어 그 책을 주고 간 아이도
있었고, 가족 휴가 내내 경주를 돌며 사진을 찍어 『국사를 싫어하는
아이들을 위한 재밌는 신라 역사』를 쓴 대단한 녀석도 있었다.

　책을 쓰는 과정을 보며 아이들의 새로운 면을 발견할 수 있었다.
수업 시간에 눈이 멍한 아이 중에 이 시간만큼은 달라져서 열심히 하던 아이들이 꽤 있다. 평소 수업 시간에 눈을 스르르 감던 아이는 자기만의 시 평론집을 만들어 모두를 깜짝 놀라게 하기도 했다. 알고 보니 그 아이의 꿈은 다른 직업을 가지면서 시를 쓰는 삶을 사는 것이었다.

어떤 아이는 공부는 잘하지 못했는데 '사회복지사'라는 확고한 꿈을 가지고 있었다. 그래서 양평의 사회복지 시설 현황을 조사하고, 사회복지사가 되기 위한 과정을 정리한 후 사회복지사를 찾아가 인터뷰를 하면서 그 기관에서 봉사 활동을 하게 되었다. 책을 마무리하는 시점에는 친한 동생도 생겼다고 했다. 책을 더욱 의미 있게 만들기 위해 그 아이는 발달장애를 가진 바로 그 친한 동생에게 표지 그림을 그려달라고 하여 책을 완성했다. 나는 생활기록부에 그 내용을 써주었고, 그 아이는 수시 전형에서 그 경험을 바탕으로 자기소개서와 포트폴리오를 준비하여 당당히 사회복지학과에 합격하였다.


## 6) 그리고 한 걸음 더!

어떤 아이들은 여기서 한 걸음 더 나아가 책쓰기 활동을 확장한다. 마음이 맞는 친구들을 모아 직접 그림책을 만들고 그것을 어린이집이나 초등학교에 구연하러 다니는 봉사 활동을 하기도 했다. '지역신문 만들기'를 한 후 몇몇 아이들은 모여, 양평의 사람 사는 이야기와 숨겨진 명소를 찾아 나서더니 '양평 이야기 지도'를 만들

[그림 10] 학생들이 자발적으로 모여 만든 그림책

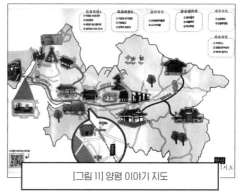

[그림 11] 양평 이야기 지도

어냈다. 또 프로듀서가 꿈인 한 아이는 책쓰기를 하면서 스스로 영상물을 만들어보고 싶다며 '나만의 주제가 있는 책쓰기' 홍보 영상을 제작해온 적도 있다. 친구들을 인터뷰하고, 연예인이 꿈인 친구를 성우로 섭외해 내레이션을 깔아 만들어왔다. 그 친구는 미디어영상제작부에 입학해 자신의 꿈을 실현시키기 위해 도약하고 있는 중이다.

테마독서를 하는 동안 아이들은 자신의 장점을 찾고 즐거워하기도 하고, 주변의 친구와 가족을 돌아보며 미안해하기도 한다. 어떤 남학생은 늦은 밤 자신이 '라면 먹고 싶다'고 하면 아버지가 여동생에게 라면 끓여오라고 하던 것을 당연하게 생각하던 자신을 처음으로 반성하게 되었다는 이야기를 했다. 또 몇몇 아이들은 '가난'이 개인의 문제가 아니라 사회구조의 문제임을 깨닫고 자신이 어떤 어른이 되어야 하는지 생각해보게 되었다고 하기도 했다.

테마독서에서 시작한 책쓰기의 힘은 여기에 있다. 테마독서가 '나'를 중심으로 세상으로 시선을 확장하는 것이라면, '책쓰기'는 다시 세상에서 의미 있는 삶을 살기 위해 '나'로 집중하는 것이다. 테마독서 덕분에 책쓰기는 '무엇이 될 것인가'에만 집착하는 것이 아니라 '어떻게 살 것인가'까지 생각을 확장시킬 수 있는 것 같다. 교사가 되는 길만을 찾아가는 것이 아니라, '아이들과 함께하는' 교사가 되는 길을 찾아간다. 그냥 게임 기획자가 아니라 '환경문제를 인식할 수 있는 게임을 만드는' 기획자로 자신을 만들어가겠다고 다짐한다. 결국 이 과정을 통해 나만의 숨겨진 빛나는 1퍼센트를 발견하고, 세상에 그 빛을 어떻게 빛나게 하는 것이 의미 있는지까지 생각하게 된다.

자신에게 어떤 힘이 있는지도 모르고, 자신이 무엇을 좋아하고 잘할 수 있는지도 모른 채 성적만으로 줄 세우기를 당하는 많은 아이들이 어깨를 못 펴고 있다. 그 아이들의 움츠러든 어깨를 펴게 하고 싶었다. 나아가 남들이 정한 행복의 기준에 맞추기보다 자신이 생각하는 행복한 삶이란 어떤 삶인지, 남과 더불어 사는 삶이란 어떤 삶인지 생각해보고, 그 길을 당당히 걸어가게 하고 싶었다. 그래서 교사로서 조금 힘이 들더라도 오늘도 아이들과 함께 책을 찾아 이야기 나누고, 삶의 길을 찾아가고 있다.

# 2017년 학생 저자 책 목록

다음은 2017년 '나만의 주제가 있는 책쓰기' 수업에서 학생들이 완성한 책 중 몇 권을 추린 것이다. 시인, 교사, 방송PD, 카피라이터 등 다방면의 꿈을 가진 학생들이 쓴 책을 소개한다.

| 제목 | 내용 |
| --- | --- |
| 시, 사람 곁에 있는 것 | 시인을 꿈꾸는 아이가 자신이 좋아하는 시인의 시평, 자작시를 비롯해 우리나라 시 교육의 문제점까지 정리한 책. |
| 음악의 얼굴을 보다 | 음악 앨범 디자인을 꿈꾸는 아이가 국내 앨범 디자인에 대한 소감과 자신이 좋아하는 앨범 디자인을 소개한 책. |
| 선생님, 질문 있어요! | 교사가 되고 싶은 아이가 초중고의 선생님들을 인터뷰하여 자신의 교사상을 정리. |
| 막 살수는 없잖아 | 진로를 정하지 못한 아이가 자신의 꿈을 찾아가는 과정을 그림. |
| 나는 PD가 되고 싶다 | 존경하는 방송PD, 자신이 즐겨보는 프로그램에 대한 평가, 자신이 만들고자 하는 프로그램 기획까지 예비 PD로서의 포부까지 담은 책. |
| 99%의 생각과 1%의 펜 | 카피라이터가 되는 길, 자신이 만든 카피와 스스로 창의성과 글쓰는 힘을 기르는 과정 등을 꼼꼼하게 정리. |
| 열일곱 소녀의 시선 | 영화를 좋아하는 아이가 자신만의 시선으로 고른 영화에 대해 소개한 책. |
| ABC / 실 | 청소년의 방황과 성장을 그린 성장소설. |
| 여신의 실체 | 검사를 꿈꾸는 아이가 검사가 되고 싶은 이유에서부터 검사가 되기 위한 과정을 하나하나 정리하며 자신의 강한 의지를 담은 책. |
| 등불 | 작가가 되고 싶은 아이가 자신의 글쓰기 과정을 정리한 책. |
| 가슴에 피어나는 캘리그래피 | 아직 진로를 정하지 못한 아이이지만, 캘리그래피 동아리 활동을 하면서 자신이 쓴 캘리그래피들을 모은 책. |
| 손에서 마음까지 | 자신의 스트레스 해소법을 소개한 책. |

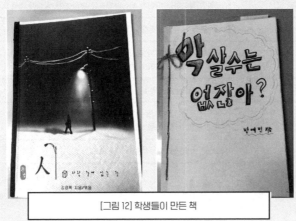

[그림 12] 학생들이 만든 책

# 4장

# '나만의 과학책'을
# 쓰다

_____

_____

_____

_____

_____

_____

_____

## 유연정

★유연정 선생님은?

| 과목 및 경력 | 초등, 12년 |
|---|---|
| 책쓰기 교육 지도 대상 | 초등학교 4학년 |
| 지도 대상의 특징 | 남녀 공학, 독서량은 많으나 글쓰기를 힘들어함 |
| 책쓰기 교육 시수 | 8차시 |
| 책쓰기 교육 주제 | 과학 |

"선생님, 전 우리 아이가 공부 잘하기를 바라는 욕심은 없어요. 그냥 책만 많이 읽었으면 좋겠어요. 어떻게 해야 책을 많이 읽을까요?"

"초등학교 시절에는 독서 습관이 제일 중요하다고 생각해요. 그래서 아이의 독서 교육에 제일 많은 관심을 가지고 있어요."

학기 초 학부모 상담 기간에 가장 많이 듣는 말이다. 이는 많은 학부모가 자녀의 독서 교육에 상당한 관심을 가지고 있기 때문이다. 이러한 교육관을 가지고 있는 학부모가 많은 까닭에 초등학교에 다니는 학생들 또한 독서가 중요하다고 생각한다.

왜 이러한 생각을 하는 것일까? 독서는 인생에 있어서 계속적으로 이루어지는 활동이고, 이러한 활동은 습관화가 중요하다. 습관의 형성에는 그 시기가 매우 결정적인 역할을 하는데, 어릴수록 효과적이라는 것은 다양한 연구 결과를 통해서도 입증이 되어 있는 사실이다.

독서의 습관화 못지않게 중요한 것은 '얼마나 효과적인 독서를 하고 있는가'에 대한 것이다. 독서란 단순히 글자를 읽는 행위가 아니다. 글을 읽으며 내용을 파악하고, 상상의 나래를 펼치기도 하고,

글쓴이와는 다른 의견을 제시하는 등의 활동이 수반되어야 한다.

독서를 습관화하고 독서 효과를 증진시키려면 어린 시절 독서 교육이 큰 영향을 미친다. 그 방법을 찾기 위해서는 학생들의 독서 경향이나 독서 환경 등을 먼저 생각해보아야 한다.

초등학생들의 경우 독서에 많은 시간을 할애하고 있고 독서량도 많다. 부모나 담임교사가 독서를 중요시 여기고 이를 지지하기 때문에 독서에 대한 거부감이나 부담감이 없는 편이다. 그리고 학교 도서관에 초등학생의 수준에 맞는 도서를 다량 구비하고 있어 자신의 수준에 맞는 책을 쉽게 접할 수 있다.

하지만 아직 자신의 수준을 파악하고 판단하는 능력이 부족하기 때문에 자신에게 맞는 책을 고르지 못하는 경우가 있다. 많은 학생들이 난이도가 낮은 책을 통해 독서량을 많아 보이게 하는 데 집중하는 모습을 보인다. 그리고 같은 학년이라고 해도 독서 수준의 차이가 큰 편이다. 4학년 학생들을 보더라도 특정 분야에서 높은 수준의 지식을 가지고 있어 중고등학생이 읽는 책을 보면서도 충분히 이해하는 학생이 있기도 하고, 초등학교 저학년이 읽는 수준의 책을 겨우 이해하는 학생도 있다. 그리고 흥미로운 것을 선호하기 때문에 글자가 많은 책보다는 만화 형식으로 된 책을 좋아한다.

이러한 점을 고려했을 때 어떻게 하면 현재 학생들이 지니고 있는 좋은 점을 증대시키고, 아이들이 보여주는 단점을 보완할 수 있을까에 대한 고민이 생길 것이다. 책을 읽고 그에 대한 독후 활동을 하는 것만으로는 독서 교육에 대한 갈증이 풀리지 않았다. 이를 해결할 수 있는 방안으로 생각한 것이 바로 '책쓰기'이다. 책쓰기는 책을 읽고 이해한 것을 바탕으로 자신의 생각을 정리하고 재구성하는 과정을 거쳐야 하기 때문에 학생들의 독서 효과를 높여줄 수 있다. 또한 책을 쓰기 위해서는 다양한 책을 읽어야 하고 그 내용을 숙지해야 하기 때문에 올바른 독서 습관이 자연스레 형성될 수 있다.

초등학생들한테 좋아하는 과목을 물어보았을 때 제일 많이 나오는 답변은 단연코 '체육'이다. 그다음으로 음악, 미술 등의 예체능 과목을 답하는 경우가 많은데, 예체능 외의 과목에서 많이 나오는 대답 중 하나가 '과학'이다. 과학을 좋아하고 전공한 입장에서, 아이들이 과학을 좋아한다고 하면 기쁘면서도 과학을 더 잘 가르쳐야 겠다는 부담감을 느끼기도 한다.

과학 수업은 수업 목표나 내용에 따라서 그에 맞는 수업 방법이 활용된다. 과학과 교육과정 총론에서는 실험 수업, 조사 학습, 협동 학습, 문제 중심 학습, 예상—관찰—설명(POE) 학습, 창의성 학습을 제시하고 있다. 이렇게 다양한 과학 수업 방법 중 가장 대표적인 것은 '실험 수업'이다. 실험 수업은 과학 교과에서만 적용되는 차별적인 수업 방법이다. 또한 과학을 공부하는 데 필수적인 방법이기도 하며 과학 지식과 탐구 능력을 함양할 수 있다는 점에서 유용한 수업 방법이라고 할 수 있다. 하지만 교과서에 제시된 실험 문제와 실험 과정을 그대로 따라 해보는 활동이 주를 이룬다는 점, 실험 수업이 과학 수업에서 너무 많은 비중을 차지하고 있다는 점에서 항상 아쉬움을 느꼈다.

과학책에 나와 있는 실험 과정을 그대로 답습하는 수업만으로는 늘 무언가 해소되지 않는 답답함이 있었다. 실생활과의 연관성을 통해 더욱 재미있는 과학 수업을 하고 싶다는 욕심이 생겨 과학 도서를 활용하여 독서 교육을 병행하는 수업을 진행하였다. 교실에 과학책과 과학 잡지 등을 비치하여 언제든 과학책을 접할 수 있게 하자, 아이들은 책을 읽으면서 자신들이 더 궁금했던 내용을 찾아 공부하였다. 그리고 자신이 공부한 것을 이야기하며 정보를 서로 공유하였다. 과학 시간에 배웠던 내용이 실생활에 어떻게 반영되는지도 알아보고, 지금 어느 정도까지 발전하여 우리에게 어떤 영향을 미치고 있는지도 알아가면서 아이들은 과학에 더욱 흥미를 갖게 되었다. 아이들이 스스로 공부하는 모습을 보면서 그동안 나를 답답하게 했던 그 무엇인가가 해소되는 듯했다. 하지만 나의 고민은 완전히 해결되지 않았고, 새로운 해결책을 찾아 헤매었다. 고민을 거듭한 끝에 과학책을 읽는 것에서 더 나아가 책을 쓰는 활동을 도입했다.

'나만의 과학책' 쓰기를 통해 아이들은 더욱 능동적으로 과학을 공부하고 과학 교과에 대한 흥미도를 높여갔다. 이러한 학생들의 성장은 과학 수업에 대한 나의 답답함을 좀더 해소해주었다.

지금까지의 독서 교육은 주로 독자의 입장에서 책을 읽는 것에 집중되어 있었다. 다양한 글을 통해 이해력을 높이고, 지식을 쌓고, 즐거움을 얻는 등 독서의 유용함은 많은 사람들이 알고 있다. 누군가가 쓴 글을 읽는 것도 중요하지만, 누군가가 읽을 글을 써보는 경험 또한 매우 큰 의미를 지닌다. 완성된 글을 접하던 수동적인 입장에서 벗어나 능동적인 입장에서 글을 쓰고 책을 만들어보며 작가의 역할을 해본다는 것은 책에 대한 경험을 확장시키고 더 나아가 학생들의 성장을 도울 수 있다.

책을 쓰기 위해서는 폭넓고 깊이 있는 배경지식이 필요하기 때문에 더 많은 독서가 기반이 되어야 한다. 그러므로 작가로서의 필요에 의해 더 많은 독서가 이루어지게 되며 책을 읽을 때도 깊이가 더해진다. 가장 효과적인 공부 방법은 누군가를 가르치는 것이라는 말이 있다. 이는 누군가에게 어떠한 정보를 전달하기 위해서는 그에 대한 완벽한 이해가 있어야 가능하기 때문이다. 책쓰기는 내가 알고 있는 것을 글과 책의 형태로 전달하는 활동이다. 그러므로 학습적인 면에서 성취도를 높이는 데도 도움이 된다.

초등학생을 대상으로 과학 교과에서 책쓰기 교육을 할 때는 우선적으로 그 의미와 가장 효율적인 방법이 무엇인지 생각해보아야 한다. 과학 교과에서 학생들이 책을 쓰기 위해서는 글쓰기 능력뿐 아니라 글로 표현할 과학적 개념에 대한 완벽한 이해가 선행되어야 한다. 즉, 과학적 개념이나 현상, 혹은 원리에 대한 지식을 바탕으로 하여 독자가 이해하기 쉽게 표현할 수 있어야 하는 것이다. 이러한 활동을 통해 과학 공부는 물론 국어과의 쓰기 영역 학습 등이 동시에 이루어질 수 있다. 초등학교에서는 담임교사가 다양한 과목을 가르치며 주제 중심적 교과 통합 수업이 가능하다는 점은 이러한 수업의 효율성을 높일 수 있는 바탕이 된다.

　초등학교 과학 수업에서 책쓰기 교육을 위해 교사가 어떤 준비를 해야 하는지, 각 단계별 지도는 어떻게 해야 하는지 등의 궁금증을 내 경험을 통해 해결해보고자 한다.

# 1. '나만의 과학책' 쓰기를 위한 준비

책쓰기 교육이 효율적으로 이루어지기 위해서는 수업을 시작하기 전 교사의 여러 가지 준비 과정이 필요하다. 책을 쓴다는 것은 성인에게도 쉬운 일이 아니다. 하물며 초등학생에게 갑작스럽게 책쓰기 과제가 주어진다면 그 당혹감과 막막함은 상상 이상일 것이다. 그러므로 학생들에게 책쓰기 활동에 대한 안내를 충분히 한 후 책쓰기에 도움이 될 수 있는 환경을 조성해주어야 한다.

또한 독자층도 고려의 대상이 된다. 초등학생이 중고등학생이나 성인을 위한 책을 쓰는 것은 어려울 것이다. 독자층에 따라 책을 쓰는 방법이 달라지므로 누구를 위한 책을 쓸 것인가도 생각해보아야 한다. 학생들이 책을 쓰기 전에 독자층이 주로 읽는 책을 읽어보며 내용의 수준, 형식, 표현 방법 등에 대해서 생각해볼 수 있도록 지도해야 한다.

나의 경우, '나만의 과학책' 쓰기 활동을 초등학교 4학년 6개 반을 대상으로 진행하였다. 학기를 단위로, 학생들이 과학 교과서에 나오는 내용 중에서 관심 있는 것을 주제로 선정하게 하였다. 주제 선정부터 책을 만드는 과정까지는 다음 〔표 1〕과 같이 순차적으로 지도하였다.

[표 1] '나만의 과학책' 쓰기 시기별 지도 내용

| 시기 | | 지도 내용 | 비고 |
|---|---|---|---|
| 1학기 | 2학기 | | |
| 3월 | 9월 | 전체적인 내용 훑어보기 | 과학 교과서의 목차를 살펴보며 키워드 중심으로 전체적인 내용을 살펴본다. |
| | | 관심 있는 주제 찾기 | 주제는 책쓰기를 진행하는 과정에 바뀔 수 있으므로 주기적으로 학생들과 주제에 대한 이야기를 나눈다. |
| 4~5월 | 10월 | 책 읽기 | 주제와 관련된 책, 독자층이 주로 읽는 책을 읽도록 지도한다. |
| | | 책의 형식 살펴보기 | 책이 앞표지에서 뒤표지까지 어떻게 구성되어 있는지 책의 형식을 위주로 살펴본다. |
| 6월 | 11월 | 계획서 작성하기 | 독자층, 주제, 내용, 제목, 내 책의 특징 등에 대한 질문을 통해 책의 큰 틀을 구성할 수 있도록 작성한다. |
| | | 자료 수집 | 주제와 관련된 정보를 수집할 때 주제가 확장되지 않도록 지도한다. |
| 7월 | 12월 | 자료 정리 | 수집한 자료를 정리하면서 책을 쓰는 데 필요한 내용을 선별할 수 있도록 지도한다. |
| | | 집필 및 보완하기 | 정해진 분량에 내용을 표현할 수 있도록 지도한다. |

## 1) '나만의 과학책' 쓰기 수업 과정 살펴보기

'나만의 과학책' 쓰기 수업은 과학 교과서의 전체적인 내용을 훑어보는 활동으로 시작했다. 이때 교과서 한 권의 내용을 꼼꼼히 읽으면서 내용을 파악하면 좋겠지만, 초등학생에게는 매우 지루한 활동이 될 수도 있고 시간상 무리이기 때문에 목차를 활용하는 것이 좋다. 특히나 책쓰기와 관련된 첫 활동이므로 학생들이 재미있게 할 수 있는 것이어야 한다. 이를 위해 목차에서 중요한 단어를 찾도

180

록 하고 이를 바탕으로 할 수 있는 빙고 게임을 준비하였다. 목차에서 찾은 중요 단어를 살펴보며 각자 관심 있는 주제를 찾아보게 하는 것이다. 학생들의 관심사는 바뀔 수도 있으므로 원한다면, 책쓰기 활동 진행 중에 주제를 변경할 수 있게 한다. 중요한 것은, 교사와 학생, 학생과 학생 간에 책쓰기 주제에 대한 이야기를 자유롭게 나눌 수 있는 환경을 조성하는 것이다.

학교 도서실이나 교실에 구성되어 있는 학급문고를 활용하여 평소에 과학책을 자연스럽게 접할 수 있으면 좋다. 특히나 각자 집필할 과학책 독자층을 생각하여 그들이 주로 읽는 책을 읽어보아야 한다. 이러한 과정이 있어야 집필해야 하는 책의 구성, 내용 수준, 표현 방법 등에 익숙해질 수 있다. 책을 읽을 때는 책의 내용뿐 아니라 구성도 파악하게 해야 한다. 앞표지부터 뒤표지까지 어떻게 구성되어 있는지 몇 권의 책을 함께 훑어보면서 형식상의 공통점을 찾아낼 수 있도록 지도한다.

학기가 반 정도 지났을 때, 구체적인 계획을 세워서 책쓰기 활동의 방향을 다진다. 주제도 확실하게 선정하고 독자층, 책의 주제, 책에 들어갈 내용, 다른 책과 내 책의 차별성 등에 대해 생각해보게 한다. 그리고 이를 바탕으로 본격적인 자료 수집을 한다. 자료 수집과 활용에 있어서 저작권에 대한 부분도 중요하므로 이에 대한 교육이 이루어져야 한다. 한국저작권위원회의 교육 프로그램이나 각종 교육 자료를 활용하길 권한다.

학기 말에는 '나만의 과학책'을 집필하고 수정·보완하는 데 중점을 두어 지도한다. 실제 책을 쓴 후에는 수정·보완이 어렵기 때문에 스토리보드를 활용하여 이 과정을 진행하였다. 스토리보드로 책의 내용을 구성하면 실제로 구현되었을 때와 비슷하게 표현되기 때문에 책의 완성도를 높일 수 있다.

## 2) '나만의 과학책' 쓰기 수업 지도 시 유의할 점

책쓰기 활동은 단시간에 이루어질 수 없다. 그러므로 학생들이 오랜 시간 동안 흥미를 잃지 않고 활동하기 위해서는 주제 설정을 잘해야 한다. 특히나 초등학생들은 집중력이 떨어지고 쉽게 흥미를 잃는 경우가 많다. 이를 지양하기 위해서 주제 설정은 매우 중요하다고 할 수 있다. '나만의 과학책' 쓰기는 과학적인 주제, 과학 교과와의 연계성도 고려해야 하기 때문에 과학 교과서에 나오는 내용 중에 각자 가장 관심 있는 주제를 설정하도록 교사가 큰 범주를 제시하였다.

학생들은 과학 교과서를 살펴보며 주제를 고르고, 자신이 고른 주제에 대해 서로 이야기를 나누었다. 그러면서 이야기는 자연스럽게 자료를 어떻게 모을 것인가로 흘렀다.

"난 지진이 발생했을 때 대피 방법에 대해서 쓸래."

"나도 지진이 발생했을 때 어떻게 대피해야 하는지에 대해서 쓸건데, 인터넷에서 자료를 찾아봐야겠어."

"예전에 과학 잡지에서도 본 것 같아. 도서관에 가보자."

"○○이도 같은 주제로 책을 쓴다고 했어. 같이 도서관에 가서 찾아보자."

"저번에 학교에서 대피 요령 안내장도 나누어줬어. 내가 집에 가서 그때 받은 안내장을 찾아볼게."

주제에 따라 실험을 해야 하는 경우도 있고 조사를 해야 하는 경우도 있었는데, 이처럼 비슷한 주제를 가진 친구들끼리 모여서 자연스럽게 협동 학습이 이루어지기도 하였다.

다른 교과의 책쓰기와 다르게 과학책을 쓸 때는 과학 지식과 개념을 바탕으로 객관적인 입장에서 물체나 현상 등을 관찰, 측정, 분류, 추리, 예상하고 과학적 문제를 해결하는 글을 써야 한다. 그러기 위해서는 국어 교과와 연계하여 글쓰기 교육이 같이 이루어진다면 더욱 효과적일 것이다. 특히나 다양한 정보를 조직화하고 결론을 도출할 수 있는 능력을 갖출 수 있도록 지도해야 한다.

책을 쓰는 데 고려해야 할 것 중 하나가 바로 '독자층 정하기'이다. 원하는 독자층을 각자 정하도록 할까 생각했으나, 여러 반 수업을 동시에 진행해야 하는 특수한 상황이었기 때문에 ① 글을 잘 읽지 못하는 유치원생, ② 긴 글을 읽지 못하는 저학년생, ③ 또래인 중학년 학생 중에 하나로 교사가 지정해주었다.

과학책 쓰기 교육을 계획할 때 생각하지도 못했던 고민거리가 생겼다. 그건 바로 아이들이 만들 책의 분량이었다. '책'을 만든다고 생각하니 분량이 많아야 할 것 같았기 때문이다. 하지만 책을 만드는 당사자가 초등학교 4학년 학생이므로 써야 할 분량이 많으면 부담스러울 것이다. 그리고 독자층 역시 저자와 또래이거나 어리기 때문에 분량이 많으면 읽기에 부담스러울 것이었다. 그래서 앞뒤표지와 6쪽 분량의 본문으로 이루어진 책을 만들기로 했다. 많은 내용을 담은 과학책보다는 핵심적인 내용을 택하여 간추린 과학책을 쓰기로 한 것이다.

아이들은 서로 이야기를 나누며 분량에 맞게 내용을 구성하기 위한 고민을 해결해나갔다. "강낭콩의 한살이에 대해서 책을 쓰고 싶은데 6면으로는 부족하지 않을까? 난 그중에서 싹이 트는 과정만 써야겠어." "화산 분출물 사진을 붙이거나 그림을 그리고, 분출물 이름과 특징을 글로 적으면 이해하기 쉽겠지?" 결과적으로 6면에 자신이 표현하고 싶은 내용을 담아야 했기에 아이들은 글과 그림을 통해 효율적으로 내용을 전달하는 방법을 자연스럽게 터득하였다. 아이들은 예측 못한 곳에서도 무궁무진한 가능성을 보여준다는 것을 다시금 깨달았다.

또한 단순한 과학 글쓰기가 아니라 작가가 되어 나만의 과학책을 만드는 것이므로, 학생들에게 책의 형식을 갖추어야 함을 인지시켜야 한다. 평소 독서를 할 때 내용만 보는 경우가 많았을 것이다. 그러므로 의식적으로 책 앞표지부터 한 장 한 장 꼼꼼하게 형식을 살펴보는 활동도 매우 중요하다.

책을 읽는 것과 책을 쓰는 것은 그 접근 방법이 다를 수밖에 없다. 게다가 학생들마다 주제가 다르고 편차도 크기 때문에 개별적이고 지속적인 지도가 병행되어야 한다. 장기간에 걸쳐 많은 노력을 들여 수행해야 하는 활동이지만, 나만의 과학책이 완성된다면 그 성취감과 자부심은 그 무엇과도 바꿀 수 없는 선물이 될 것이다.

## 2. '나만의 과학책' 쓰기 단계별 지도 내용

지금부터는 실제 초등학교 4학년 학생들을 대상으로 '나만의 과학책' 쓰기 활동을 진행한 경험에 대해 이야기하고자 한다. 당시 나는 4학년 과학 교과 전담 교사였다. 총 6개 반을 담당하였고, 과학과 관련된 사업을 진행하고 있는 학교였기 때문에 과학 시수가 6시간 늘어났다. 총 36시간을 더 수업해야 한다는 것이 개인적으로 큰 부담이었지만, 이렇게 추가로 확보된 시수가 있어서 교과 진도에 얽매이지 않고 활동을 할 수 있었다.

책쓰기 교육은 교과 전담 교사가 진행해도 좋지만, 전 과목을 가르치는 초등학교 담임교사의 특수성을 고려하면 담임교사가 지도하였을 때, 더욱 효과적으로 이루어질 수 있을 것이다. 나는 과학 교과만 가르쳤기 때문에 과학책 쓰기 수업을 했었지만, 담임교사라면 주제의 폭을 넓혀 학생들이 평소에 관심을 가지고 있는 주제를 선정할 수 있다. 글쓰기 교육, 독서 교육 등과 병행하여 진행할 수 있어 책쓰기 활동의 효과를 더욱 높일 수도 있다. 뿐만 아니라 미술 교과와 연계시킨다면 완성도 높은 최종 결과물을 만들 수 있을 것이다.

'나만의 과학책' 쓰기 활동을 위해 학생들에게 과학책을 충분히 그리고 자연스럽게 노출시킬 필요가 있었다. 이 또한 과학 관련 사업이 진행되고 있어서 과학실 내에 과학 커뮤니티 공간을 마련하여 학생들의 수준에 맞는 다양한 과학책과 과학 잡지를 구비해놓았기 때문에 별 어려움 없이 가능했다. 개인별 활동이나 조별 활동이

186

먼저 끝나면 자유 시간을 부여하여 과학책을 읽을 수 있도록 하였는데, 이것이 학생들에게 동기를 부여하는 데 긍정적으로 작용하였다. 하지만 이런 환경을 모든 교실에서 구현하기란 현실적으로 불가능하다. 그러므로 학교 도서관을 적극 활용하기를 권한다. 교사의 이름으로 많은 책을 장기간 대여할 수 있는 시스템을 갖추고 있는 학교라면 도서관의 책을 대여하여 학급문고를 조성하는 것도 좋다.

학생들에게 과학책을 읽으라고 하면 대부분 만화 형식으로 된 지식 전달형 책을 읽거나 자신이 좋아하는 분야의 책만 골라서 읽는다. 하지만 만화 형식의 책만 읽거나 특정 분야의 책만 읽지 않고 다양한 책을 읽을 수 있도록 지도해야 한다. 그래서 학년 초에 과학책 읽기의 중요성을 이야기할 때, 과학책을 종류별로 보여주었다. 아이들이 좋아하는 학습 만화를 포함하여 다양한 실험을 안내한 과학책, 우리 생활 속의 과학적 원리를 소개하는 과학책, 대부분의 아이들이 알고 있는 동화 속 과학 이야기를 풀어낸 과학책, 백과사전 형식의 과학책, 과학자를 대상으로 한 위인전 형식의 과학책, 퀴즈 형식의 과학책 등을 직접 보여주며 학생들이 생각하는 과학책의 범주를 확장시켜주었다.

## 1) 주제 설정

나만의 과학책을 쓰기 위해서는 일단 무엇에 대해 쓸 것인지를 정해야 한다. 자신이 관심 있는 주제를 설정하여 그것에 대해 꾸준히 관심을 가지고 관찰하고 탐구할 수 있어야 한다. 하지만 초등학생들은 자신이 무엇에 관심이 있는지 정확하게 파악하지 못할 때가 많다. 과학 교과 시간에 진행하는 활동이므로 교과 내용과의 연관성도 중요하다. 그렇기 때문에 학기 초에 우선적으로 과학 교과와 관련 있는 주제를 잡기 위한 지도를 하였다.

### (1) 무엇에 대해 쓸 것인가?
#### —과학 교과서의 목차 살펴보며 단어 찾기(빙고 게임)

항상 과학 수업 첫 시간에는 교과서의 목차를 살펴보며 한 학기 동안 배울 내용에 대해 살펴본다. 이때 전체적인 내용을 훑어보고 간단하게 마인드맵으로 정리해보는 활동을 하곤 했다. 경험상 이 활동은 교과서의 분량이 적고 학생들이 이 활동에 어느 정도 익숙해져 있다면 유용하지만 그렇지 않은 경우에는 부담감이 크다. 그래서 좀 더 재미있게 핵심을 파악할 수 있도록 게임 활동을 도입하였다. 교사와 학생이 같이 전체적인 내용을 살펴본 후, 목차에 나온 단어를 활용하여 빙고 게임을 하였다.

빙고 게임은 모두들 잘 알고 있었기 때문에 자세한 설명은 필요하지 않았다. 5×5칸으로 진행하고 다섯 줄이 완성되어야 하며 모든 칸을 단어로 채워야 함을 규칙으로 정했다. 게임을 시작하고 얼마 되지 않아 학생들에게 공통적으로 보이는 행동을 발견하였다. 과학 교과서 내용의 핵심을 파악하길 바라며 단어 찾기를 하였는데, 주객

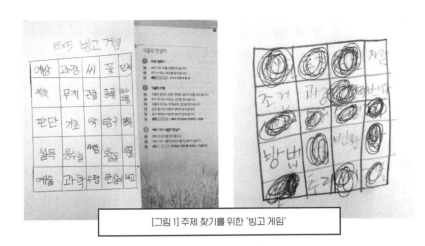

[그림 1] 주제 찾기를 위한 '빙고 게임'

이 바뀌어 학생들은 오로지 단어를 찾는 데만 집중하였다. "중요한 단어가 무엇일까 생각해서 칸을 채워 넣으세요. 선생님이 어떤 단어를 중심으로 제시할까?"라는 말로 단어 찾기에 심취된 학생들의 주의를 환기했다. 그리고 가장 중요한 단어부터 하나하나 제시하며 게임을 했다. 총 두 번의 게임을 하였는데, 첫 게임에서 중심 단어가 무엇인지 깨닫고 두번째 게임에서 주요 단어들 위주로 25칸을 채워 넣는 아이들이 많이 눈에 띄었다. 물론 학생들은 게임에서 이기는 방법을 깨달은 것이겠지만 말이다.

게임 형식으로 접근을 하니 아이들이 더 주의를 기울여 목차를 살펴보았고, 재미를 느끼며 각 단원에서의 핵심 단어를 추출하였다. 이렇게 찾은 단어 중에서 각자 제일 관심이 있는 것을 찾아보도록 하였다. 단어를 선택한 후 교과서에서 해당 부분을 살펴보면 나만의 과학책으로 만들 내용을 좀더 구체적으로 정할 수 있다.

## (2) 무엇을/어떻게 쓸 것인가?
### —생각 그물을 통한 전체적인 틀 잡기

주제를 정할 때 처음에는 학생들의 생각을 확장해주는 것이 중요하다. 그래서 종이 한 장에 주제와 관련해서 생각나는 모든 것을 이어서 표현해보도록 하였다. 이 경우 '식물—콩—콩밥—맛없다—엄마—혼남—눈물'과 같이 주제에서 벗어난 내용이 전개되기도 했다. 이런 경우도 모두 허용하며 오로지 생각의 폭을 넓혀나가는 것에만 집중했다. 그랬더니 주제의 내용을 더욱 풍성하게 해줄 수 있는 생각들이 표현되는 경우가 많았다. 완성된 후에는 주제와 관련된 내용만 골라서 표시하며 무엇이 중요한 것인지 알 수 있도록 했다.

관심 있는 주제를 설정하고 주제와 관련된 정보를 수집하였다면 이제는 그 정보를 유기적으로 연결해주어야 한다. 단순히 정보를 나열하는 정도로는 책이 될 수 없기 때문이다. 이때 내가 사용한 방법은 바로 '생각 그물 그리기'이다. 이 방법은 자신이 수집한 정보를 한눈에 파악하여 내용을 조직화하고 어떤 부분에 보완이 필요한지도 알 수 있어 유용하다. 그리고 수집한 정보를 범주화하여 그 관계를 시각화시켜줄 뿐 아니라 책쓰기에서 목차를 구성할 때도 큰 도움이 된다.

생각 그물 그리기는 평소에 많이 활용하는 수업 방법의 하나이기 때문에 아이들이 어렵지 않게 해낼 수 있었다. 하지만 학생들의 활동을 도와줘야 하는 교사에게는 다소 어려움이 있을 수 있다. 학생마다 주제가 다르고 수집한 정보도 다르기 때문에 개별적인 지도를

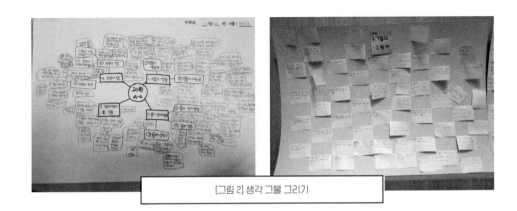

[그림 2] 생각 그물 그리기

할 때 시간과 노력이 많이 필요하다. 하지만 이 단계에서 수집한 정보를 범주화하여 생각을 정리할 수 있고, 책의 내용을 확정하고 구성할 때 유용하기 때문에 다른 단계에 비해 비중 있게 진행하는 것이 좋다.

다음 〔표 2〕는 아이들이 정한 주제 중 몇 가지를 제시한 것이다. '화산'이라는 키워드를 선택했더라도 화산 분출물, 화산의 폭발, 현무암과 화강암이 만들어지는 과정 등 다양한 주제로 책을 쓸 수 있다. 이때 많은 학생들이 키워드로 '화산'을 정하면, 화산에 대한 모든 것을 담아내려고 하는 경향을 보인다. 하지만 우리가 만들 책의 분량을 고려하여 좀더 주제의 범위를 좁힐 수 있도록 교사의 지도가 필요하다. 이러한 경향은 책을 쓰기 위해 자료를 수집하는 단계에서도 나타난다. 이에 대해서는 자료 수집 단계에서 좀더 자세히 이야기하도록 하겠다.

[표 2] 아이들이 정한 '나만의 과학책' 주제

| 선택 단어(키워드) | '나만의 과학책' 주제 |
|---|---|
| 지진 | 지진이 발생하는 이유 |
| | 지진이 발생했을 때 대피 방법 |
| 화산 | 화산 분출물 |
| | 화산의 폭발 |
| | 현무암과 화강암이 만들어지는 과정 |
| 저울 | 용수철로 무게 재기 |
| | 무게란 무엇인가 |
| 식물 | 식물의 한살이 관찰을 위한 씨 심기 방법 |
| | 식물의 싹이 트는 과정 |
| | 강낭콩 키우기 |
| | 식물의 한살이 과정 |

## (3) 누구를 위해 쓸 것인가?—독자층 정하기

책을 쓸 때는 먼저 독자층을 고려해야 한다. 책을 읽는 독자가 누구냐에 따라 내용적인 면에서 책의 수준, 단어나 용어의 선택, 글과 그림의 구성, 서술 방식, 책의 형식 등이 달라지기 때문이다.

여섯 반을 대상으로 '나만의 과학책' 쓰기를 진행하였기 때문에 두 반씩 나누어 세 부류의 독자층을 지정해주었다. 독자층을 책을 쓰는 저자보다 높은 수준으로 설정하는 것은 어렵기 때문에 동급생이거나 어린아이들을 대상으로 삼았다. 글을 잘 읽지 못하는 동생들을 위한 책(유치원생용), 긴 글을 읽지 못하는 저학년 동생들을 위한 책(1~2학년용), 내 친구들을 위한 책(3~4학년용)으로 책을 읽을 대상을 설정하여 다양한 수준의 책이 만들어질 수 있도록 하였다.

독자층을 정한 후 각자가 맡은 연령대의 독자가 읽는 책을 살펴보며 책의 형식이나 내용의 전개 방식, 수준, 표현 방법 등을 파악하고 익히게 한다. 과학 분야 외에도 다양한 분야의 책을 읽으며 독자층에 따른 책의 공통적인 특징이 무엇인지 알아보고 자신의 책을 구성할 때 참고할 수 있도록 지도하였다. 이러한 활동을 통해 아이들은 무조건 많은 내용을 제시하거나 어려운 내용을 담는 대신 글을 이해하기 쉬운 그림으로 표현하거나, 더 효과적인 표현 방법을 생각하거나, 어려운 용어를 더 쉽게 풀어내는 방법에 무엇이 있을지 찾는 등 적극적인 태도를 보였다.

책의 형식적인 부분을 이해함과 동시에 책의 내용적인 부분도 지도해야 하는데, 생각 그물 그리기가 많은 도움이 되었다(190쪽 참조). 독자층에 따라 생각 그물에서 특정 부분을 선택하거나 보완하여 책의 내용을 구성한다. 어린 독자층을 위한 책을 만들 때는 저자가 전달하고자 하는 내용의 핵심이 무엇인지 파악하고 이를 간단하면서 쉽게 표현해야 한다. 반면에 또래 친구들을 위한 책을 만들 때는 기존의 지식에서 한 단계 심화된 내용을 실어 학습의 폭을 넓히는 데 도움을 주는 책도 가능하다.

초반에 독자층을 지정해주었을 때는 글을 읽지 못하는 동생들을 위한 책을 만들게 된 아이들이 자신들의 책쓰기 활동이 더 쉬울 거라 예상하며 미소를 지었다. 반면 친구들을 위한 3~4학년용 책을 쓰게 된 아이들은 어려움을 토로하며 연령대가 낮은 독자층을 염두에 둔 책쓰기를 더 선호하였다. 하지만 실질적으로 활동을 진행하자 동생들을 위한 책쓰기를 하는 아이들이 많은 어려움을 호소하고 교사의 도움을 더 필요로 하였다. 글로 표현하면 간단한 내용인데, 이것을 그림으로 표현해야 한다는 것이 애초에 생각했던 것만큼 쉬운 일이 아니라는 것을 깨달았기 때문이다. 이것을 깨닫자 그 연령대의 아이들이 읽는 책을 다시 읽어보며 책의 형식이나 내용, 표현 등을 공부하기 시작했다. "선생님, 유치원 동생들은 그림을 먼저 보니까 그림을 가운데 그리고 그 위나 아래에 설명을 한 문장으로 써줄 거예요." "중요한 낱말은 다른 글자보다 크게 써야겠어. 그리고 색깔도 다르게 하자." "아이들은 색깔이 진할수록 좋아하나봐. 그런데 책 전체가 진한 색으로 되어 있으면 눈이 아프겠지?" 등의 이야기를 나누는 것을 보았다. 교사가 백번 설명하는 것보다 스스로 필요성을 느껴 능동적인 자세로 학습을 하는 것이 중요함을 새삼스레 느끼며, 학습자에 대한 교수자의 올바른 역할이 무엇인지에 대해서도 다시금 생각해보는 계기가 되었다.

## 2) 책쓰기 추진 계획서 작성

우리 아이들은 10여 년을 살아오면서 자의 혹은 타의로 인해 꽤나 많은 책을 읽었다. 이 아이들이 도서관에서 책을 골라 읽는 모습을 살펴보면 일정한 패턴을 보인다.

| 그림책, 과학책, 역사책, 예술책 등 자신이 원하는 분야의 책이 있는 코너로 간다. |
|---|

⬇

| 서가에 꽂혀 있는 책의 제목을 보며 마음에 드는 책을 고른다. |
|---|

⬇

| 표지를 보고, 내용을 훑어본다.<br>(이 과정을 생략하는 학생도 많음.) |
|---|

⬇

| 책의 본문을 읽는다. |
|---|

물론 이런 모습은 어른들이 책을 골라서 읽을 때도 자주 보이는 패턴이다. '이게 어때서?'라고 생각할 수 있다. 물론 이런 과정도 바람직하다. 그러나 여기에 몇 개의 과정이 추가된다면 양질의 독서 활동을 하는 데 도움이 될 것이다.

표지를 보고, 내용을 훑어보는 활동은 책을 고를 때 실패 확률을 현저하게 줄여준다. 하지만 이때 본문의 내용은 물론이거니와 목차, 서론, 결론, 작가의 말 등도 읽어보자. 책을 읽기 전 대강의 내용을 파악하는 데 도움이 된다. 더 나아가 표지를 살펴봄에 있어서 앞표지뿐 아니라 뒤표지도 꼼꼼히 살펴보는 것도 중요하다. 표지의 경우, 그 책에서 이야기하고자 하는 내용이 무엇인지 함축적으로 드러내는 경우가 많기 때문에 표지의 삽화도 놓치지 않고 볼 수 있도 그림책, 과학책, 역사책, 예술책 등 자신이 원하는 분야의 책이 있는 코너로 간다.

서가에 꽂혀 있는 책의 제목을 보며 마음에 드는 책을 고른다.

① 앞표지와 뒷표지를 내용을 유추한다.
② 목차를 보며 어떤 내용이 들어 있는지 파악한다.
③ 서론과 결론을 읽으며 책의 내용을 파악한다.
④ 작가의 말을 읽으며 작가가 하고자 하는 말을 살펴본다.

책의 본문을 읽는다.

록 지도한다.

### (1) 책은 어떻게 구성되어 있나?—책의 형식 알아보기

책이 어떻게 구성되어 있는지 살펴보는 활동을 하는 이유는 책을 만드는 데 책의 형식도 매우 중요하기 때문이다. 책은 앞표지, 책날개, 속표지, 목차, 뒤표지 등으로 구성되어 있다. 하지만 거의 책의 내용에 집중하는 편이지 이러한 부분은 잘 보지 않는 경향이 있다. 그러므로 학생들이 작가로서 책의 형식에 대해서도 익힐 수 있도록 각 부분이 어떻게 구성되어 있는지 살펴보아야 한다.

'나만의 과학책'은 표지를 제외하면, 총 6면으로 지면이 한정되어 있기 때문에 책의 형식을 최대한 간단하게 하였다. 표지는 책의 내용을 함축적으로 표현하는 부분이기 때문에 넣는 것이 좋다고 생각한다. 속표지나 목차는 생략하였다. 목차가 있으면 책의 구성을 한눈에 파악할 수 있으나, 분량이 많지 않은 경우에는 목차가 없어도 책의 구성과 내용을 파악하는 데 어려움이 없을 것이라고 판단하였기 때문이다. 그래서 앞표지, 본문, 뒤표지로 책의 형식을 최소화시켜서 진행하였다.

### ① 앞표지

앞표지에는 제목, 저자(글, 그림, 번역 포함), 출판사가 들어간다. 또한 삽화로 꾸며져 있는 경우가 많다. 제목이나 삽화의 경우, 독자에게 전하고자 하는 바가 무엇인지 드러나 있다. 그러므로 그러한 요소들을 살피며 의미를 찾아보고, 책 속의 내용을 유추해보는 활동을 한다. 이러한 연습을 통해 '나만의 과학책'에 어울리는 책의 제목과 삽화를 만들 수 있기 때문이다.

### ② 책날개

이 부분에는 주로 저자나 역자 소개가 실려 있다. 저역자 소개를 통해 그의 이력이나 관심사를 알 수 있고, 이전에 어떤 책을 썼는지에 대해서도 알 수 있다.

③ 속표지

앞표지를 넘기면 면지가 한두 장 있고 속표지가 나온다. 하지만 우리가 만드는 책은 면수가 적어서 속표지는 생략하였다.

이 부분을 살펴볼 때, 한 학생이 속표지가 왜 있는지 질문하였다. 사실 나도 그 이유를 몰랐기 때문에 뭔가 명확한 답을 줄 수 없어서 아이들에게 속표지는 왜 있는 것인지 반문하였다. 그러자 한 학생이 이렇게 답했다.

"여러 사람이 책을 읽다 보면 책 표지가 뜯어지는 경우가 있어요. 그때 그 책의 제목을 알려면 속표지가 있어야 해요."

'아하! 그렇게 생각할 수도 있구나.'

나는 열한 살 아이에게 또 하나를 배웠다.

---

**Tip**

속표지를 넣는 이유는 무엇일까? 사용 빈도와 관리에 따라 책 표지가 뜯어지는 경우가 있다. 이때 속표지가 있어 표지가 손상되었을 때도 책 제목이 무엇인지 알 수 있다.

---

④ 목차

목차를 보면 그 책의 전체적인 흐름을 파악할 수 있다. 목차의 제목이 추상적으로 제시된 경우에는 그 의미를 바로 파악하기 힘들다. 하지만 그런 경우, 반대로 책을 읽은 후에 목차를 보면 그 속에 숨은 뜻을 이해할 수 있다.

목차는 책에 있어서 매우 중요한 부분이다. 하지만 실질적으로 책쓰기를 할 때 이 부분을 어려워하는 경우가 많았다. 이번에 만드는 '나만의 과학책'은 미니북이기 때문에 많은 내용을 담을 수 없어서 목차 만들기 과정을 더더욱 어려워하였다. 그래서 내용이 매우 짧은 경우에는 목차가 없어도 무방하다고 생각하여 생략하였다.

이번에는 목차를 생략하였지만, 본문 내용이 충분한 경우에는 목차를 구성하는 것이 매우 중요하다. 앞으로 고학년과 만나서 책쓰기를 하게 된다면 목차의 중요성을 강조하고 이를 구성할 수 있도록 지도하고 싶다.

### ⑤ 뒤표지

뒤표지에는 이 책을 추천하는 저명인사들의 추천사, 메인 카피나 책 소개, 바코드, 가격 등이 제시되어 있다. 때론 앞표지 삽화가 뒤표지와 연결되어 그려져 있기도 하다. 삽화가 있는 경우에는 그 삽화가 의미하는 바에 대해서 생각해본다면 그 책을 더 잘 이해할 수 있다.

### (2) 계획서 작성하기―책의 형식에 맞춰 계획 세우기

지금까지 책쓰기를 위한 다양한 준비 활동을 하였다. 이젠 책을 쓰기 위해서 구체적인 계획을 글로 표현하여 실제 책을 만드는 데 길잡이로 활용할 수 있도록 정리를 할 필요가 있다. 학생들이 계획을 세워볼 수 있게 몇 가지 질문을 넣은 활동지를 작성하게 하였다.

## 나만의 과학책 만들기 계획서

1. 내가 만든 과학책을 읽게 될 독자는 누구인가요?
   (누가 읽도록 하기 위해 만들었나요?)

2. 내가 만든 과학책은 무엇을 주제로 하였나요?

3. 내가 만든 과학책을 통해 전달하고 싶은 내용은 무엇인가요?
   (읽은 사람이 알 수 있는 내용은 무엇인가요?)

4. 내가 만든 과학책의 제목은 무엇인가요?

5. 나만의 과학책을 쓰기 위해서는 정확한 과학적인 내용이
   필요합니다. 이러한 내용을 얻기 위해 내가 해야 할 일은
   무엇인가요?

6. 내가 만든 과학책이 다른 책과 다른 점은 무엇인가요?
   (가장 큰 특징은 무엇인가요?)

'나만의 과학책 만들기 계획서'에 적힌 여섯 개의 질문을 통해 지금까지 한 활동을 정리해보고, 책을 만드는 데 중요한 내용이 무엇인지 생각해볼 수 있도록 하였다. 주제를 설정할 때 고려하였던 무엇에 대해 쓸 것인지, 무엇을/어떻게 쓸 것인지, 누구를 위해 쓸 것인지를 질문으로 제시하여 학생들이 자신의 계획을 구체적으로 표현해보게 했다. 그리고 내용을 함축적으로 드러내는 제목을 정하고, 책의 내용을 구상하기 위한 올바른 자료 수집 방법에 대해서도 정리해보게 했다. 또한 내 책이 기존의 책과 다른 점을 생각해보고 차별성 있는 책이 되게 했다.

계획서를 작성하면서 지금까지의 활동을 정리하며 책을 만드는 데 필요한 내용을 선별하고 선택하여 구체적으로 책을 구성할 수 있었다.

다음 [표 3]은 6~7세 정도의 유치원생을 위한 책을 만드는 학생들의 답변이다. 이처럼 아이들은 여섯 가지 질문에 답을 하며 자신의 생각을 정리해나갔다.

[표 3] '나만의 과학책 만들기 계획서' 답변

| | | 연○○ | 이○○ | 김○○ | 권○○ |
|---|---|---|---|---|---|
| 1 | 내가 만든 과학책을 읽게 될 독자는 누구인가요? (누가 읽도록 하기 위해 만들었나요?) | 6~7세 유치원생 | 6~7세 유치원생 | 6~7세 유치원생 | 6~7세 유치원생 |
| 2 | 내가 만든 과학책은 무엇을 주제로 하였나요? | 용수철로 재기 | 강낭콩 키우기 | 지진이 일어났을 때 대피하는 방법 | 현무암과 화강암이 만들어지는 과정 |
| 3 | 내가 만든 과학책을 통해 전달하고 싶은 내용은 무엇인가요? (읽은 사람이 알 수 있는 내용은 무엇인가요?) | – 용수철에 대한 것.<br>– 가벼운 물체, 무거운 물체를 올렸을 때 어떻게 되는지.<br>– 무게란 무엇인지. | – 강낭콩의 한살이 (딱딱함→씨가 부풂→뿌리가 나옴→떡잎이 나옴→본잎이 나옴→꽃이 나옴→열매가 나옴.) | – 지진이 났을 때 대피하는 방법<br>– 가정에서 대피하는 방법<br>– 극장이나 백화점에서 대피하는 방법<br>– 공공장소에서 대피하는 방법 | – 마그마가 땅 위로 분출돼서 빠르게 식어 굳으면 현무암이 된다.<br>– 땅 속 깊은 곳에서 식어 굳으면 화강암이 된다. |
| 4 | 내가 만든 과학책의 제목은 무엇인가요? | 어린이 과학책 – 용수철로 무게 재기 | 강낭콩 키우기 | 지진이 났을 때 대피하는 방법 | 현무암과 화강암은 어떻게 만들어지나요? |
| 5 | 나만의 과학책을 쓰기 위해서는 정확한 과학적인 내용이 필요합니다. 이러한 내용을 얻기 위해 내가 해야 할 일은 무엇인가요? | 과학책을 잘 살펴본다. | 내가 직접 키워서 확인한다. | 『실험관찰』이나 과학책을 찾아보고, 인터넷으로 검색도 해서 참고한다. | 인터넷, 책에서 찾아보고 직접 현무암과 화강암을 만져본다. |
| 6 | 내가 만든 과학책이 다른 책과 다른 점은 무엇인가요? (가장 큰 특징은 무엇인가요?) | 제목이 특이하고 그림이 많아 유치원생들이 쉽고 재미있게 볼 수 있다. | 6~7세 유치원생들이 읽을 수 있도록 쉽게 자세하게 나와 있다. | 이해하기 쉽게 그림이 많고 글을 3~5줄 정도 된다. 쪽수가 더 적은 특징이 있다. | 현무암과 화강암에 대해서 더 자세히 알 수 있다. |

## 3) 자료 수집—선택한 주제와 관련된 정보 수집

관심 있는 주제를 선택한 후에는 그 주제와 관련된 정보를 수집해야 한다. 〔표 4〕와 같이 국어 교과와 연계하여 정보 수집 및 자료 탐색 활동을 할 수 있도록 지도하였다. 정보를 수집하면서 나만의 과학책에 어떤 내용이 들어가야 하는지 생각해본다. 이 과정이 너무 어려워서 주제를 변경하는 학생도 있고, 친구가 조사한 내용을 보면서 자신의 관심 주제가 바뀌는 경우도 있었다. 후반 작업을 하면서 주제를 바꾸게 되면 학생이 부담을 크게 느낄 수 있다. 그러므로 초반에 주제를 변경하여 책쓰기를 지속할 수 있도록 교사의 지도와 조언이 필요하다.

[표 4] 국어 교과 단원과 주요 학습 내용 및 활동

| 학기 | 단원 | 주요 학습 내용 및 활동 |
|---|---|---|
| 1 | 4. 짜임새 있는 문단 | (3~4차시) 문단의 중심 내용을 바탕으로 하여 글의 중심 생각을 찾는 방법 알기 |
| | 6. 소중한 정보 | (7~8차시) 텔레비전, 인터넷, 휴대폰 등에서 얻은 정보에 대하여 생각 나누기 |
| 2 | 8. 정보를 나누어요 | (5~6차시) 주제에 맞게 자료를 조사하여 발표하기 |
| | | (7~9차시) 알리고 싶은 내용을 조사하여 글로 쓰고 발표하기 |

관련된 정보를 수집하면서 주제의 범위가 확장되어 너무 많은 내용을 책 속에 담으려 한 경우도 있었다. '지진'을 주제로 조사를 진행하던 학생이 있었는데, 지진 발생을 먼저 감지하는 동물에 관해

이야기하려다가 동물의 감각에 대한 내용이 큰 비중을 차지하게 되어버리기도 했다. 이러면 교사가 개입하여 책의 분량에 따라 담을 수 있는 내용이 한계가 있음을 이해시키고 책에 쓸 내용을 한정 지어주어야 한다.

또한 정보를 수집하고 활용하는 데 있어서 저작권에 대한 인식이 날로 커지고 있다. 그렇기 때문에 이에 대한 교육도 같이 진행하였다. 때마침 한국저작권위원회에서 '찾아가는 저작권 교육' 프로그램을 운영한다는 공문을 보고 책쓰기를 하게 될 학생들을 대상으로 교육을 신청하였다. 남의 자료를 함부로 쓰면 안 된다는 것을 학생들은 잘 알고 있다. 하지만 실제 과제나 인터넷 활동 등을 할 때 저작권을 고려하지 않은 행동을 하는 학생들이 많다. 그러므로 저작권 보호의 중요성과 그 방법에 대한 교육이 필수적으로 이루어져야 한다고 생각한다. 실제로 이 교육을 통해 막연하게 알고 있었던 저작권에 대해서 구체적으로 배우고, 자료를 활용할 때도 출처를 명시하는 등 그 실천 방안에 대해서도 알 수 있었다.


## 4) 집필 및 보완하기

계획서 작성을 하고 책을 만드는 데 필요한 자료들을 추가로 수집하여 어느 정도 책을 쓸 준비가 되었다면, 그 내용을 스토리보드 형식으로 표현하여 보완할 수 있도록 한다.

## (1) 스토리보드 작성하기

아이들이 만드는 책의 완성도를 높이고, 혹시나 책으로 구현하는 과정에서 실수가 생겼을 경우 다시 만드는 데 대한 부담감을 줄여야 한다는 생각이 들었다. 어떤 방법이 좋을까 고민하던 중 CF나 영화 콘티 작업에 쓰이는 스토리보드가 생각났다. 스토리보드는 구성을 한눈에 볼 수 있어서 책의 내용을 전체적으로 이해하는 데 도움이 된다. 그리고 책을 직접 만드는 것에 비해 시간과 예산을 절약할 수 있다. 또한 머릿속으로 구상한 것을 표현해봄으로써 표현 효과나 구현 가능성에 대한 예측을 할 수 있다는 장점이 있다. 그래서 책을 만들기 전에 책의 구성과 내용에 대한 것을 스토리보드로 작성해보았다. 이를 위해 앞표지와 뒤표지를 포함해서 총 8컷의 계획을 세울 수 있도록 활동지를 구성하였다.

우리는 글을 읽지 못하는 동생들을 위한 책(유아용), 긴 글을 읽지 못하는 동생들을 위한 책(1~2학년용), 내 친구들을 위한 책(3~4학년용)을 만들었기 때문에 전부 글로 되어 있는 것보다는 그림을 적절히 사용하여 내용을 전달해야 하는 경우가 많았다. 본격적인 책쓰기 작업에 들어가기 전 스토리보드 형식으로 각 면에 들어갈 그림과 글을 미리 구상해보게 하였다. 이는 실제 책을 만드는 데 있어서 실패도 줄일뿐더러 책으로 구현이 가능한지 미리 파악할 수 있다.

비슷한 주제를 선택한 아이들이 모여서 서로 의견을 교환하기도 하고 교사의 도움을 받기도 하면서 스토리보드를 작성하였는데, 이 과정에서 아이들은 수정을 거듭하며 자신의 책에 대한 완성도를 높

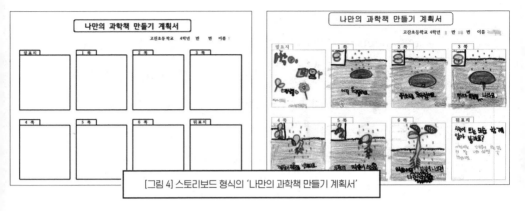

[그림 4] 스토리보드 형식의 '나만의 과학책 만들기 계획서'

이기 위해 노력하는 모습을 보였다. 스토리보드를 구성할 때 앞표지
와 뒤표지도 구성해보며 책의 내용을 함축적으로 표현하는 활동도
병행하였다.

### (2) '나만의 과학책' 집필하기

완성될 책의 내용을 스토리보드 형식으로 그려보며 '나만의 과학
책'을 어떻게 쓸지 계획하는 단계까지는 구체적으로 이루어졌다. 하
지만 이를 책이라는 형태로 만드는 과정은 학생들에게 미적인 면에
서의 부담을 주지 않으려고 노력하였다.

책을 만드는 것은 자칫 미술을 잘하는 학생이 활동을 잘했다고
평가될 수 있다. 그림을 잘 그리고 글씨를 예쁘게 쓰면 최종적인 활
동 결과물을 보았을 때, 완성도가 높아 보이기 때문이다. 나는 이번
나만의 과학책 쓰기를 통해 과학 시간에 배운 내용을 충분히 이해하
여 누군가를 위해 표현해보고, 독자가 아닌 작가의 역할을 통해 책

에 대해 새로운 경험을 하는 것이 중요하다고 생각했다. 그래서 활동을 진행하는 과정에서 성취감을 느꼈다면 책쓰기 활동에 대한 의미를 충분히 이루었다고 판단하였다. 그래서 최종 결과물에 대한 교사의 집착(?)을 버리기 위해 노력하였다.

최종 결과물을 완전히 무시할 수는 없지만 이에 대해 교사의 적극적인 개입도 자제하고 싶었기 때문에 실제 책으로 만들어보는 활동을 할 때 학생들에게 한 가지 제안을 하였다.

"여러분이 만든 과학책은 유치원/1, 2학년 교실/3, 4학년 교실에 기증하도록 할게요."

내가 쓴 책을 누군가가 읽는다는 사실이 학생들에게 더 큰 부담으로 다가갔을지도 모르겠다. 하지만 실제 학생들은 이러한 제안 때문에 책 만드는 활동에 더 적극성을 보였다.


"선생님, 저도 이제 작가예요?"

"화산 분출물에 대한 책이구나. 읽어보고 싶다. 너도 내가 쓴 책 읽어볼래?"

"나도 저울에 대해서 썼는데, 너도 저울에 관한 책을 썼구나! 우리 바꿔서 읽어보자."

아이들은 저마다 자신이 쓴 '나만의 과학책'을 보며 뿌듯해하는 모습을 보였다. 그리고 자신의 책뿐 아니라 친구들이 쓴 책에도 관심을 가졌다.

4학년 아이들과 '나만의 과학책' 쓰기를 진행하면서 좋았던 점은 책을 완성한 후에 학생들이 무엇인가 해냈다는 성취감을 느낀 것이다. 그리고 시험을 위한 공부에서 벗어나 스스로의 필요에 의해 학습을 자기 주도적으로 이끌어나갔다는 점이다. 더 나아가 자연스럽게 협동 학습을 해나가기도 했다. 이처럼 교사가 의도하지 않았던 의외의 모습에서 긍정적인 면을 찾을 수 있었다.

하지만 '나만의 과학책' 쓰기를 하면서 다소 아쉬운 부분도 있다. 교사가 일률적으로 책의 형태와 분량을 정해주었는데, 그 틀에 맞추느라 표현하고 싶은 만큼 표현하지 못한 아이들도 있었다. 다음에는 학생들이 자율적으로 결정해서 구성할 수 있도록 하고 싶다. 그리고 완성된 책을 기증하고 저작권을 기부하는 활동을 하지 못한 점도 매우 아쉽다. 이러한 활동을 추가한다면 학생은 저자로서의 기쁨을 더욱 크게 느끼며 나의 지식을 사회적 공유 자산으로 인정하고, 서로 나눈다는 것에 대한 의미를 생각해봄으로써 한층 성숙된 사회의 일원으로 성장할 수 있을 것이다.

[그림 5] '나만의 과학책' 완성작

# 수학과 친해지는
# '나만의 수학책' 쓰기

---

---

---

---

---

---

---

**류수경**

★류수경 선생님은?

| 과목 및 경력 | 수학, 12년 |
|---|---|
| 책쓰기 교육 지도 대상 | 중학교 1학년 |
| 지도 대상의 특징 | 남녀 공학, 서울 강북 소재 중학교 |
| 책쓰기 교육 시수 | 주 1시간+학기 말(20차시), 자유학기제 |
| 책쓰기 교육 주제 | 수학 |

매년 거르지 않고 학생들에게 받는 질문이 있다.

"선생님, 수학은 왜 배워요?"

"이거 배워서 어디에 써먹어요? 쓸모없는 것 같은데 왜 이렇게 많이 배워요?"

"수학 때문에 공부가 너무 힘들어요. 수학이 제일 싫어요."

이런 말은 학생들뿐 아니라 일반인들도 많이 하는 말이다. 학창 시절부터 수학을 좋아했지만, 나 역시 어려운 문제를 풀어냈을 때의 뿌듯함 정도를 수학의 매력이라고 생각했기 때문에, 처음 교단에 섰을 때 수학 개념을 잘 이해하지 못하고 쉬운 문제도 자꾸 틀리는 학생이 어렵기만 한 수학을 좋아할 수 있으리라곤 생각하지 못했다.

그래서 신규 교사 시절에는 '어떻게 하면 쉽고 재미있게 가르칠 수 있을까?'가 가장 큰 고민이었다. 학생들에게 여러 가지 방법, 다양한 예시들을 보여주려고 수학 관련 책을 찾았다. 실생활 속에 숨어 있는 수학의 비밀에서부터 수학의 역사, 수학 퍼즐, 수학과 예술, 수학 소설, 수학 에세이까지 다양한 책을 사서 읽어보았다. 처음에는 수업 자료를 찾기 위해 읽던 책들이었는데, 읽다 보니 아이들에게도 읽히고 싶다는 생각이 들었다. 책 읽기를 통해 학생들이 시험을 위한 수학 공부가 아니라 수학의 매력에 빠져 수학 공부를 하게 만들고 싶었다.

마침 그때 많은 학교에서 독서 교육을 강화하는 사업을 시작했다. 과목별로 한두 권씩 필독도서를 선정하고 구입한 후 '아침 10분 독서' '수업 10분 독서' 등 독서 시간을 마련해 다양한 독후 활동을 시도했다. 이것들은 지금도 많은 학교에서 하고 있는 활동들이다. 수학과에서도 학년별로 필독도서를 선정하고 독후 활동지를 만들어 수행 평가에 반영하는 것에서부터 독서 교육을 시작했다.

---

**Tip**

**수학 교과에서 시도한 독서 교육**

① 필독도서 선정하여 읽고 독후 활동지 작성하기

단순히 독후감을 쓰게 하는 것이 아니라 책의 내용을 바탕으로 자신의 생각을 쓸 수 있는 질문으로 구성된 활동지를 제작하였다. 예를 들어 수학의 역사와 관련된 책을 읽고 난 뒤, '수학사에서 가장 중요한 사건이라고 생각되는 것을 쓰고 그 이유를 써보시오' 같은 질문을 넣는 것이다. 그리고 본인만의 감상이나 활동지에 없는 새로운 질문을 만들 수 있도록 하였다.

② 책의 일부분을 발췌하여 읽기 자료 만들어 수업하기

책의 일부분을 발췌하여 읽고 그 내용을 짝꿍에게 설명하거나 질문하는 시간을 가졌다. 때로는 책의 일부분을 지워놓고 그 자리에 들어갈 알맞은 글이나 그림을 넣게 하였다. 학생들이 수학 관련 도서에 대한 독해력을 높일 수 있게 하고, 활동이 끝난 뒤 발췌한 책에 대한 소개를 통해 수학의 다양한 분야와 다양한 책을 접할 수 있게 하였다.

③ '수학 탐구 보고서' 작성하기

먼저 수학의 다양한 하위 분야들이나 수학의 역사, 수학과 실생활의 연관성 등을 골고루 다루는 책을 필독도서로 선정하여 읽은 후, 읽은 내용 중에 흥미 있는 주제를 선정하여 탐구 보고서를 쓰도록 하였다. 보고서에는 주제 선정 이유, 탐구 내용, 새롭게 알게 된 것, 더 알고 싶은 것, 느낀 점, 자료 출처를 넣도록 하였다. 단순한 인터넷 검색보다는 다른 책을 찾아 탐구한 경우에 더 높은 점수를 주었다.

독서 교육 초급 시절, 모두 한 권의 책을 전부 혹은 일부 읽고, 독후 활동을 하는 방식이 대부분이었다([Tip] 참고). 이를 통해 모든 학생들이 수학에 흥미를 느끼고 감동을 받은 것은 아니었지만, 적어도 수학이 특정 사람들에게만 유용한 학문이라는 편견을 버릴 수 있게 되었고, 수학자의 노력과 열정을 느낄 수 있었으며, 정답을 찾아내는 것보다는 문제의 어려움과 복잡함을 해결하는 과정에 의미를 두어야 함을 알게 되었다.

하지만 책을 읽고 독후 활동을 하는 것으로는 부족함이 있었다. 그동안 시도한 활동들이 책의 내용을 이해하고 자기 생각을 정리하게 하는 데 도움을 주긴 했지만 학생들 스스로 책을 찾아 읽게 하지는 못했다. 추천도서 한 권이 또 다른 책으로 이어질 수 있는 방법은 없을까, 아이들이 스스로 책을 찾아 읽고 나만의 목록을 구성하게 할 수는 없을까. 새로운 독서 교육 방법이 필요했다. 그래서 관심을 갖게 된 것이 바로 책따세 선생님들을 통해 알게 된 '나만의 책쓰기 교육'이었다. 혹시나 하는 마음에 저질러본 책쓰기 활동 수업은 이전의 독서 교육과는 다른 의미를 가져다주었다.

앞에서 말했듯이 내가 진정한 수학의 재미를 느끼게 된 것은 교사가 되고부터였다. 대학 시절 수학에 대해 깊이 있게 배우며 막연히 멋진 학문이라는 느낌은 있었지만, 정확한 이유를 설명할 수는 없었다. 하지만 교사가 되고 나서 아이들에게 지치지 않고 수학을 해나갈 수 있는 길을 안내하려다 보니 필요한 책을 찾아 읽고 공부를 하게 되었다. 아이들도 책쓰기 활동을 통해 나와 같은 과정을 거쳐간다고 생각한다. 책쓰기를 앞의 [Tip]에서 언급한 '수학 탐구 보고서'와 비슷하게 생각할 수도 있을 것이다. 주제를 선정해서 조사하고 그 내용을 정리한 것이 탐구 보고서라면, 거기에 표지와 목차, 머리말 등을 덧붙이면 책이 된다. 하지만 책쓰기는 그 이상의 가치가 있다. 그 가치는 책쓰기 수업에 참여한 학생들이 쓴 머리말에서 찾아볼 수 있다. 학생들은 머리말에서 "이 책을 읽고 수학과 좀더 친해지기 바란다" "수학이 필요하다고 느꼈으면 좋겠다"는 바람을 많이 언급하였다.

이처럼 책쓰기는 학생들에게 저자의 역할을 부여함으로써 수학과 좀더 가까워질 수 있는 기회를 준다. 저자가 된 학생들은 독자를 생각해서 글을 쓸 수밖에 없다. '수학 탐구 보고서'는 말 그대로 교사에게 보고하는 글에 불과하다. 하지만 책쓰기는 수학을 싫어하거나 잘 모르는 일반 독자들을 위해 글을 써야 한다. 따라서 본인이 잘 알고 흥미가 있으며, 독자들이 납득할 수 있는 주제를 찾아서 독자의 이해를 염두에 두고 글을 써야 한다. 내가 교사라는 역할을 부여받고 나서야 수학에 대해 깊은 고민과 공부를 더 할 수 있었던 것과 같다고 볼 수 있다. 아이들은 책을 쓰는 그 순간만큼은 수학과 친해지고자 했다. 실제로 학생들은 책을 쓰기 위해 직접 참고도서나 자료를 찾아보면서 새로운 사실들을 알게 되었고, 이것이 수학과 친근해질 수 있는 계기가 되었다고 말했다.

책쓰기 수업의 또 다른 이점은 학생 스스로 책을 찾아 읽게 한다는 것이다. 현재는 교사가 필독도서를 정해주면 학생들이 그것을 읽고, 관련된 독후 활동을 하는 식의 독서 교육이 대다수다. 덕분에 수학과 같은 과목에서는 1년에 한 권이라도 학생들이 수학 관련 도서를 읽을 수 있게 되었지만 두 권 이상의 수학책을 읽는 학생은 거의 없다. 필독도서에서 끝나버린다. 학교 도서관 내 한 통로도 제대로 차지하지 못하는 410번대 서가와 그곳을 서성이는 학생이 고작해야 한 명 정도밖에 되지 않는 모습을 보며, 열심히 책을 읽었지만 무엇인가 부족하다고 느꼈다. 학생들이 찾아 읽지 않은 탓에 수학 관련 도서가 구매 목록에서 밀리는 것도 참 안타까웠다. 물론 교사가 많은 책을 읽고 그중에 좋은 책을 선정해서 학생들에게 권하는 활동은 매우 중요하다. 지금도 책따세에서는 추천도서 목록을 발표하고 있으며, 내가 읽어보고 좋은 책들은 수시로 학생들에게 소개해주고 있다. 하지만 독서 교육의 진정한 목표는 아이들이 스스로 책을 찾아 읽고 나만의 목록을 만들어가도록 하는 것이라고 생각한다. 책을 쓰기 위해 자발적으로 수학 관련 책을 고르는 아이들의 모습을 볼 수 있었던 것이 책쓰기 교육의 두번째 효과였다.

책쓰기 활동이 중반에 이를 즈음, 학교 도서관에서 학생들이 책쓰기를 위해 서가로 가서 필요한 책들을 찾아 읽는 모습이 자연스럽다. 필요한 책을 찾아 이 책 저 책 구경하다 보면 '참 여러 가지 수학책이 많이 있구나' 하고 느끼게 된다. 우연히 뽑은 한 권의 책을 통해 어떤 학생들은 수학에 흥미를 느낄 수도 있고, 또 어떤 학생들은 수학과 관련된 직업을 꿈꾸게 될지도 모른다. 이런 풍경을 만들어내는 것이 바로 '나만의 수학책' 쓰기 수업의 목표였다. 국어 교사도 아니고 책을 써본 적도 없어 시도하는 데에 많은 고민이 있었지만 결과물에 대한 부담을 내려놓고 과정에 집중하였더니 아이들은 어느덧 수학과 가까워지고 있었다.

이 장에서는 저자의 역할을 부여받은 우리 아이들이 스스로 수학 관련 책을 찾아 읽고 수학과 친해질 수 있도록, 그리고 졸업 이후에도 계속 교양으로서, 사고의 도구로서, 삶의 태도로서 수학을 품고 살 수 있도록 노력했던 지난 1년간의 이야기를 풀어보고자 한다. 이어지는 내용은 수학 교과 시간에 진행한 실제 책쓰기 과정이다. 내가 가르치는 중학교 1학년 세 개 학급 학생들을 대상으로 1학기는 책쓰기 준비 기간, 2학기는 본격적인 책쓰기 기간으로 운영하였다. 1학기는 수업 틈틈이 활동하였고, 2학기는 따로 시간을 내어 20차시 정도 수업했다.

# 1. 책쓰기를 위한 준비
## —내 안의 수학 영토 확장하기

2014년 근무하던 학교가 자유학기제 연구학교로 지정되면서 책쓰기 교육을 시도하는 데 참으로 좋은 기회가 되었다. 당시 중학교 1학년들은 1학기 기말고사 한 번을 빼고는 정기고사를 치르지 않았다. 때마침 2013학년도부터 실시된 2009년 개정 교육과정에서는 수학과의 성취 기준이 대폭 줄었고, 교사들의 부담이었던 『수학 익힘책』이 사라져 진도에 대한 걱정도 덜 수 있었다. 따라서 같은 학년을 가르치는 교사들과 수업 진도와 성취 기준만 맞추면, 따로 시간을 내지 않아도 나만의 특색 있는 수업을 할 수 있는 시간적 여유가 생겼다.

중학교 1학년 수학 시간은 주당 4시간이 배정되어 있었는데, 그중 3시간은 교과 진도를, 1시간은 책쓰기 관련 활동을 계획하였다. 하지만 당시 수학과의 경우는 수준별 수업을 진행하였기 때문에 한 학기마다 수업을 받는 구성원에 변동이 생길 가능성이 있었다. 큰 변동은 아니지만, 보통 매 학기마다 한 학급에 3~4명 정도 인원 변동이 있을 것을 예상하여 실제로 책을 쓰는 것은 2학기에 진행하기로 하였다.

특정 교과에서 책쓰기 수업을 할 때, 가장 어려운 것이 주제 찾기다. 물론 자유 주제라고 해도 책의 주제를 정한다는 것은 힘든 일이지만, 수학과 관련된 주제만으로 한정 지어 책을 써야 한다는 것은 탈수기에서 나온 수건을 또 비틀어 다시 물기를 짜내는 느낌이랄까. 아이들이 수학을 싫어한다는 것은 둘째 치고 아이들이 수학에 대한 배경지식이 없기 때문에 주제를 찾기가 여간 쉽지 않다. 그래서 1학기는 2학기를 위한 기초 다지기 작업으로 '수학과 관련된 배경지식 넓히기'를 목표로 삼고 수업을 진행하였다. 필독도서를 통해 기하학의 탄생과 발전 과정을 살펴보는 활동, 다양한 읽기 자료를 제공하여 학생들이 자신의 생각을 나누는 활동, 수학 관련 다큐멘터리나 짧은 동영상을 시청하고 요약하는 활동 등을 시도하였다. 이를 통해 학생들은 현재 배우고 있는 단원에 대해 깊이 있게 알고, 수학이 범죄 수사나 날씨 예측, GPS 등 다양한 분야와 관련되어 있음을 알게 되었다.

배경지식을 쌓아 좋은 주제를 선택하고 탄탄한 자료 조사를 했다 하더라도 그것을 독자들이 이해하기 쉽게 잘 풀어내지 못하면 좋은 책이 나올 수 없다. 사실 잘 쓰는 것은 고사하고 아이들에게 무언가를 '쓰도록' 하는 것 자체가 참 힘든 일이다. 따라서 1학기는 배경지식 쌓기와 함께 책과 친숙해지고 글쓰기와 친숙해지는 활동들을 함께 병행했다. '수학을 써먹는다'는 것은 계산하는 것뿐만 아니라 내가 알게 된 수학 개념이나 새로운 아이디어를 말로 설명하거나 글로 쓰는 것도 포함되므로, 쓰기 연습이 꼭 국어 시간에만 해야 하는 활동은 아니라는 것을 항상 강조하며 수업을 진행해나갔다.

## 1) 읽고 질문하기

우선, 다양한 자료를 읽고 질문을 던지는 것에서부터 시작하였다. 수학과 관련된 신문 기사나 책의 일부분을 발췌하여 한 장 이내의 읽기 자료로 만들고 수업 진도를 나가는 틈틈이 읽혔다. 이를 바탕으로 질문이나 토론을 하도록 하여 수학과 실생활의 관련성, 수학의 역사 등 수학에 대한 배경지식을 확장해나갔다. 그리고 '읽고 질문하기' 시간을 만들어 평소 수학에 대해 떠오르는 질문들이나 읽기자료를 읽고 생각난 질문들을 자유롭게 적어보는 시간을 가졌다. 브레인스토밍 기법으로 엉뚱한 질문을 해도 일단 다 받아 적은 다음 학생들의 질문을 정리해 나누어주고 질문이 갖는 의미를 설명해주었다.

"여러분이 만들어낸 질문을 해결해나가는 과정이 바로 진정한 공부다. 수학의 역사를 살펴봐도 질문을 던지고 그 해답을 찾아나가는 과정에서 수학이 발전했음을 알 수 있다. 여러분이 던진 질문들 중에는 앞으로 수학 시간을 충실히 보내다 보면 해결되는 것도 있지만 수업 중에 해결하지 못할 질문들도 있다. 이런 질문에 대한 답을 스스로 연구해서 잘 정리한다면 멋진 책 한 권을 쓸 수 있지 않을까?"

이렇게 2학기 책쓰기 활동을 예고하고, 학생들을 격려했다. 처음에 학생들은 이런 질문을 해도 되나 조심스러워했지만 교사가 모두 받아서 칠판에 적는 것을 보더니 적극적으로 질문을 만들기 시작했다. 생각보다 깊이가 있는 질문들도 많았다. 다양한 질문들을 보며 학생들이 사실은 수학에 대한 관심과 호기심이 많다는 것을 느낄 수 있었다. 다음은 학생들이 수업 시간에 실제로 한 질문들이다. 질문들 중에는 모호하거나 문맥상 어색해 보이는 것들이 있을 수 있다. 중학교 1학년 학생들의 수준을 고려하여 읽어보기 바란다.

### 학생들이 주로 묻는 수학 관련 질문들

- 수학을 왜 배우나요?
- 수학자는 왜 수학을 연구해서 우리를 이렇게 힘들게 하나요?
- 수학은 인간과 무슨 상관이 있나요?
- 세상에 존재하는 수학자는 몇 명이나 되나요?
- 수학은 연산할 때만 쓰나요?
- 수학자들이 생각하는 수학이란 무엇인가요?
- 도형이 왜 수학에 포함되나요?
- 가장 유명한 수학자는 누구인가요?
- 수학이란 무엇인가요?
- 수학은 어디에 좋은가요?
- 수학을 누가 만들었나요?
- 왜 '수학'이라 부르나요?
- 수학은 왜 존재하나요?
- 수학자는 왜 생겼나요?
- 수학을 연구하면 뭐가 좋은가요?
- 수학의 반대는 무엇인가요?

- 수학의 친구는 누구인가요?

- 숫자가 왜 생겼나요?

- 수학의 근본은 무엇인가요?

- 수학과 과학의 다른 점은 무엇인가요?

- 수학을 어디에 쓰나요?

- 수학을 잘하면 뭐가 좋은가요?

- 산수는 왜 하나요?

- 수학 시간에 배우는 모든 것들이 우리 생활에 필요한가요?

- 수학 공식은 어떻게 발견되었나요?

- 고대의 유명한 철학자들은 왜 수학자였나요?

- 지금 배우는 수학이 언제 쓰이나요?

- 중고등학교 수학 시간에 배운 것들이 일상생활에 쓰이나요?

- 산수와 수학의 차이점은 무엇인가요?

- 수학은 어떻게 시작되었나요?

- 수학은 왜 복잡한가요?

- 수학이 어려운 것은 아무나 접근하지 못하게 하기 위해서 인가요?

- 수학으로 자연현상을 설명하는 것이 가능한가요?

- 중학교 수학은 왜 답만 물어보나요?

- 수학과 관련된 직업에는 무엇이 있나요?

- 수학은 어디까지 발전해 있나요?

## 2) 수학을 소재로 한 글쓰기

학생들과 '읽고 질문하기' 시간을 가진 후에는 도서관에서 수업을 이어나갔다. 좋은 수학책의 기준을 정해보고 학생들이 고른 책들을 가지고 각자 서문을 요약하고 목차를 적어보게 했다. 그런데 도서관에서 서문 요약하기 활동을 하는 것을 보니 역시 학생들에게 글쓰기 연습이 필요하다는 것을 절실하게 느꼈다. 하지만 글쓰기 방법에 대해 이론적으로 접근하기에는 자신이 없었다(국어 교과에서 해당 학년 요약하기 관련 단원이 있다면 도움을 받아도 좋을 것 같다. 하지만 당시에는 시도하지 못하였다). 비전문가가 글을 쓰기 위해서 쉽게 할 수 있는 방법은 많이 읽고 써보는 것이라고 생각했다. 많이 써본다고 잘 쓰게 되는 것은 아니지만 학생들의 글쓰기에 대한 두려움만이라도 없애주면 좋을 것 같았다. 그래서 5~6월은 짬짬이 시간을 내어 글쓰기 연습을 많이 했다.

수학과에서 정한 1학년 필독도서 『끈, 자, 그림자로 만나는 기하학 세상』(줄리아 E. 디긴스, 김율희 옮김, 다른, 2013)을 읽고 독후 활동지를 작성하게 하였다. 이 책은 선사시대부터 유클리드가 기하학 원론을 완성한 시기까지 기하학의 발전을 이야기 형식으로 쓴 책이다.

수학과 관련된 책을 읽고 독후감을 쓰라고 하면 아무리 긴 글이라도 학생들이 써낸 내용은 동일하다. 줄거리를 쓴 후에 '몰랐던 것을 알게 되었다. 참 유익하고 재미있었다'라고 마무리하는 식이다. 그래서 독후감 대신 다음 네 가지 과제를 제시하고, 그 과제에 대한 답을 쓰도록 했다.

① 기하학의 역사를 연대표로 정리하기.

② 본인이 생각하는 가장 중요한 수학적 사건을 적고 그 이유 써보기.

③ 수학에서 끈, 자, 그림자의 용도가 무엇이었는지 적어보기.

④ '수학을 왜 배우는 거야?'라고 물어보는 동생에게 이 책의 내용을 바탕으로 수학 공부가 필요한 이유를 설득하는 글쓰기.

①과 ③은 책의 내용을 정리하는 것이므로 학생들이 잘 정리해서 썼지만, ②와 ④의 경우는 학생들이 책 내용을 이해한 수준에 따라 달랐다. 특히 ④ 같은 경우 '수학이 왜 필요한지 궁금하면 이 책을 읽어보렴.' 이렇게 한 줄로 써서 낸 학생들이 많았다. ①, ②, ③을 통해 책 내용을 정리하고, 여기에 더해 ④에서 자신의 생각을 녹여내기를 바랐지만 그런 수준까지 기대하기는 힘들었다. 그래서 학생들에게 ④의 의미를 설명해주고, 잘 쓴 글을 샘플로 보여주며 자신의 생각을 쓸 수 있도록 지도하였다.

이외에도 다양한 매체를 활용해 수업을 진행하였다. 학생들이 일차방정식을 배우던 기간에 마침 EBS 다큐멘터리 「수학의 위대한 여정—세상을 바꾸는 힘, 방정식」이 방영되고 있었다. 한 편을 처음부터 끝까지 한 번에 보는 것은 학생들에게 버겁기 때문에 30분 진도를 나간 후 수업 시간 말미에 10분씩 끊어서 보고, 5분 동안 그날 본 부분에 대해 요약하고 소제목을 달아보게 했다. 아이들이 써낸 것들 중 잘된 요약본과 좋은 소제목은 다른 학생들에게 소개하여 자신이 쓴 것과 비교해보고 부족한 부분은 보충하게 하였다. 그동안 학생들에게 수학과 관련된 다양한 다큐 영상을 보여줄 때마다 후반으로 갈수록 집중력이 떨어지는 부분이 고민이었는데, 끊어서 보는 편이 오히려 학생들의 집중력을 높이는 데에 도움이 되었다. 또한 끊어 보게 되면서 전체의 흐름을 이해하는 데 부족한 부분은 요약하기를 통해서 보충할 수 있었다. 학생들은 처음에는 요약을 어려워하고 인상 깊은 장면 중심으로 적는 수준이었지만 친구들과 결과물을 공유하면서 점점 짜임새 있게 요약해나가기 시작했다. 마지막으로 수업 시간 중 짬이 날 때마다 1분 글쓰기를 실시하여 글쓰기에 대한 부담감도 덜어주고자 하였다.

### 3) 수학 소개대회

1학기 기말고사가 끝난 뒤 여름방학 전까지 6차시 동안 각 학급별로 '수학 소개대회'라는 활동을 새롭게 시도해보았다. 수학 소개대회는 개인 또는 2인 1조로 팀을 짜서 주제를 선정하고(1차시), 자신이 정한 주제와 관련된 도서를 읽고 요약, 정리한 후(2차시), 2분짜리 발표 원고를 작성하고(1차시), 친구들 앞에서 자신이 조사한 내용을 발표(2차시)하는 활동으로, 참여도를 높이기 위해 친구들의 심사를 통해 우수자를 시상하였다.

개별적인 참가를 기본으로 하였으나 혼자가 힘든 학생들은 2인 1조로 할 수 있도록 해주었다. 대신 2인 1조의 경우, 수학자를 정해 조사하고 그 수학자에 대한 가상 인터뷰 시나리오를 만들어 역할극으로 발표하게 하고, 원고 분량도 두 배로 작성해야 한다고 조건을 제시했다. 주제는 교사가 정해준 것에서 고르게 하였는데, 본인이 하고 싶은 다른 주제가 있을 경우 그 주제를 조사하는 것도 허용했다 (단 1명 있었다). 주제는 인터넷 검색이나 책에서 찾기 쉬운 것으로 골랐다(학생들에게 제시한 주제는 다음 〔표 1〕에 제시하였다). 발표 자료 수집은 주제와 함께 제시한 책을 수업 시간에 읽고 정리하는 것을 기본으로 하였고, 책이 너무 어렵거나 추가로 알고 싶은 부분이 있을 경우 개인적으로 책을 구해와 읽거나 집에서 인터넷 검색 후 출력한 자료를 가져와 읽을 수 있도록 하였다.

수학 소개대회는 두 가지 효과가 있다. 첫번째로 2학기에 실시할 책쓰기 과정 중 초고 쓰기 단계를 학생들이 미리 체험해볼 수 있다. 자신이 정한 주제에 대한 자료를 찾고 정리해서 새롭게 알게 된 것을 다른 사람에게 표현하는 연습을 해보는 것이다. 두번째로 수학에 대한 배경지식을 넓힐 수 있다. 학생들의 발표를 학급 친구들이 심사하게 하였는데, 이를 통해 다른 친구들의 말을 경청하게 되고, 여러 가지 주제의 발표들을 듣게 되어 수학에 대한 배경지식을 넓힐 수 있었다. 대회가 끝난 뒤 학생들에게 선생님의 의도를 설명하고, 이번에 조사한 주제나 친구들의 발표를 듣고 알게 된 것들이 이후 책쓰기의 주제가 될 수 있다는 것을 안내해주었다. 실제로 학생들의 작품 중에서 프랙털, 여성 수학자, 수학과 예술, 통계의 역사 등 수학 소개대회 때 연구한 내용을 책의 주제로 잡은 경우가 있었다.

이로써 읽고, 쓰고, 말하며 보낸 한 학기를 무사히 마무리했다. 실제 책쓰기를 해야 하는 2학기가 두려웠지만 수학 소개대회를 끝내고 책쓰기에 대한 기대감을 내비치는 학생들을 떠올리며 1학기의 활동들을 나만의 책 속에 잘 녹여낼 수 있는 2학기를 만들자고 다짐했다.

[표 1] 수학 소개대회 주제와 관련 도서

| 주제 | 내용 | 관련 도서 |
|---|---|---|
| 프랙털에 대하여 | 프랙털이 무엇인지 알아보고 우리 주변에서 볼 수 있는 프랙털 구조, 예술 작품 등을 소개한다. | 『수학 비타민 플러스』(박경미, 김영사, 2009) |
| | | 『수학동아』(수학동아 편집부, 동아사이언스) |
| | | 『역사와 함께 푸는 창의수학』(박성일, 생각너머, 2013) |
| 여성 수학자 소개 | 여성은 정말 수학을 못하는 것일까? 역사 속에서 여성 수학자가 적은 이유는 무엇일까? 등에 대해 생각해보고 대표적인 여성 수학자를 소개한다. | 『수학 아라비안나이트』(김정희, 랜덤하우스코리아, 2009) |
| | | 『수학의 스캔들』(테오니 파파스, 고석구 옮김, 경문사, 2005) |
| 소피아 코발렙스카야 인터뷰 (2인) | 여성 수학자로서 소피아 코발렙스카야의 파란만장한 인생과 업적에 대해 인터뷰 질문과 대답을 작성한다. | 『천재 수학자들의 영광과 좌절』(후지와라 마사히코, 이면우 옮김, 사람과책, 2006) |
| | | 『소피아 코발렙스카야—불꽃처럼 살다간 러시아 여성 수학자』(코둘라 톨민, 김혜숙 옮김, 시와진실, 2003) |
| 라마누잔 인터뷰 (2인) | 동양의 수학자 라마누잔의 인생과 업적, 그와 관련된 여러 가지 일화들을 소개할 수 있는 인터뷰 질문과 대답을 작성한다. | 『천재 수학자들의 영광과 좌절』(후지와라 마사히코, 이면우 옮김, 사람과책, 2006) |

| 주제 | 내용 | 관련 도서 |
|---|---|---|
| 가우스 인터뷰 (2인) | 독일의 수학자 가우스의 인생과 업적, 그와 관련된 여러 가지 일화들을 소개할 수 있는 인터뷰 질문과 대답을 작성한다. | 『수학이 보인다 History』(강문봉, 경문사, 2012) |
| | | 『위대한 수학자들』(야노 겐타로, 손영수 옮김, 전파과학사, 1989) |
| 숫자 속에 숨겨진 다양한 상징과 의미 | 1부터 100까지 숫자 속에 숨겨진 역사와 의미를 찾아 소개한다. | 『세상을 움직이는 수학』(정갑수, 다른, 2010) |
| | | 『수학과 교육』(전국 수학교사모임) |
| 거듭제곱의 위력 | 거듭제곱과 관련된 다양한 실험과 거듭제곱의 개념이 숨어 있는 수수께끼들을 찾아 소개한다. | 『수학의 유혹』(강석진, 문학동네, 2010) |
| 수학자도 못 푼 수학 문제 | 백만 달러의 상금이 걸린 수학 문제를 소개하고 그중에 해결된 것과 해결되지 못한 것들에 대해 소개한다. | 『그러니까 수학이 필요해』(로뱅자메, 박나리 옮김, 노란상상, 2011) |
| | | 『자연과 문명 속의 수학』(조용승, 이화여자대학교출판부, 2012) |
| 독립운동을 한 수학자들 | 이상설, 남순희의 수학적 업적과 독립을 위한 노력들을 소개한다. | 『우리 역사 속 수학 이야기』(이장주, 사람의 무늬, 2012) |
| 인도 수학의 역사 | 인도에서 시작된 수학 개념들, 0의 발견 등에 대해 소개한다. | 『문명과 수학』(EBS문명과수학제작팀, 민음인, 2014)(책, 다큐멘터리) |
| 뫼비우스의 띠와 클라인병 | 뫼비우스의 띠와 클라인병이 무엇인지, 그 성질은 무엇인지 소개한다. | 『수학이 숨어 있는 명화』(이명옥, 김흥규, 시공아트주니어, 2007)』 |
| 조선시대의 수학 | 조선시대 수학의 특징과 유명한 수학자, 그들이 쓴 책들, 그리고 수학이 활용된 곳에 관해 소개한다. | 『세종대왕도 수학 공부를 했을까』(장혜원, 경문사, 2012) |
| | | 『청소년을 위한 한국 수학사』(김용운, 이소라, 살림Math, 2009)』 |
| 수학자 오일러 | 스위스의 수학자 오일러의 삶과 업적에 대해 소개하고, 한붓그리기, 오일러 공식에 대해 안내한다. | 『탈출! 수학나라』(안소정, 창비, 2008) |
| | | 『천재들의 수학 노트』(박부성, 향연, 2003) |
| 수학과 예술 (수학과 미술/ 수학과 음악) | 수학이 숨어 있는 음악이나 미술 작품들, 음악과 미술 창작에 사용된 수학 이론들을 소개한다. | 『수학비타민 플러스』(박경미, 김영사, 20009) |
| | | 『교과서도 궁금해하는 재미있는 숫자 이야기』(구유선, 청년사, 2011) |

| 주제 | 내용 | 관련 도서 |
|---|---|---|
| 통계의 역사 | 통계의 시작, 도박과 확률에 대해 소개한다. | 『십대를 위한 맛있는 수학사 2─중세 편』 (김리나, 휴머니스트, 2012) |
| 수학 잘하는 공부법 | 수학이란 어떤 학문이며 이를 잘하기 위해서는 어떻게 공부해야 하는지 소개한다. | 『올바른 수학 참다운 공부』(김용찬, 영남대학교출판부, 2007) |
| | | 『소설처럼 아름다운 수학 이야기』(김정희, 동아일보사, 2013) |

# 2. '나만의 수학책' 쓰기 교육 단계별 지도 내용

2학기에 실시한 '나만의 수학책' 쓰기 수업은 수학을 주제로 8~12페이지 분량의 책 한 권을 제작하는 것을 목표로 하였다. 학생들에게 앞뒤표지, 저자 소개글, 머리말, 목차, 내용이 모두 들어간 완결된 형태의 책을 만드는 것이라고 설명했다. 앞에서 말했듯이 일주일에 4시간인 수학 시간 중 1시간을 '나만의 수학책' 쓰기 시간으로 정하여 진행했다. 모든 과정은 손글씨로 쓰게 했다. 컴퓨터로 작업할 경우에는 아무래도 복사해서 짜깁기한 내용이 많을 것이라고 생각했기 때문이다. 저작권 문제를 고려하여 책에 들어갈 그림도 직접 그리거나 사진을 찍어서 삽입하게 하였다. 그리고 마지막으로 책을 쓰는 데 참고한 자료나 인용한 자료의 출처를 표시하게 하였다.

## 1) 주제 설정

첫 시간에는 오리엔테이션을 진행하였다. 학생들에게 책쓰기 수업의 의미를 설명해주었다. 각종 읽기 자료와 동영상을 보여주며 나도 책을 쓸 수 있다는 자신감을 심어주고, 책쓰기가 나의 성장을 넘어서 나눔의 의미까지 가질 수 있다는 것을 알려주었다.

━━━━━━━━━━━━━━━━━━ Tip

첫 시간에는 먼저 『도서관 생쥐』(다니엘 커크, 신유선 옮김, 푸른날개, 2007)를 학생들에게 읽어주고 누구나 책을 쓸 수 있다는 자신감을 심어주었다. 다음으로는 EBS 「지식채널e: 디디에와 축구를」(2014. 02. 19)을 보여준 후 이 영상과 관련된 기사 「"더 공부하고 싶은데 책이 없어요"… 아프리카 소년 위해 만든 그림 산수책」(『조선일보』 2014. 1. 14)을 출력하여 나누어주고 책쓰기로 나눔을 실천한 사례를 보여주었다.

다음에는 '자기 알기' 활동을 하였다. '나의 뇌 구조 그리기' '짝꿍의 뇌 구조 그려주기'를 통해 내가 무엇에 관심이 많고 무엇을 잘하는지 알아보았다. 이후 수학과 상관없이 내가 책으로 가장 쓰고 싶은 주제를 써보게 했다. 나 자신이 어떤 것에 관심이 있는지 알아본 다음, 그것을 수학과 연결시키고자 한 것이다. 거기서 기존에 없는 새로운 책이 탄생하리라고 생각했다.

세번째와 네번째 시간은 신문 기사를 활용하였다. 학생들에게 미리 수학과 관련된 신문 기사를 찾아 출력해오게 했다. 자신이 찾아온 신문 기사를 읽고 마인드맵을 그려 내용을 정리하고, 짝꿍에게 설명하는 시간을 가진 후 신문 기사를 읽고 나서 궁금한 점들을 적어보게 했다. 다음 시간에는 학생들이 찾아온 신문 기사의 제목을 칠판에 적은 뒤 제목 끝에 물음표를 달아 질문을 만들어보고, 그중에 가장 궁금하게 느껴지는 질문 다섯 가지를 뽑아서 각자의 활동지에 적어두게 했다. 이 질문들은 이후 자신이 쓸 책의 주제 후보가 된다.

다섯번째 시간은 '브레인스토밍을 활용한 주제 찾기' 활동을 하였다. 먼저, 학생들에게 다음과 같은 문제를 던졌다. '□+□=10에서 □ 안에 들어갈 알맞은 수는?' 처음에는 '5+5, 2+8, 3+7…'과 같은 대답이 나오다가 나중에는 음수, 유리수, 제곱수, 문자까지 출현한다. 이와 같이 무궁무진한 대답이 가능한 질문들을 던져 학생들이 자신의 머릿속에 있는 멋진 생각을 꺼내보게 하는 것이다. 이렇게 한 번하고 나면 학생들은 자신의 생각을 겁내지 않고 자신 있게 말할 수 있게 된다. 그 외에도 '학생들이 오고 싶어 하는 학교를 만드는 방법' '수학으로 큰돈 벌 수 있는 방법' 등 흥미로운 질문거리를 던져주면 학생들은 매우 신이 나서 수업에 참여하게 된다. 사실 앞의 질문들 중 주제 잡기와 직접적으로 연관된 질문은 '수학으로 큰돈 벌 수 있는 방법'이다. 나머지는 브레인스토밍 연습을 위한 질문이라고 보면 된다. 학생들의 답은 '유명 수학 강사' 『수학의 정석』같은 스테디셀러 문제집 집필' '필즈상 수상' '7대 미해결 난제를 풀어 클레이 수학연구소 상금 100만 달러 획득' '암호 해독을 통한 해킹' '경제 예측을 통한 투자' 등 수학과 관련된 직업에서부터 수학을 활용한 분야에 관한 것들까지 다양하게 나온다.

이것들은 다시 학생들이 쓸 책과 연결되는데, 한 학생이 쓴『필즈상 받기』라는 책의 마지막 장 소제목은 '내가 필즈상을 탄다면? 가상 시나리오'로, 자신이 필즈상 수상자로 선정되었다는 전화를 받는 장면을 상상하여 써내기도 했다. 그 책의 주인공은 수학의 7대 난제 중 하나인 '리만 가설'을 풀어 필즈상 수상자로 선정된 것으로 나온다.

하지만 대부분의 학생들이 그때까지도 '수학과 관련된 주제 잡기'라는 큰 산에 오르지 못하고 있었다. 그리고 주제를 잡았다 할지라도 너무 뻔한 주제들만 택했다. 예를 들어 '생활 속의 수학' '수학자 ○○○의 생애' 같은 것들이었다. 좀더 창의적인 아이디어를 끌어낼 방법이 필요했는데, 그때 생각해낸 것이 '패러디로 주제 찾기'였다. 국어 시간에 책쓰기를 해본 다른 학교 학생들이 쓴 책들의 주제를 모아 정리한 표를 나누어주고, 그 주제들을 '수학'과 관련된 주제로 변형하게 했다. 간단한 예로, '집중력을 향상시키는 방법'이라는 주제가 있으면, 이를 '수학 실력을 향상시키는 방법'으로 바꿔보게 하는 것이다. 브레인스토밍 기법을 사용하여 시간 안에 최대한 많은 주제를 변형시키도록 하고, 다 쓴 후에 책으로 쓰기 좋은 주제를 골라 표시하게 했다. 학생들이 변형한 주제들은 단순히 '수학'이라는 단어를 끼워 넣기만 한 것이 대부분이었다. 하지만 30개 정도의 주제를 변형시키다 보니 각자 쓴 것들 중에 3~4개 정도는 기발한 아이디어가 나왔다. 또한 주변 친구들이 찾은 주제를 읽어보고 서로 흥미나 집필 가능성에 대해 평가를 나누기도 하고 자신의 주제들을 좀더 다듬기도 했다. 학생들이 작성한 활동지는 수거하여 좋은 아이디어라고 생각되는 주제에 표시를 하거나 조언을 달아주었다.

[표 2] '패러디로 주제 찾기' 예시

| 기존 주제 | 패러디한 주제 | 실제 주제로 이어진 경우 |
|---|---|---|
| 축구 해설가 되기 | 함수로 축구 해설하기 | |
| 시내 맛집 여행 | 수학자의 집 여행 | |
| 유럽 여행기 | 수학자와 함께하는 유럽 여행기 | ○ |
| 교실에서 할 수 있는 놀이 101가지 | 수학으로 할 수 있는 놀이 10가지 | ○ |
| 사진으로 본 고1의 생활 | 사진으로 본 생활 속 수학 | |
| 비 오는 날 듣기 좋은 음악 | 수학 문제를 풀며 듣기 좋은 음악 | |
| 집중력을 향상시키는 법 | 수학과 집중력의 관계 | ○ |
| 지하철에 대한 궁금증 | 수학자에 대한 궁금증 | |
| 잠 안 오는 책 | 수학 없는 수학 책 | |

일곱번째 시간, 그동안 활동했던 것들을 총동원하여 학생들에게 주제를 잡도록 하였다. 수업 시간에 배운 것들 중에 좀더 알아보고 싶은 단원, 수학 소개대회 때 다루었던 주제, 수업 시간에 보았던 동영상이나 신문 기사 중에 좀더 알아보고 싶은 것, 책쓰기 시간에 '내가 가장 쓰고 싶은 것'에 적었던 것, 내가 패러디한 주제 중에 선생님이 긍정적인 조언을 달아준 것 중에서 주제로 쓰고 싶은 것을 세 가지 이상 펼쳐보고, 주제 평가표를 작성하게 했다. 이후 주변 친구들에게 평가를 받고, 이 평가표를 참고하여 주제를 확정하도록 지도하였다.

## 2) 책쓰기 추진 계획서 작성

주제 선정 후 책쓰기 추진 계획서를 작성하는 단계부터는 도서관에서 수업을 진행하였다. 주제와는 관련이 없더라도 자신이 쓸 책의 형식 등을 본받고 싶은 '본보기책,' 초고를 쓰는 데 필요한 '자료책'을 찾아야 하기 때문이다. 본보기책을 찾은 후에는 책쓰기 추진 계획서를 작성하게 한다. 작성 후에는 개인 면담을 통해 피드백을 해 주고, 이것을 바탕으로 학생들의 진행 사항을 체크한다.

=== Tip

**수학 관련 기사 스크랩 활용하기**
수학 관련 기사들을 스크랩해두면 학생들에게 틈틈이 읽기 자료로 제공하거나 학생들이 책쓰기를 할 때 필요한 자료로 사용할 수 있다. 수학자에 대한 소개나 요즘 수학계의 동향, 수학이 실생활에서 적용되는 사례를 실은 기사들 중 중학생 수준에서 읽을 수 있다고 판단되는 기사를 스크랩해두면 유용하다.
추천 매체: 『수학동아』 『수학과 교육』, 한국과학창의재단에서 발송하는 뉴스레터 「더 사이언스 타임스*The Science Times*」

책쓰기 추진 계획서에 목차 등이 다 들어 있지만, 막상 초고를 쓰려고 하면 학생들은 막막함을 호소한다. 아직 중학교 1학년이어서 그런지 목차만 봐서는 원고를 어디서부터 손대야 할지 감이 오지 않는 모양이었다. 그래서 좀더 입체적인 추진 계획서인 '샘플책'을 만들었다. A4 용지를 반으로 잘라 여러 장 겹친 후 다시 반으로 접은 것(A4 용지 1/4 크기의 작은 책이 된다)을 묶어 책으로 엮게 했다. 그런 다음 표지의 대략적인 디자인, 머리말의 위치, 그림 삽입 위치, 원고 개요 등을 먼저 적어보게 하였다. 그러자 학생들은 그 샘플책을 넘기며 글을 쓰기 시작했다. 학생들의 발달 수준에 따라 그에 맞는 지도가 필요하다는 것을 느낀 순간이었다.

## 3) 집필 및 보완하기

본격적인 자료 찾기와 초고 쓰기에 돌입한다. 하지만 역시 글쓰기는 두려운 일이다. 머릿속 생각을 한 줄도 옮겨놓지 못하고 있는 학생들에게는 '원형정리법'을 권한다. 원형정리법으로 떠오르는 생각을 꺼내어 잘 정리하면 거기에 살을 붙여 글을 쓸 수 있게 된다.

원형정리법으로 글의 뼈대를 잡은 후, 글을 길게 늘이지 못하는 학생들에게는 '왜냐하면, 다시 말해, 예를 들어'라는 단어를 사용하여 글을 늘려보게 하였다. 또한 학생들이 이 방법을 연습할 수 있도록 평소 수학 진도를 나갈 때나 활동지 답안을 작성할 때에도 이 단어를 사용해서 글을 쓰게 했다. 학생이 해결해야 할 문제와 함께 '다음 질문에 대한 답과 그 이유를 왜냐하면(다시 말해/예를 들어)이 들어가도록 작성하시오'라고 제시하는 것이다. 이 방법을 사용하니 글쓰기 연습이 될 뿐만 아니라 학생들의 답변이 더 풍성해지는 것을 느낄 수 있었다.

학생들에게 집필 원고는 손으로 쓰게 하였다. 손으로 쓰는 것은 효율도 낮고 간혹 해독이 힘든 글씨를 가진 학생들이 있긴 하지만 컴퓨터로 작성하는 것보다 의미가 있다. 앞서 이야기했듯이 컴퓨터 앞에 앉으면 아무래도 검색에 의존하게 되고, 검색 결과를 복사해 붙여 넣게 되는 경우가 많다. 그 결과 자신이 썼음에도 책 내용을 잘 모르거나 자신의 생각이 하나도 들어가지 않은 책이 만들어지게 된다. 효율은 떨어져도 손으로 쓰게 하는 것을 권한다. 그리고 나름 책을 쓴다는 것을 염두에 두고 만들기 때문에 아무리 글씨체가 나쁜 친구라도 알아볼 수 있을 정도로는 작성한다.

수업 중에 학생들은 끊임없이 손을 들고 질문을 한다. 처음 해보는 활동인 데다 중학교 1학년의 특성이니 어쩔 수 없다. 질문에 대한 답을 하다 보면 수업 시간에는 학생들의 작품을 살펴볼 수가 없다. 그래서 따로 시간을 내어 학생들의 진행 사항을 체크하고, 학생 작품에 접착 메모지를 붙여 조언이나 앞으로 남은 과정 등을 적어주었다. 진행 사항 점검을 매시간마다 하기는 힘들었다. 그래서 신문 기사 정리하기, 패러디로 주제 찾기, 책쓰기 추진 계획서 작성하기, 초고 쓰기, 머리말 쓰기, 저자 소개글 쓰기, 제본하기 등 각 단계를 한 학급의 2/3 이상의 학생이 마무리하였을 때 점검하였다.

본문을 다 작성한 후에는 '머리말 쓰기'와 '저자 소개글 쓰기'가 남아 있다. 머리말이나 저자 소개글은 다른 책에 있는 글들을 많이 읽어보고 머리말이나 저자 소개글에 들어갈 요소들을 뽑아본 후 내용을 정하여 쓰도록 하였다. 저자 소개글을 쓸 때, 본인의 자랑거리를 적는 걸 쑥스러워하는 경우가 많은데, '자기 자랑 50개 쓰기' 등의 활동을 하는 것도 좋다. 또는 수학과 관련된 본인의 경력이나 경험 등을 찾아서 쓰게 할 수도 있다. 그러면 '수학 시험 100점'이나 경시대회 출전 경력을 쓰기도 하고, 솔직하게 수학을 싫어한다는 이야기를 쓰기도 한다.

이렇게 글을 다 쓰고 나면 표지를 디자인하고, 교사가 이를 묶어 책으로 펴낸다. 질이 좋지는 않지만 간단한 본드 제본기를 구매하여 학생들의 원고를 각각 한 권씩 책으로 제작해주었다. 학생들은 진행하는 동안은 힘들었지만 자신의 원고가 책의 형태로 나오자 매우 뿌듯해하였다. 평가는 생활기록부 '교과학습발달사항 세부능력특기사항'에 기록해주었다. 얼마나 성실하게 완성했는가, 얼마나 참신한 주제를 선정하였는가, 자신의 생각이 얼마나 들어갔는가 등을 중심으로 평가하였다. 평가는 학생들 각자의 결과물에 맞게 서술식으로 작성했기 때문에 시간이 오래 걸리긴 했지만 점수를 매기는 것이 아니므로 큰 어려움은 없었다.

계획보다 많은 시간이 걸려 22차시 만에 과정을 완료하였다. 총 46명의 학생 중 41명이 완성을 하였다. 완성하지 못한 학생들은 진행 속도가 더뎌서 완성을 못한 경우가 대부분이었다. 하지만 그 학생들도 책쓰기 추진 계획서까지는 완성하였다. 너무 긍정적이라고 생각할지도 모르겠지만 주제를 잡고 계획서를 작성한 것만으로도 의미가 있다고 생각한다. 이 장 끝에 부록으로 학생들이 쓴 책의 주제와 책에 대해 소개해두었다.

완성작이라고 해도 수준 차이가 컸다. 하지만 대부분의 학생들이 열의를 가지고 성실히 참여하였다. 사후 설문에서 학생들은 처음에는 막막하고 힘들기도 했지만, 자신이 스스로 정한 주제에 대해서 공부하고 책을 한 권 완성했다는 점에서 재미있고 의미 있는 경험이었다고 응답했다.

이듬해 2학년이 된 학생들을 따라 올라가 같은 학생들을 지도하게 되었다. 어려운 문제를 풀 때, 시험 스트레스가 쌓일 때, 똑같이 아이들은 수학을 왜 배우냐는 질문을 한다. 하지만 수업 중에 "어, 그거 내가 책에 쓴 내용인데"라며 반가워하기도 하고, 어려운 문제를 만나도 "제가 한번 풀어보겠습니다"라며 도전하는 모습을 볼 때면, 이것이 책쓰기의 효과가 아닌가 생각해본다. 특히 서툴러도 자신의 생각을 말과 글로 정리하는 것을 힘들어하지 않는 모습에서 책쓰기 교육을 통해 드디어 아이들이 수학을 '써먹게' 되었음을 느낄 수 있었다.

### 학급 친구들과 함께 수학책 한 권 쓰기

한 학기에 걸쳐 책쓰기 활동을 하는 것이 부담스럽고 두렵다면, 학기 말 전환기 프로그램으로 함께 책 만들기를 하는 것도 즐거운 경험이 될 수 있다. 목표는 학급 전체가 함께 한 권의 책을 만드는 것이다.

첫 시간은 주제 정하기다. 4인 1조로 조를 편성한 후 조별로 책으로 쓰고 싶은 주제를 정한다. 각 조에서 정한 주제를 발표한 뒤 각 조별로 주제 평가표를 작성해 제출한 후보 중 하나의 주제를 정한다. 이후 선정된 주제를 제출한 조를 편집조로 정하고, 이 조에서 목차 등을 정해 다른 조에게 내용을 분담한다. 두번째에서 다섯번째 시간은 조별로 맡은 부분의 자료를 찾고 초고 쓰기를 진행한다. 편집조는 내용조가 제출한 초고를 합쳐 편집하고, 머리말과 목차, 표지를 만들어 책을 완성한다. 물론 여럿이 함께하기 때문에 책의 완성도는 떨어지지만 조원들이 각자 찾아온 자료를 가지고 책의 내용을 논의하는 과정에서 활발한 생각 교환이 일어나게 된다. 내 경우, 본문은 2절지 크기의 하드보드지를 조별로 한 장씩 주고 앞뒤 양면을 채우게 하여 그것을 엮었다. 학생들이 함께 무엇인가 만들었다는 느낌이 들 수 있도록 큰 사이즈를 선택하였다. 만들어진 책은 학교 도서관에 전시하였다.

1학년 때 책쓰기를 했던 2학년 학생들과 함께 진행해보았는데, 책을 쓴 경험이 있어서 그런지 주제를 잡고 집필해가는 과정을 자연스럽게 밟아나갔다. 하지만 한 학급이 분담해서 집필해야 하기 때문에 대부분 수학 퍼즐이나 퀴즈를 내고 풀이를 안내하는 책을 썼다. 책쓰기의 깊이 있는 효과보다는 색다른 경험과 협동을 체험하는 데 초점이 맞춰진 활동이다.

# 학생들이 쓴 수학책 목록

| 제목(주제) | 내용 및 특징 |
|---|---|
| 예술과 수학 | 음악 속 숨어 있는 수학적 원리, 수학적인 구조가 예술이 된 작품들을 소개한다. 학생이 직접 손으로 그린 그림을 실었다. |
| 숫자의 모든 것 | 숫자의 역사, 나라별 사용한 숫자 표기법의 종류, 아라비아 숫자와 0의 발견 등에 대해 그림으로 쉽게 설명한다. |
| 수학은 싫다고 | 수학에 대해 일반인들이 갖고 있는 오해를 풀고 수학에 대한 두려움을 극복할 수 있는 방법을 안내한다. |
| 쉽게 배우는 방정식+ 일차방정식 정복기 | 주인공 형제가 삼촌을 통해 일차방정식에 대해서 배우는 수학 소설이다. |
| RSA 암호 수학 | RSA 암호의 역사와 원리, 해독 방법 등을 소개한 뒤 직접 제작한 암호 문제를 실었다. |
| 수학 여행 | 두 주인공이 수학 대결을 펼치는 수학 소설이다. |
| 우리가 아는 공식을 더 쉽게 푸는 방법 | 교과서에서는 가르쳐주지 않는 특정 유형의 문제를 빨리 풀 수 있는 공식을 자신이 찾아낸 방법을 중심으로 알려준다. |
| 피타고라스 | 피타고라스의 생애와 업적에 대해 인터뷰 형식으로 소개한다. 자신이 그린 만화, 피타고라스의 명언 모음을 부록으로 넣었다. |
| 수학은 왜 배워야 할까? | 수학에 대한 친구들의 생각을 직접 물어보고 수학을 배워야 하는 이유에 대해 논리적으로 설명한다. |
| 피타고라스의 수학적 사고 | 피타고라스의 생애와 업적, 명언 등을 소개한다. 피타고라스의 정리에 대해 설명하고 이것과 연관된 퀴즈를 실었다. |
| 일상 속의 수학 | 일상 속 숨어 있는 수학의 원리에 대해 안내한다. |
| 생활 속 수학 이야기 | 일상 속 선택의 순간에 유용한 수학적 조언을 해준다. |
| 세상 모든 수학자의 신기한 이야기 | 수학자 탈레스, 피타고라스, 유클리드에 대해 소개한다. |
| 신기한 수의 세계 | 완전수, 회문수, 우정수 같은 신기한 숫자들에 대해 소개한다. |
| 필즈상 받기 | 필즈상에 대해 알려주고 2014년에 필즈상을 받은 수학자들을 소개한다. 마지막에 자신이 필즈상을 받게 되는 상황을 설정하여 가상 시나리오를 작성하였다. |

| 제목(주제) | 내용 및 특징 |
|---|---|
| 수학자도 풀지 못한 수학 문제 | 미해결 문제나 불능이라고 증명된 문제, 몇백 년 만에 풀린 수학 문제를 소개한다. |
| 수학 공부 잘하는 법 | 수학 문제를 잘 풀 수 있는 방법을 세분화하여 안내하고 유용한 수학 학습법을 소개한다. |
| 수학으로 놀 수 있는 10가지 놀이 | 여러 가지 재미있는 수학 퍼즐, 친구들과 함께 할 수 있는 레크리에이션 게임 중 수학과 관련이 있거나 수학적 능력을 길러줄 수 있다고 판단되는 게임을 선정하여 소개한다. |
| 수학포기자 | 수학포기자가 생기는 이유와 수학 공부의 필요성, 수학포기자를 줄이기 위한 대책 등을 소개한다. |
| 전통놀이로 수학 배우기 | 윷놀이, 자치기, 공기놀이 속 수학적 개념을 소개한다. |
| 수학의 달인 되기 프로젝트 | 수학을 잘하기 위해 필요한 능력을 집중력, 계산력, 창의력으로 정하고 각각 그것에 대한 자신의 생각을 실었다. 집중력, 창의력 진단 테스트도 들어 있다. |
| 이리와 보소! 집합! | 중학교 1학년 교육과정에서 사라진 집합에 대해 혼자서 책을 보고 공부할 수 있도록 친절한 설명과 연습 문제를 실어놓았다. |
| 수학의 역사 | 인류가 처음 사용한 수, 소수의 역사, 기호의 역사, 0의 발견 등에 대해 소개한다. |
| 수학과 자신감 | 자신감이 수학에 어떤 영향을 미치는지에 대해 궁금증을 갖고 자신감의 정의에서부터 자신감을 높이는 방법, 학습에서의 자신감, 수학에서의 자신감, 자신감이 수학에 미치는 영향순으로 설명한다. |
| 컴퓨터의 발전 및 하는 일 | 자신의 관심사인 컴퓨터의 역사와 하는 일, 미래의 컴퓨터에 대해 소개하면서 컴퓨터의 시초인 수학자 앨런 튜링, 컴퓨터의 기본 원리인 이진법을 다루고 있다. |
| 한눈에 알아보는 직업 속의 수학 | 수학자나 과학자 말고도 수학의 원리를 사용해야 하는 직업들에 대해 소개한다. 『수학동아』의 관련 기사를 엮었다. |
| 무와 무한 | 0의 발견과 0이 가진 특성을 소개하고 무한을 유한과 비교하여 설명한다. |
| ITALY | 이탈리아의 유명한 관광지를 소개하면서 그 속에서 수학적 원리를 찾아 설명하고 있다. |
| 여성 수학자, 누가 있을까? | 우리가 잘 모르는 여성 수학자들의 업적과 일화를 소개하고 왜 여성 수학자가 많지 않은지에 대한 설명을 실었다. |
| 수의 시작과 역사 | 인류가 수의 개념을 이해하고 수를 만들어낸 역사를 소개한다. |
| 배우기 좋고 이해하기 쉬운 암호 수학책 | 암호의 기본적인 원리와 암호 푸는 법에 대해 소개한다. |

| 제목(주제) | 내용 및 특징 |
|---|---|
| 수학 & 범죄 | 영화, 드라마, 만화 등 각종 형사물 속에서 수학이 범죄 해결에 어떤 도움이 되는지 알려준다. |
| 수학 선생님과의 인터뷰 | 수학 선생님께 궁금한 질문을 뽑아 선생님을 인터뷰하여 정리하였다. |
| 싱싱붕붕 수학 Quiz | 수학 관련 퀴즈와 그 풀이를 실었다. |
| 여성 수학자 | 여성 수학자를 소개하고 여성 수학자가 왜 많지 않은지 설명하였다. 책 내용을 확인할 수 있는 간단한 문제가 부록으로 실려 있다. |
| 숫자 알아보기 | 1에서 9까지의 숫자가 가지고 있는 상징과 의미, 숫자 0의 역사를 소개한다. |
| 프랙털 | 프랙털, 생활 속 프랙털, 프랙털 구조를 활용한 작품을 소개한다. 특히 프랙털 카드를 직접 제작하여 팝업북 형식으로 만들었다. |
| 수학 판타지 | 수학 문제 풀이 대결을 통해 미로를 빠져나가는 수학 소설이다. |

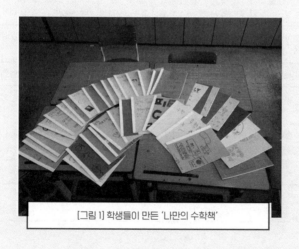

[그림 1] 학생들이 만든 '나만의 수학책'

6장

# 그림책 쓰기로
# 상상의 날개를 펼치다

_____

_____

_____

_____

_____

_____

_____

조영수

★조영수 선생님은?

| 과목 및 경력 | 국어, 17년 |
|---|---|
| 책쓰기 교육 지도 대상 | 중학교 1학년 |
| 지도 대상의 특징 | 여학교, 읽기 능력 보통, 그림과 낙서를 즐김 |
| 책쓰기 교육 시수 | 주 2시간(20차시), 자유학기제 |
| 책쓰기 교육 주제 | 자유 주제로 그림책 쓰기 |

"아빠, 이 책 읽어줘." 지금은 초등학생인 첫째 아들은 대여섯 살 때 표지가 너덜너덜해진 그림책을 읽어달라고 많이 졸라댔다. 처는 잠들기 전 아들에게 그림책을 참 열심히 읽어주었다. 그 덕분인지 아직도 첫째 아들은 책을 곧잘 읽는다. 물론 그림책을 보는 것은 아니다. 요즘에는 만화책에 푹 빠져 있다.

내가 첫째 아들에게 처음으로 읽어준 그림책은 『올라가요, 올라가요』(에밀 자둘 글·그림, 임희근 옮김, 키득키득, 2008)였다. 그 책은 여러 동물이 산을 올라가는 모습을 보여주고 마지막에 함께 내려오는 매우 단순한 내용이었다. 첫째 아들은 그 책을 계속 읽어달라고 했다. 그리고 책의 내용을 거의 외웠다. 그때 그림책이 아이들에게 큰 영향을 미칠 수 있다는 것을 깨달았다.

"그림책은 책의 앞표지와 뒤표지를 함께 봐야 합니다."

책따세에서 함께 활동하는 초등학교 선생님 한 분이 강의한 내용의 일부다. 그때 보여준 책이 『사과가 쿵!』(다다 히로시 글·그림, 정근 옮김, 보림, 2006)이었다. 책의 뒤표지에는 개미가 기어가는 장면이 그려져 있었다. 알고 보니, 이 책 중반부에 개미가 잠깐 등장하는데, 이런 식으로 책 뒤표지에 다시 나온 것이다. 책을 덮은 후에도 책의 내용과 표지 그림이 연결되어 있었다. 이 강의를 듣고 나는 그림책에 매력을 느꼈다.

『사과가 쿵!』에는 다양한 의성어가 나온다. 사과를 먹을 때 나는 소리를 여러 가지로 표현한 것인데, 사과를 먹는 소리 중에 똑같은 말이 없다는 점이 참 인상적이었다. 이 그림책을 자세히 살펴보니 그림책을 읽는 재미가 생겼다. 아는 만큼 보인다는 말이 꼭 맞는 표현이라고 생각했다.

이때부터 그림책에 대해 본격적으로 관심을 가지고 책을 읽기 시작했다. 그림책을 서점에서 구입해서 읽었고, 학교 도서관에도 그림책을 구매하도록 부탁했다. 좋은 그림책이라고 평가받는 작품을 찾아서 살펴보기도 했다. 그러다 중학교에 막 입학한 1학년 학생에게도 그림책을 활용한 수업을 할 수 있으리라 생각했다.

먼저 나는 수업 시간에 학생들에게 그림책을 읽어주었다. 그리고 학생들이 그림책을 직접 써보는 나만의 그림책 쓰기 수업을 진행했다. 학생들은 초롱초롱한 눈으로 내가 읽어주는 그림책에 집중했고, 놀라운 상상력을 발휘하여 다양한 그림책을 써냈다. 이제부터 내가 학생들과 함께 했던 그림책 쓰기 수업 과정을 소개하려고 한다.

# 1. 자유학기제를 활용한 그림책 쓰기 수업

## 1) 수업 시간에 그림책 읽어주기

내가 독서의 중요성을 강조할 때 학생들에게 보여주는 영상이 있다. 2009년 KBS에서 방영된 다큐멘터리 2부작 「책 읽는 대한민국, 읽기 혁명」이 그것이다. 이 영상에서는 비디오 게임을 하는 사람과 책을 읽는 사람의 뇌 활동을 분석한 결과를 보여준다. 비디오 게임을 할 때 뇌는 거의 활동하지 않는다. 반면, 책을 읽을 때는 뇌 활동이 매우 활발했다. 비디오 게임을 할 때와 달리 책을 읽을 때는 읽는 이의 상상력을 자극하기 때문이다.

이어 상상력을 자극하는 책으로 그림책을 소개했다. 그때 소개한 책이 『노란 우산』(류재수 글, 신동일 작곡, 보림, 2007)이었다. 이 책에는 글자가 하나도 없다. 오로지 그림만 있는 그림책이다. 독자는 이 책을 읽으면서 책의 내용을 상상해야 한다. 첫 장면에 노란 우산 하나가 등장한다. 그러더니 색색의 우산들이 하나씩 등장한다. 우산들은 좁은 골목을 지나고, 다리를 건너며, 놀이터를 지나간다. 작가는 대체 어떤 장면을 그린 것일까? 그림책의 마지막 장면을 보면 그 답을 알 수 있다. 책장을 덮은 독자는 비 오는 날 등교하는 학생의 모습을 쉽게 떠올릴 수 있다.

독서의 중요성을 깨달았다면 우리는 어떻게 해야 할까? 책을 읽어야 한다. 책을 읽게 하는 방법 중에 하나가 바로 책을 읽어주는 것이다. 앞서 말한 다큐멘터리에서도 부모가 어린 시절부터 자식에게 책을 읽어주는 것을 훌륭한 지도 방법으로 제시했다. 자식이 나이가 들어서도 책을 읽어주는 것이 효과적이라는 점도 강조했다. 그래서 나도 학생들에게 그림책을 읽어주기로 마음먹었다.

처음에 내가 시도한 그림책 수업은 매우 간단했다. 수업 시작 전에 학생들에게 그림책을 딱 한 권만 읽어주는 것이었다. 책을 읽고 난 후 자신의 느낌이나 생각을 말하거나 적는 식의 독후 활동은 따로 하지 않았다. 학생들과 함께 그림책을 읽고, 내가 이 책을 읽었을 때 느꼈던 감동과 재미를 나누고 싶었다(학생들과 함께 읽은 그림책은 이 장 끝에 부록으로 제시하였다).

이런 수업에 대한 학생들의 반응은 예상했던 것보다 훨씬 좋았다. 학생들은 내가 그림책을 읽는 동안 내 목소리에 귀를 기울였다. 유치원이나 초등학교 시절로 돌아갔다며 좋아하던 학생도 있었다. 실수로 수업 시간에 그림책을 들고 오지 않는 날이면 그림책을 가져오라고 재촉하기도 했다. 그림책을 읽어주는 수업만으로도 놀라운 학습 효과가 있다는 것을 깨달았다. 감수성이 예민한 시기라 학생들에게 그림책이 더 큰 영향력을 끼치는 것이리라 생각했다.

그림책을 여러 차례 읽어주다 보니 그림책을 읽어주는 데도 요령이 생겼다. 읽기 전에 그림책에 대한 질문을 하나씩 던지는 것이다. 그러면 학생들이 그림책에 조금 더 집중한다. 학생들에게 던진 질문은 다음과 같다. 다음 장면에는 어떤 내용이 나올까? 이 책의 마지막 장면은 무엇일까? 이 책이 우리에게 말하고자 하는 것(주제)이 무엇일까? 이 책을 추천한다면 누가 적당할까? 이 책이 아동문학상을 받은 작품인데 그만한 가치가 있을까?

내가 학생들에게 던진 질문에는 특별한 정답이 없었다. 질문을 들은 학생들은 떠오르는 대로 자유롭게 대답했다. 그래서인지 내가 생각하지도 못한 기발한 대답을 하는 학생도 있었고, 책의 내용에서 벗어나 다소 엉뚱한 대답을 하는 학생도 있었다. 그렇게 학생들은 내가 읽어준 그림책을 자신의 방식으로 받아들였다.


## 2) 자유학기제, 새로운 독서 지도법 도입

학생들과 그림책을 함께 읽으면서 즐겁게 수업을 하던 중에 우리 교육에 큰 변화의 바람이 불었다. 바로 중학교 과정에 자유학기제를 도입하는 것이었다. 내가 근무하는 학교는 2014년 자유학기제 시범학교로 지정되었다. 자유학기제는 중학교 과정 중 한 학기 동안 학생들이 시험 부담에서 벗어나 꿈과 끼를 찾을 수 있도록 토론·실습 등 학생 참여형으로 수업을 개선하고, 진로 탐색 활동 등 다양한 체험 활동이 가능하도록 교육과정을 유연하게 운영하는 제도다.

═══ Tip

자유학기제에 대한 다양한 정보를 얻고 싶다면 교육부에서 운영하는 자유학기제 사이트(www.ggoomggi.go.kr)를 참고하라.

나는 일단 자유학기제 도입에 대해 긍정적인 평가를 내렸다. 12년간 온갖 시험에 시달리는 학생들에게 지필고사의 부담을 줄여준다는 것만으로도 큰 의미가 있다고 생각했다. 여러 가지 다양한 체험 기회를 제공한다는 점에서도 획기적인 교육제도라는 생각이 들었다. 학생 입장에서도 자유학기제는 참 행복한 시간일 것이다. 시험이 없다는 것만으로 즐거운 일이 아니겠는가?

그렇지만 교사 입장에서는 매우 부담이 된다. 먼저 학생들이 다양한 체험 활동에 참여할 수 있는 기회를 교사가 많이 마련해야 한다. 교과 수업 외에도 신경을 써야 할 부분이 그만큼 늘어나는 것이다. 또한 지필고사가 없는 상황 자체가 교사에게 큰 부담으로 작용한다. 지필 평가는 학생들이 공부한 내용을 평가할 수 있는 수단이므로 교육에서 필요한 요소다. 이는 학생들에게 학습 동기를 부여하는 역할을 한다. 그것이 자발적이든지, 강제적이든지. 교사는 지필 평가가 없는 상황에서 온전히 수업으로만 학생과 만나야 한다. 이것은 교사에게 큰 도전일 수밖에 없다.

나는 한 학기 동안 독서 교육을 꾸준히 실시해보기로 마음먹었다. 평소에 읽기와 쓰기에 관심이 많았고, 책따세에서 활동하는 선생님들이 시도한 책쓰기 교육을 내 수업에도 적용해보고 싶었다. 자유학기제 도입을 앞두고, 내가 준비하고 진행했던 수업은 개인적으로 큰 도전이었다.

나는 이전부터 여러 가지 독서 수업을 진행해왔었다. 추천도서 목록을 읽고 독후감 쓰기, 등장인물에게 편지 쓰기, 책 표지 새롭게 만들기, 책 홍보하는 글쓰기, 책을 읽고 난 느낌을 3분 동안 발표하기, 주제를 정해서 토론하기 등등 다양한 독후 활동을 시도했다. 그런데 어느 순간부터 이런 활동이 한계가 있다는 것을 느꼈다. 교사가 추천도서 목록을 제공하고, 일정한 독후 활동을 제시하면서 학생들을 일정한 틀에 맞추는 것이 아닐까 의구심이 들었다. 학생들이 보다 능동적으로 참여할 수 있는 독서 지도 방법이 없을까 고민하기 시작했다. 스스로 읽을 책을 선택하고, 자신의 생각을 자유롭게 쓸 수 있도록 도와주는 수업을 하고 싶었다. 교사가 조력자 역할을 하고 학생들이 스스로 찾아나가는 독서 지도를 꾸미고 싶었다.

이때 내가 찾은 해답이 바로 책쓰기 교육이었다. 책을 쓰기 위해서는 주제를 정하고 내용을 구성해야 한다. 이때 반드시 책의 도움이 필요하다. 즉 책을 쓰기 위해서는 책을 꼭 읽을 수밖에 없다.

책을 쓰기 위한 독서 외에 또 다른 독서법도 있다. 책을 전체적으로 훑어보거나 자신에게 꼭 필요한 정보만 찾아내는 방법, 책을 처음부터 끝까지 꼼꼼하게 살펴보면서 정독하는 방법 등등. 나는 이런 여러 가지 독서법을 자세히 가르치는 것이 필요하다고 생각했다. 이렇게 학생들이 차근차근 다양한 독서 방법을 경험한다면 나중에는 자신이 쓸 책을 기획하고 쓸 수도 있으리라 믿었다. 그래서 단계별 독서 지도 수업을 구상하게 되었다.

### 3) 학생들에게 꼭 맞는 그림책 쓰기

내가 재직하고 있는 중학교의 학생들은 참 낙서를 좋아한다. 예전에 내가 사용했던 교실 벽면은 낙서로 가득 차 있었다. 주로 친한 친구나 연예인 이름 등으로 채워져 있던 낙서들. 비속어가 없어서 나는 그것을 '착한 낙서'라고 불렀다. 낙서를 하지 말라고 해도 어느새 낙서는 조금씩 늘어났다. 나는 그 낙서를 보면서 학생들에게는 쓰고 싶은 욕구가 분명히 있다고 생각했다.

한번은 종합 일간지를 활용하여 학생을 지도하고 있는데, 어떤 학생이 보도 사진에 열심히 색칠을 하고 있었다. 그 학생은 유명한 정치인 두 명이 악수하는 사진을 솜씨 좋게 고치고 있었다. 순식간에 두 명의 정치인은 남자에서 여자로 변했다.

이렇게 낙서를 좋아하는 우리 학교 학생들에게 딱 맞는 책이 무엇일까 고민해봤다. 그림도 그릴 수 있고, 글도 쓸 수 있는 책. 바로 그림책이었다. 생각해보면 중학교 1학년 학생들은 그림책을 많이 접했던 초등학교 시절과 가장 가까운 나이가 아닌가? 어린 시절 그림책을 읽던 기억을 떠올리면서 즐겁게 책을 읽고 쓸 수 있으리라 생각했다. 조금 거창하게 말한다면 동심을 찾는 수업이라고 할 수 있겠다.

그리고 읽기 능력이 다소 떨어지는 학생에게도 그림책을 권하기가 쉬웠다. 그림책은 전체 분량이 길지 않아서 학생들이 책을 읽을 때 부담이 크지 않기 때문이다. 누구에게나 쉽게 다가갈 수 있는 책이 바로 그림책인 것이다. 그래서 나는 학생들과 그림책을 써보기로 결심했다.

## 4) 결과가 아닌 과정에 초점을 맞춘 수업

책을 쓴다고 학생들에게 공표하긴 했지만 책을 쓰는 수업으로 바로 들어가진 않았다. 앞서 말했지만 책쓰기를 핑계로 단계별로 여러 가지 독서 지도를 시도해보고 싶은 욕심이 더 컸다. 읽기와 쓰기는 동전의 양면과 같다. 잘 읽기 위해서는 잘 써야 하고, 잘 쓰기 위해서는 잘 읽어야 한다.

그림책 쓰기 교육의 목적은 그림책 작가를 양성하는 것이 아니다. 그림책을 씀으로써 학생들이 저자가 되는 체험을 한번 해보는 것이 이 교육의 목적이다. 나아가 이런 체험을 하다 보면 학생들이 읽기와 쓰기에 보다 관심을 가지게 될 것이다. 이것은 다양한 체험 활동을 권장하는 자유학기제의 취지와 맞닿아 있다.

처음에 그림책 쓰기 지도를 기획하면서 다짐한 것이 있다. 학생들이 그림책을 꼭 완성하지 않아도 된다는 것이었다. 책을 읽고 쓰는 과정을 차분하게 가르치고, 그런 과정을 잘 따라오기만 해도 의미 있는 교육이라 생각했다. 그래서 그림책 쓰기 추진 계획서를 꼼꼼하게 작성하고 검토한 뒤 수정하는 과정까지만 마쳐도 그림책 쓰기 교육이 성공한 것이라고 믿었다. 그 계획서를 바탕으로 책을 완성하는 것은 학생의 몫이라고 생각했다.

이런 생각을 갖게 된 이유는 자유학기제의 평가 방법 때문이었다. 자유학기제가 시행되면 지필 고사가 없으므로 과정 중심의 평가가 이루어져야 한다. 교사가 꾸준히 지도하는 과정에서 학생을 평가해야 한다. 따라서 학생들이 수업이 끝난 후 완성된 작품을 제출하는 것만큼 작품을 쓰는 과정 자체가 중요하다고 생각했다.

지금까지 내가 그림책 쓰기 수업을 시작하게 된 계기를 소개했다. 그리고 그림책 쓰기 교육이 지향하는 바를 제시했다. 이후부터 그림책 쓰기 교육과정에 대해 자세히 설명하고자 한다. 그림책을 쓰기 위한 준비 단계에서부터 학생들이 그림책을 집필하는 과정까지 꼼꼼하게 짚어보겠다.

254

# 2. 그림책 쓰기를 위한 준비
## –'훑어보기'부터 '자세히 읽기'까지

앞에서 지적했듯이 읽기와 쓰기는 마치 동전의 양면과 같다. 잘 쓰기 위해서는 잘 읽는 과정이 꼭 필요하다. 따라서 본격적인 그림책 쓰기에 들어가기 전 단계별 독서 지도를 진행했다. 이번 장에서는 '훑어보기'부터 '자세히 읽기'까지, 다섯 가지 독서 수업 방법을 소개한다.

### 1) 훑어보기

서점이나 도서관에 가서 마음에 드는 책을 자신이 어떻게 고르는지 생각해보자. 미리 마음속으로 정한 책이 없다면 여러 책을 가볍게 살펴보기 시작할 것이다. 책 앞표지에 나와 있는 책명, 지은이, 출판사 등을 유심히 볼 것이다. 뒤표지에 나와 있는, 책을 소개하거나 추천하는 글도 꼼꼼히 살펴보기도 한다. 그런 다음 머리말이나 차례 등을 읽으면서 책의 내용을 가늠해본다. 시간적 여유가 있다면 책의 일부분을 읽는다. 이런 과정을 거치다 보면 어느새 손에 책이 한 권 쥐어져 있는 경험을 해본 적이 있을 것이다.

학생들은 책을 읽을 때 처음부터 끝까지 꼭 다 봐야 한다는 고정관념에 사로잡혀 있다. 이런 생각은 학생들이 책을 접할 때 부담을 줄 수도 있다. 우리는 책을 읽을 때 자신이 필요한 내용만 읽을 수 있다. 『소설처럼』(다니엘 페나크, 이정임 옮김, 문학과지성사, 2004)에서 필자는 책을 읽지 않을 권리, 건너뛰며 읽을 권리, 책을 끝까지 읽지 않을 권리가 있다고 말한다. 옳은 말이다.

요즘은 여러 가지 매체에서 정보와 지식을 얻을 수 있다. 이처럼 온갖 정보와 지식이 넘쳐나는 시기에 모든 지식과 정보를 습득하기란 불가능하다. 자신에게 필요한 정보를 찾는 것, 특정한 지식을 빨리 정확하게 찾는 능력이 오히려 중요할지 모른다. 독서를 지도할 때도 이 점을 간과해서는 안 될 것이다. 이런 점에서 훑어보기 방법은 중요하고, 나는 이 방법을 학생들에게 가르쳤다.


## 2) 교과서 목차 마인드맵

책의 목차가 늘 중요하다고 말하는데, 학생들은 그 사실을 잊을 때가 많다. 학생들이 목차에 관심을 갖도록 하기 위해서는 이 부분을 활용한 수업을 진행하는 것이 좋다. 이런 수업 방식으로 교과서 목차를 마인드맵으로 자유롭게 표현해보는 방법이 있다. 이것은 어느 수학 교사가 수업 시간에 활용한 방법이다. 일반적으로 학생들에게 수학은 어려운 과목이다. 이에 학생들이 수학이란 과목을 친근하게 느낄 수 있도록 교과서 목차를 마인드맵 형태로 작성해보게 한 것이다. 목차의 내용을 한번 써봄으로써 교과서 내용을 대강 익힐 수 있다. 좋은 수업 방법이라 생각해서 나 역시 많이 활용한다.

━━━━━━━━━━━━━━━━━━ **Tip**

목차 마인드맵 활동은 티처빌원격연수교육원(www.teacherville.co.kr)
에서 진행하는 '마음을 움직이는 감동의 수업여행' 직무연수 과정의 내
용을 참고했다.

나는 다음과 같은 방식으로 수업을 진행한다. 먼저 학생들에게
종이를 하나씩 나눠주고 중간에 작은 원을 그리라고 한다. 작은 원
안에는 '국어'라는 낱말을 쓰게 한다. 좀더 구체적으로 '1학년 1학
기 국어'라고 쓸 수 있겠다. 그런 다음 목차에 나와 있는 대단원명
과 소단원명을 마인드맵 형식으로 작성하게 한다. 그리고 책을 훑어
보면서 각 대단원에 나와 있는 학습 목표도 찾아서 쓰도록 한다. 학
습 목표는 문장 형식이므로 마인드맵에 정리하기가 어렵다. 이럴 때
학습 목표에서 가장 중요한 낱말을 몇 개로 요약하게 하는 편이 좋
다. 목차 마인드맵 활동을 하면서 요약 연습도 가능한 셈이다. 이처
럼 마인드맵은 사고를 펼치는 데에도 유용하지만 복잡한 내용을 정
리하는 데도 도움을 줄 수 있다.

이 활동을 하다 보면 학생들이 평소에는 잘 읽지 않는 목차와 학
습 목표를 살펴볼 수 있다. 목차 마인드맵은 책의 전체 내용을 한눈
에 보여주는 효과가 있어서 앞으로 공부할 내용을 짐작하게 도와준
다. 목차 마인드맵을 교과서나 공책에 잘 붙여놓으면 학생들이 언제

든지 참고하면서 공부할 수 있는 자료가 된다.

### 3) 도서관에서 책 찾기

학교 도서관에서 수업을 한다고 하면 학생들이 꽤 좋아한다. 교실에서 벗어나는 것 자체가 학생들에게 학습의 부담을 덜어주는 모양이다. 학생들에게 편안함을 선사하는 공간인 도서관을 잘 이용하면 재미있고 유익한 독서 수업을 할 수 있다.

나는 도서관에서 처음 수업을 실시할 때 어렵고 무거운 주제로 수업을 하지 않는다. 책을 읽고 난 느낌을 쓰거나 보고서를 작성할 때 필요한 자료를 조사하는 등의 활동은 도서관 수업에 익숙해지면 진행한다. 처음부터 학생들을 주눅 들게 할 필요가 없기 때문이다. 쉬운 활동부터 어려운 활동까지 단계적으로 차근차근 진행하는 것이 좋다고 본다.

먼저 도서관에 대한 간단한 퀴즈를 풀게 한다. 우리 학교 도서관의 이름은 무엇인지, 학교 도서관에서 보유한 책은 몇 권 정도인지, 세계 최초의 도서관은 약 몇 년 전에 만들어졌는지 등등 도서관에 대한 여러 가지 질문을 던진다. 학생들은 퀴즈를 푸는 활동을 좋아한다. 이런 과정을 거치면 학생들이 도서관에 대해 자연스레 관심을 가지게 된다.

그런 다음 교사가 제시하는 조건에 맞는 책을 찾아오는 활동을 한다. 나는 다음과 같이 학생들에게 말한다. "보통 책의 가격이 얼마지요? 요즘에는 만 원이 넘을 때가 많아요. 책 가격이 비싸죠? 그래도 그 가격만큼 가치가 있다고 생각해요. 자, 그럼 지금부터 우리 도서관에 있는 가장 비싼 책을 찾아볼 거예요. 제한 시간은 5분입니다. 가장 비싼 책을 찾아온 다섯 명에게 맛있는 선물을 줄 거예요. 자, 지금부터 시작!"

이렇게 학생들에게 책을 찾아오라고 하면 도서관이 난장판이 되기 쉽다. 너도나도 할 것 없이 자신의 책이 비싸다고 난리가 난다. 책으로 이렇게 즐거운 시간을 보낼 수 있다는 점에서 흥미로운 활동이라 하겠다. 그래도 도서관을 관리하는 사서 교사에게 미리 양해를 구하는 것이 좋다.

책의 가격 외에도 다양한 주제를 학생들에게 제시할 수 있다. 책명이 가장 긴 책, 가장 많은 저자가 쓴 책, 출판사 이름이 가장 긴책, 책 표지에 인물 사진이 많은 책, 사랑하는 사람을 위해 쓴 책, 한 면의 숫자의 합이 가장 큰 책 등 여러 가지 조건을 교사가 선정해서 제시할 수 있다.

특정한 표현이 들어 있는 책을 찾는 활동도 할 수 있다. 국어 교과에서는 여러 가지 설명 방법을 가르치는데, 각각의 설명 방법에서 많이 활용하는 낱말이나 구절을 찾아보도록 하는 것이다. 구체적인 사례를 들어 설명하는 방법인 '예시'에는 '예를 들어, 예컨대, 이를 테면' 등의 표현을 많이 활용한다. 이런 표현을 활용한 책을 몇 권씩 찾아오라고 하는 것이다. 이를 통해 특정한 정보를 빨리 찾는 연습을 하면서 예시라는 설명 방법을 공부할 수 있다.

책을 찾아오면 책의 기본적인 정보를 적도록 한다. 책명, 저자, 출판사를 적고, 책의 청구기호를 적으라고 한다. 학생들은 자연스럽게 청구기호에 관심을 갖게 된다. 이때 청구기호의 의미와 역할 등을 가르칠 수 있다.

학생들이 책을 잘 찾을 수 있도록 안내하는 질문을 할 수도 있다. "'예를 들어'가 들어간 표현이 많은 책은 어떤 분야의 책일까요?" 이렇게 질문하면 학생들이 생각하기 시작한다. 학생들은 과학책, 철학책, 사회책 등등 논리적인 글에 많다고 말한다. 나는 설명문이나 논술문 형식의 책에 이런 표현이 많다고 안내한다. 이렇게 함으로써 학생들은 평소에 손이 잘 가지 않는 책을 만날 수 있다.

## 4) 질문 게임

"독도는 우리 땅이다." 이 문장에서 온점을 물음표로 바꿔보자. "독도는 우리 땅이다?" 바뀌는 순간부터 독도가 우리 땅이라는 사실에 대해 의심을 품게 된다. 문장부호 하나만 바꿔도, 물음표를 하나 덧붙이는 것만으로 문장의 의미가 확 달라지는 것이다. 책을 읽을 때도 질문이 중요하다. 책의 내용에 대해 의심하고, 고민하는 과정이 있어야 책을 깊이 있게 읽을 수 있기 때문이다.

학생들에게 질문의 중요성을 가르치고, 좋은 질문은 어떤 것인지 생각해볼 수 있는 수업이 필요하다. 이때『질문의 힘』(사이토 다카시, 남소영 옮김, 루비박스, 2017)이란 책을 참고할 만하다. 이 책에서 필자는 질문 능력을 키우는 방법으로 질문 게임을 추천한다. 실제로 학생들과 함께 해보니 유익한 활동이라는 생각이 들었다.

질문 게임의 방법은 다음과 같다. 4~5명 정도 모둠을 편성한다. 각 모둠별로 발표자를 정한다. 발표자는 교사가 제시한 주제에 따라 1~2분 정도 발표한다. 발표 주제는 학생들이 발표하기 쉬운 것으로 정한다. 질문 게임에서는 질문이 중요하므로 발표 내용은 크게 신경 쓰지 않아도 된다. 발표한 모둠을 제외한 다른 모둠에서 발표자에게 질문을 한다. 질문을 받은 발표자는 질문 중에 대답하고 싶은 질문 하나만 골라서 답할 수 있다. 선택받은 질문은 모든 학생이 볼 수 있도록 칠판에 기록한다. 게임이므로 선택받은 질문을 한 모둠에 점수를 부여한다. 모둠별로 발표할 사람과 질문할 사람의 순서를 정해서 모든 학생이 발표와 질문을 끝내면 가장 높은 점수를 받은 모둠이 승리한다.

선택받은 질문을 칠판에 적어놓으면 좋은 질문의 예를 학생들에게 보여줄 수 있다. 이것은 친구들이 한 질문을 차근차근 살펴보면서 좋은 질문의 조건에 대해 고민하도록 도와줄 수 있다. 좋은 질문의 조건을 미리 알려주는 것보다 효과적인 방법이라 생각한다. 질문 게임에서 학생들의 발표와 질문을 유심히 듣다 보면 교사가 학생들의 생각과 마음을 이해하는 데에도 큰 도움이 된다.

## 5) 질문 만들고 풀기

교과서에 나와 있는 짧은 글을 학생들과 함께 읽는다. 나는 단편소설을 활용할 때가 많다. 소설의 내용을 일일이 설명하기보다는 학생들이 질문을 만들면서 소설의 내용을 파악하는 것이 더 나은 방법이다. 이번에 시도할 '질문 만들고 풀기' 활동은 소설뿐만 아니라 설명문이나 논설문에도 이용할 수 있다. 다른 교과 수업에서도 충분히 활용할 수 있으리라 생각한다.

먼저 학생들에게 나눠준 작품을 모두 읽은 후 그 내용으로 질문을 만들라고 한다. 질문의 개수는 소설의 분량에 맞게 5~10개 정도로 한다. 질문 게임으로 익힌 좋은 질문의 조건을 떠올리면서 질문을 만들게 한다. 교과서에 나와 있는 학습 활동 문제를 참고하라고 하면 도움이 될 것이다. 나는 보통 선다형, 단답형, 서술형 문제를 하나씩 포함하고, 문제의 정답도 쓰게 한다.

각 학생이 질문을 만들었다면 4명 정도로 모둠을 편성하여 각 모둠별로 가장 좋은 질문 세 개를 뽑으라고 한다. 한 학급에서 대개 여덟 모둠을 편성할 수 있으니 학생들이 출제한 문제를 모으면 25문항 정도가 된다. 이 문제를 한글 파일로 만들어서 학급 인원수만큼 인쇄한다. 인쇄된 유인물을 학생들에게 배부하고 학생들과 함께 풀도록 한다. 이렇게 만들어진 문제를 다른 학급 학생들에게 나눠주고 풀어보게 해도 된다. 다른 학급 학생들이 풀기 어려운 문제를 고르라고 하면 경쟁심을 유발해서 학생들의 집중력을 높일 수도 있다.

학생들은 처음에 글을 한 번 읽고, 문제를 내면서 또 한 번 읽고, 문제를 풀면서 다시 한 번 글을 읽게 된다. 이렇게 세 번 정도 글을 읽으면 글의 내용을 자세히 파악하기 쉽다.

앞에서 제시한 활동으로 학생들은 책과 친근해진다. '훑어보기'와 '자세히 읽기' 수업 방법으로 독해 능력 또한 향상된다. 이렇게 여러 가지 독서법을 배운 후 학생들은 그림책 쓰기 실전 단계로 들어가게 된다.

# 3. 나만의 그림책 쓰기 지도 방법

## 1) 그림과 글의 화학적 결합, 그림책

학생들이 여러 가지 독서법을 익혔다면 그림책을 쓸 준비를 어느 정도 마친 셈이다. 이제는 다양한 그림책을 살펴보면서 자신의 그림책을 구상해볼 차례다. 그전에 교사는 미리 그림책의 개념과 특성을 이해하는 것이 필요하다. 가르치는 대상의 속성을 정확하게 파악한다면 그 대상을 가르칠 때 유용하기 때문이다.

글과 그림이라는 두 매체가 서로 결합하여 의미를 전달하는 그림책의 독특한 특성을 설명하기 위해 전문가들은 종종 비유를 사용하기도 한다. 러셀Russell은 그림책을 '글과 그림의 행복한 결혼'에 비유하기도 하였으며, 노들먼Nodelman은 그림책을 문학과 미술이라는 서로 다른 예술 형식이 독특하게 결합한 형태로 정의하였다. 그림책 작가인 바버라 쿠니Barbara Cooney는 그림책을 진주 목걸이에 비유하고 있다. 진주는 그림을, 목걸이 줄은 글 텍스트를 비유한다. 줄은 그 자체로는 아름다움의 대상이 아니지만 목걸이는 줄 없이는 존재하지 못한다. 이러한 비유는 비록 그림책에서 글 텍스트가 분명히 아름다워야 하고 그 자체로 기쁨을 주어야 하지만 그림과 글의 상호 의존성을 통해 그림책이 존재할 수 있음을 말하고 있다. 정병규는 그림책의 글과 그림의 관계를 '화학적'이라고 말한다. "(그림책에서) 글과 그림을 종속 관계를 넘어 서로 독립성을 가지면서 글과 그림이 단독으로 표현되는 층위를 넘어 화학적인 새로운 공간, 그림책의 공간을 형성한다. 그림책의 진정한 감동은 바로 이 그림책 특유의 공간에서 발생하는 화학적 반응의 결과라고 할 수 있다." (현은자·김세희, 『그림책의 이해 1』, 사계절, 2015, 17쪽.)

위의 글에서 알 수 있듯이 그림책은 글과 그림이 적절하게 조화를 이룬 책이다. 따라서 그림책 쓰기를 지도하기 위해서는 교사가 그림과 글에 대한 예술적 감각을 모두 갖추고 있어야 가능하다. 그런데 국어를 전공한 나는 그림 그리기에는 재주가 없다. 그래서 그림책을 구성하는 이야기를 중심으로 지도할 수밖에 없었다. 어찌 보면 그림과 글의 두 가지 축으로 이루어진 그림책에서 한쪽 부분만 지도한 셈이다.

그림책의 특성에 맞는 그림책 쓰기를 지도하기 위해서 미술 교과와 연계하는 것이 반드시 필요하겠다. 요즘 유행하는 융합 수업을 진행하는 것이다. 주제 설정, 내용 구성은 국어과에서 맡고, 표지 디자인이나 장면에 따른 그림 그리기는 미술과에서 맡는 식이다. 이것은 앞으로 수업 시간에 그림책 쓰기 지도 과정에서 해결해나가야 할 과제라고 하겠다.

나만의 그림책 쓰기 수업의 목적은 그림책 작가를 양성하는 것이 아니다. 학생들이 그림책을 한 권 씀으로써 저자의 역할을 직접 해보는 것이다. 그런 과정에서 읽기와 쓰기에 대해 고민하게 하는 것이 그 목적이다. 학생들에게 그림책의 특성과 개념을 자세히 설명하지 않아도 학생은 자신의 방식대로 그림책을 구상해나간다. 학생들이 어린 시절에 그림책을 많이 만났기 때문에 별도로 지도하지 않아도 무리가 없다.

## 2) 나를 찾아가는 글쓰기—나의 자랑 30가지 쓰기

본격적으로 그림책을 읽고 쓰는 활동에 앞서서 학생들과 가볍게 글을 쓰는 활동을 했다. 학생들과 처음으로 함께 한 활동은 '나의 자랑 30가지 쓰기'다. 작가들은 이야기의 소재를 자신의 인생에서 찾기도 한다. 그동안 살아오면서 자신이 경험한 사실을 바탕으로 상상해서 새로운 이야기를 꾸미는 것이다. 작가가 자전적인 소설을 쓰는 것도 이와 같은 이유다.

학생들에게 자신을 찾아가는 글쓰기를 시도해보고 싶었다. 몇 년 전에 어느 연수에서 자신의 장점 30가지 쓰기 과제를 내준 적이 있었다. 처음에는 자신의 자랑거리를 30개나 쓴다는 것이 부담되었지만 막상 해보니 내게 큰 도움이 되었다. 자랑거리가 많은 내가 뿌듯하게 여겨지기도 했고, 글을 쓴 후에 자신감도 조금 생겼다. 학생들에게도 이런 감정을 느끼도록 해주고 싶었다.

수업 시간에 종이를 한 장 주고, 자신의 자랑거리 30가지를 쓰게 했다. 개수는 30개 이상을 해도 된다. 직접 해보니 중학교 1학년 학생을 대상으로 수업 시간 45분 동안 쓰기에는 30가지가 적당했다.

국어 교사인 나도 자랑을 30개나 쓰라고 하면 막연하다. 학생들은 더욱더 그럴 것이다. 그때 작성하는 요령을 한두 가지 알려준다. 먼저 남들에게 자랑할 만한 것이 어떤 것이 있는지 알려준다. 예를 들어 외모, 성격, 경험, 행동, 가족, 친구 관계, 소유물 등등이 있겠다. 그리고 자랑거리를 쓸 때 되도록 구체적으로 표현하도록 지도한다. '나는 착하다'고 쓰지 말고 '나는 친구의 숙제를 도와준 적이 있다'고 쓰는 것이다. 그러면 자신이 한 착한 행동을 여러 개 쓰는 데도 도움이 된다.

쓰는 요령을 가르쳐줘도 잘 쓰지 못하는 학생이 있다면 교사가 그 학생의 장점을 몇 가지 알려줄 수 있다. 지각, 조퇴, 결석을 하지 않는다, 숙제를 미루지 않고 잘 한다, 과제 제출 날짜를 잘 지킨다, 밥을 잘 먹는다, 특별히 아픈 곳이 없이 건강하다 등등. 작은 것이라도 자랑할 수 있다는 점을 알려주면 학생들이 쉽게 자신의 장점을 찾을 수 있다. 또한 친구가 쓴 자랑을 슬쩍 훔쳐볼 수 있는 기회나 친구에게 자신의 장점을 물어보는 기회를 주면 어렵지 않게 모든 학생이 과제를 해결한다.

학생들이 자랑거리를 다 쓴 다음 활동 소감을 간략하게 적도록 했다. 자신이 쓴 장점을 읽어보고, 그것을 본 느낌을 정리하는 것이다. 많은 학생들은 평소에 잘 생각하지 않았던 자신의 장점을 생각해볼 수 있어서 좋았다고 평가했다. 자신의 장점이 잘 떠오르지 않아서 앞으로 자랑거리를 많이 만들겠다고 다짐을 한 학생도 있었다.

이렇게 자신을 살펴보는 글쓰기 활동 후에는 친구나 부모를 글감으로 삼는 쓰기 활동을 진행할 수 있다. 교내를 산책하면서 눈에 띠는 대상을 관찰하는 글을 쓸 수도 있다. 자신에 대해 고민하고, 자신과 관계를 맺고 있는 사람이나 자신을 둘러싼 환경에 대해 생각해 보는 글을 써보는 것이다. 그러면서 학생들은 조금씩 글을 쓰는 능력을 키울 수 있다.


### 3) 독자에서 저자로—낙서책 쓰기

앞서 말했듯이 내가 있던 교실에는 낙서가 참 많았다. 지금은 깨끗하게 페인트칠을 해서 사라졌지만 예전에 벽면에는 이런저런 낙서가 많았다. 하지 말라고 해도 학생들은 교사의 눈을 피해서 낙서를 하곤 했다. 수업 시간에도 학생들은 낙서를 즐긴다. 멋진 그림을 그리거나 친구에게 편지를 쓰기도 한다. 무의미하게 선을 긋기도 하고, 교과서에 나와 있는 사진과 그림에 색칠도 한다. 그때 나는 무엇인가를 쓰는 행위가 인간의 본능일지도 모른다고 생각했다.

『직딩들을 위한 낙서책』(클레르 파이, 강미란 옮김, 빠삐에트리, 2007)은 책명처럼 직장인들이 낙서를 쉽게 할 수 있도록 다양한 내용으로 꾸며진 책이다. 지겨워질 때까지 커피 잔에 색칠을 하고, 뾰족한 연필을 책에 그려져 있는 과녁에 던질 수도 있고, 자신의 마음에 들지 않는 사람의 얼굴을 그리기도 하고, 복잡한 머릿속을 수정 테이프로 지우는 등 온갖 재미있는 낙서를 해볼 수 있다.

청소년을 위한 낙서책인 『낙서열전 1, 2』(숭문고 2학년 5~8반, 열림원. 2008)도 있다. 이 책의 표지에는 '낙 없고 서럽고 열받는 전국 중고딩을 위한 낙서책'이라는 재미있는 문구가 적혀 있다. 청소년들이 공감할 만한 낙서가 많아서 이 책을 학생들에게 보여주면 참 즐거워한다. 이 책은 저작권을 기증한 상황이므로 자유롭게 복사해서 사용할 수 있다.

학생들에게 이 책을 보여준 후 우리 반만의 특별한 낙서책을 쓰자고 제안했다. 학생들에게 A4 용지를 한 장씩 나눠주고, 친구들이 즐겁게 할 만한 낙서를 앞뒤로 만든다. 학생들은 반짝이는 아이디어

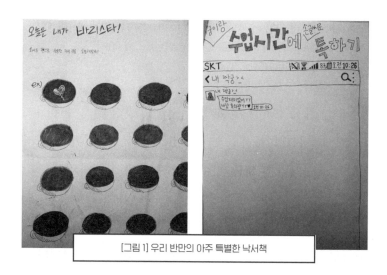

[그림 1] 우리 반만의 아주 특별한 낙서책

로 낙서책을 썼다. 국어 교과서의 머리말을 오려서 낙서책의 소재로 사용하기도 하고, 어렸을 때 즐겁게 했던 놀이를 활용하기도 했다. 선생님께 발부하는 벌점 카드를 만들기도 했고, 커피에 라테아트를 해보는 낙서도 있었다.

이렇게 학생들이 쓴 낙서를 모두 모으면 우리 반만의 아주 특별한 낙서책이 완성된다. 낙서책을 쓰면서 학생들은 책을 쓰는 것이 그리 어렵지 않은 일이라 생각하게 된다. 작은 아이디어로 훌륭한 책을 완성할 수 있다는 것도 깨닫는다. 또한 친구들의 작품을 모아 한 권의 책을 완성하다 보면 함께 쓰는 것의 소중함을 느낄 수 있다. 낙서책 쓰기는 학생들이 독자와 저자를 동시에 체험할 수 있는 매우 매력적인 활동이다.

---

**Tip**

책따세 홈페이지(www.readread.or.kr/things/donation-exercise/?uid=632&mod=document)에서 『낙서열전 1, 2』의 PDF 파일을 무료로 다운로드 받을 수 있다.

---

## 4) 다양한 그림책 살펴보며 주제 설정하기

학생들과 몇 번의 쓰기 활동을 진행한 후 그림책 집필에 들어간다. 집필할 때 가장 먼저 해야 할 일은 주제를 정하는 것이다. 자신이 어떤 주제로 책을 쓸지 고민해야 한다. 첫 시간부터 학생들이 자신이 쓸 그림책의 주제를 정하라고 하면 무척 난감해한다. 학생들이 자신의 그림책을 구상하기 위해서는 먼저 다양한 그림책을 살펴보고 검토하는 작업이 필요하다. 책을 쓰기 위해 책을 꼼꼼하게 읽는 과정이 필요한 셈이다.

그래서 서너 시간 정도 다양한 그림책을 자유롭게 읽고 책의 내용을 정리하는 활동을 먼저 했다. 이를 통해 학생들은 자신이 쓸 그림책의 주제를 정하고, 내용을 구상할 수 있었다. 이 수업을 하기 위해서는 학교 도서관에 그림책이 많이 있어야 한다. 그래서 나는 도서관에서 구입 희망 도서를 요청할 때 그림책을 꼭 구입해달라고 부탁한다.

그림책도 한 편의 이야기이므로 인물이 매우 중요하다. 소설을 읽은 후 시간이 흘러도 머릿속에 오래도록 기억이 남는 것은 인물이다. 사건과 배경은 소설을 읽은 후에 잊히는 때가 많지만 인물은 그렇지 않다. 예를 들어, 생텍쥐페리의 소설 『어린 왕자』의 줄거리는 금방 생각이 안 나지만, '어린 왕자'라는 등장인물의 성격, 행동 등은 쉽게 떠오른다. 그림책에서도 인물은 중요하다. 어떤 인물을 창조해내느냐에 따라 그림책을 읽는 재미가 배가되어 더욱 매력적인 그림책을 만들 수 있다.

캐릭터가 어떠한지에 따라서 사건이나 결말 등 이야기의 내용과 분위기, 전달하는 메시지도 달라진다. 때로는 같은 주제라도 캐릭터의 성격에 따라서 책에서 느끼는 즐거움이나 감동이 전혀 다른 경우도 있다. 그림책에는 다양한 캐릭터들이 존재하지만 유독 많은 사람들에게 사랑을 받는 매력적인 캐릭터가 있고, 그렇지 못한 캐릭터도 있다. 그림책을 덮은 후에도 계속 기억에 남아 있는 캐릭터가 매력적인 캐릭터라고 할 수 있다. (현은자·최경·윤아해, 『즐거운 그림책 쓰기』, 학지사, 2012, 30쪽.)

전문적인 그림책 작가 양성을 위한 책에서도 인물 창조에 대한 비중이 큰 편이다. 여러 그림책에 등장하는 인물을 꼼꼼하게 분석하고 이를 참고하여 자신이 쓸 이야기에 어울릴 만한 인물을 창조하도록 안내한다. 성별, 나이, 가족 관계에서부터 등장인물의 특징, 결핍과 욕구까지 매우 자세하게 인물을 만들어간다.

학생들에게도 여러 가지 그림책을 살펴보면서 등장인물을 파악하게 하는 활동이 필요하다. 다만 무턱대고 등장인물을 분석하라고 하면 학생들은 그 과제를 어렵게 받아들일 것이다. 학생들이 부담 없이 등장인물을 잘 살펴볼 수 있도록 배려하는 것이 무엇보다 중요하다. 나는 보통 친구로 만나고 싶은 인물이 나온 그림책을 찾아보라고 한다. 친구로 만날 수 있다는 것은 늘 함께 하고 싶을 정도로 매력적이라는 뜻이다.

매력적인 등장인물이 나온 그림책을 찾았으면 그 책의 내용을 간략하게 정리하라고 한다. 그림책의 분량이 짧다면 책의 내용을 그대로 베껴 써도 무방하다. 그런 다음에 등장인물의 특징이나 성격을 파악해보라고 한다. 등장인물의 성격을 잘 드러낼 수 있는 낱말 세 가지를 고르고, 왜 그러한지 설명을 쓰라고 해도 좋다.

그림책을 살펴보면서 내용을 정리해보는 활동을 두세 번 더 진행한다. 인물에 대해 파악했다면 그림책의 내용이나 구성을 중심으로 살펴보도록 한다. 앞에서도 말했지만 학생들의 눈높이에 맞는 과제를 던져주는 것이 필요하다. 교과서에 실릴 만한 그림책, 친구에게 꼭 선물해주고 싶은 그림책, 평생 소장하고 싶은 그림책 등을 찾아보라고 한다. 이렇게 그림책을 분석적으로 읽으면 자신이 쓸 그림책의 주제와 내용을 정하는 데 큰 도움이 된다.

각 시간마다 과제를 수행한 학생들은 자유롭게 다른 책을 살펴보도록 권한다. 이때 꼭 그림책을 보지 않아도 된다. 자신이 쓸 그림책에 도움이 된다면 어떤 책을 읽어도 무방하다. 자유로운 발상을 위해서 학생들이 여러 책들을 편안하게 만나도록 도와주는 것이 중요하기 때문이다.


## 5) 그림책 쓰기 추진 계획서 작성하기

이제 자신이 쓸 그림책에 대해 구체적으로 고민하는 시간을 갖는다. 그림책을 완성하지 못하더라도 '그림책 쓰기 추진 계획서'(이하 추진 계획서)를 작성하는 것만으로 큰 의미가 있다. 책을 쓰는 과정을 경험해보는 것 자체가 학생들에게 소중한 교육 활동이다.

학생들에게 추진 계획서 양식을 제시한 후 작성하라고 한다. 그 냥 작성하라고 하면 막연하니 자신이 그동안 살펴본 그림책을 떠올 려보게 한다. 여러 그림책을 살펴보면서 그림책을 만들어도 좋다. 그래도 어려워하는 학생이 있다면 기존 그림책의 내용을 모방해서 쓰거나 그림책의 뒷이야기를 창작해보라고 한다. 『늑대가 들려주는 아기돼지 삼형제 이야기』(존 셰스카 글, 레인 스미스 그림, 황의방 옮김, 보 림, 1996)처럼 원래 이야기를 다른 등장인물의 입장에서 쓰는 방법도 있다. 그림 그리기에 자신 있는 학생이라면 그림을 중심으로 이야기 를 구성하는 방법도 있다고 알려준다. 반대로 글에 자신 있는 학생 이라면 『그림 없는 책』(B. J. 노박, 김영진 옮김, 시공주니어, 2016)처럼 '그 림 없는 그림책'이라는 기발한 발상도 가능하다고 설명해준다.

추진 계획서를 작성할 때는 학생들에게 충분한 시간을 준다. 다 양한 그림책을 참고할 수 있도록 도서관에서 추진 계획서를 작성하 게 하는 것도 좋다. 이전에 다른 학생들이 만든 작품을 예시로 보여 주는 것도 추진 계획서를 작성하는 데 도움을 줄 수 있다.

추진 계획서를 작성할 때 책의 내용과 형식을 구체적으로 쓰도록 지도하는 것이 중요하다. 학생들이 쓸 그림책 분량을 20페이지 안 팎이라고 제시하고, 각 쪽마다 들어갈 그림과 글을 간략히 써보게 한다. 영화나 드라마 콘티에서 한 장면씩 구성하는 것처럼 작성하는 것이다. 이것만 보더라도 그림책의 전반적인 내용을 이해할 수 있도 록 쓰게 하는 것이 핵심이다. 추진 계획서를 쓰는 것 자체가 곧 한 권의 책을 쓰는 과정이라고 생각하면 된다. 나는 추진 계획서 양식

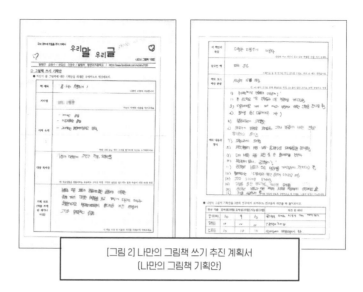

[그림 2] 나만의 그림책 쓰기 추진 계획서
[나만의 그림책 기획안]

에서 책의 내용과 형식 부분에 그림책의 각 쪽 내용과 그림을 구체적으로 작성하도록 지도했다.

그림책을 구성한 다음에는 학생들의 추진 계획서를 최대한 꼼꼼하게 검토한다. 교사가 모든 학생의 추진 계획서를 검토할 수도 있지만 학생들과 함께 추진 계획서를 평가할 수도 있다. 이런 평가 과정을 거쳐 학생들은 자신의 추진 계획서를 수정하고 보완한다.

추진 계획서를 꼼꼼하게 작성해야 나중에 그림책을 집필할 때도 학생들이 어려움을 느끼지 않는다. 추진 계획서에는 자신이 쓸 그림책의 내용이 자세히 나와 있기 때문에 학생들은 이것을 옆에 두고 그림책을 써나간다. 그러므로 추진 계획서 작성과 검토에 많은 시간을 들여야 한다.

## 6) 집필 및 보완하기

추진 계획서를 완성했으면 학생들이 추진 계획서에 맞게 그림책을 쓴다. 그림책을 쓰기 전에 그림책에 꼭 들어갈 요소에 대해 유인물로 만들어 학생들에게 배부한다. 책명, 작가 소개, 책 표지 등 그림책에 들어갈 요소를 자세히 안내해주는 것이 좋다. 그림 그리기에 자신이 없는 학생들을 위해서 무료 이미지를 다운로드 받을 수 있는 인터넷 사이트도 알려준다. 이 과정에서 저작권 기부 운동의 의미도 알려줄 수 있다. 나는 학생들이 만든 작품의 저작권을 기부한다는 전제하에서 수업을 진행했다. 잘된 그림책은 후배들에게 보여주고, 인터넷 사이트에 공유함으로써 다른 사람도 함께 볼 수 있도록 했다. 나아가 좋은 그림책은 출판할 수도 있다고 말했다. 책을 출판했을 때 그 수익금은 어려운 이웃을 돕거나 우리 사회를 위해 좋은 일을 하는 단체에 기부하자고 제안하기도 했다.

집필 작업은 수업 시간에 진행하지 않고, 학생들에게 과제 형태로 제시했다. 그림책을 쓸 때 학생마다 필요한 재료도 다르고, 학교에 활용할 수 있는 컴퓨터도 많지 않기 때문에 집에서 쓰는 것이 좋다고 판단했다. 대신에 그림책을 쓸 수 있는 시간을 충분히 줬다. 보통 2주 이상의 시간을 주었는데, 시간을 충분히 주면 미리 작품을 제출하는 학생도 있다. 그러면 학생들에게 그 작품을 보여주면서 그림책 쓰기 과제가 있다는 점을 수시로 알려준다.

그림책 쓰기 교육을 처음으로 진행했을 때 학생들의 2/3 정도가

[그림3] '나만의 그림책' 완성작

작품을 제출했다. 그다음 해에는 보다 많은 학생들이 제출하도록 유도하기 위해 중간 평가 시간을 가졌다. 추진 계획서를 작성한 후에 최종 제출까지 2주 이상의 시간을 부여하고, 1주 정도 지났을 때 자신이 만든 그림책을 들고 와서 개별적으로 검사를 맡게 했다. 중간 평가 시간에는 학생들이 그림책을 완성할 수 있도록 격려하는 것이 가장 중요하다. 따라서 비판은 자제했고, 칭찬을 많이 해줬다. 중간 평가 시간을 가지니 거의 모든 학생들이 작품을 제출했다. 교사가 신경을 쓰는 만큼 학생들이 따라올 수 있다.

학생들이 작품을 낸 후로 각 그림책에 대한 보완 활동은 따로 하지 않았다. 학생들이 쓴 그림책은 그림과 글이 함께 있어서 책의 내용을 보완하기가 쉽지 않았다. 학생들이 컴퓨터를 사용하지 않고 손으로 작품을 쓸 때가 많아서 자신의 책을 고쳐 쓰는 활동을 무척 어려워했다.

대신 친구들의 작품을 서로 살펴보는 시간을 가졌다. 수업 시간에 전교생이 쓴 그림책을 돌려가면서 읽었다. 친구들이 쓴 그림책을 읽으며 학생들은 무척 즐거워했다. 친구들이 쓴 그림책을 평가하는 과정에서 자신이 쓴 그림책을 되돌아보게 했다. 이것은 곧 자신의 책을 보완할 수 있는 계기가 되었다.

학생들이 쓴 그림책의 내용은 정말 다양했다. 어릴 적 경험을 바탕으로 쓴 이야기, 가족 간의 갈등과 해결 과정을 다룬 이야기, 학교생활의 어려움을 보여주는 이야기, 기발한 상상력으로 사물을 의인화해서 쓴 이야기, 우리 사회 현실을 우회적으로 비판하는 이야기까지. 그중에는 기성 작가 못지않게 높은 완성도를 자랑하는 책도 있었다. 한 권의 책을 써내는 학생들의 능력이 참으로 놀라웠다.

또한 학생들이 쓴 그림책을 읽는 것은 내게 큰 즐거움이었다. 그림책을 읽으면서 학생들의 진솔한 마음을 읽을 수 있었다. 학생들이 쓴 그림책에서 가족, 친구, 소외된 이웃을 사랑하는 마음이 느껴졌다. 이것이 바로 아이들의 순수한 마음이 잘 담겨 있는, 그림책만이 주는 특별한 매력일지도 모르겠다.

- 『고릴라』(앤서니 브라운 글·그림, 장은수 옮김, 비룡소, 1998)
- 『고함쟁이 엄마』(유타 바우어 글·그림, 이현정 옮김, 비룡소, 2005)
- 『곰 사냥을 떠나자』(마이클 로젠 글, 헬린 옥슨 버리 그림, 공경희 옮김, 시공주니어, 1994)
- 『그래, 책이야』(레인 스미스 글·그림, 김경연 옮김, 문학동네어린이, 2011)
- 『꿈의 궁전을 만든 우체부 슈발』(오카야 고지 글, 야마네 히데노부 그림, 김창원 옮김, 진선 북스, 2004)
- 『낱말 공장 나라』(아네스 드 레스트라드 글, 발레리아 도캄포 그림, 신윤경 옮김, 세용출판, 2009)
- 『내가 라면을 먹을 때』(하세가와 요시후미 글·그림, 장지현 옮김, 고래이야기, 2009)
- 『누가 따라오는 걸까?』(양투안 기요페 글·그림, 어린이작가정신, 2005)
- 『눈물바다』(서현 글·그림, 사계절, 2009)
- 『늑대가 들려주는 아기돼지 삼형제 이야기』(존 셰스카 글, 레인 스미스 그림, 황의방 옮김, 보림, 1996)
- 『도서관 생쥐』(다니엘 커크 글·그림, 신유선 옮김, 푸른날개, 2007)
- 『돼지책』(앤서니 브라운 글·그림, 허은미 옮김, 웅진주니어, 2001)
- 『아기돼지 세 자매』(프레데릭 스테르 글·그림, 최윤정 옮김, 주니어파랑새, 1999)
- 『오늘의 일기』(로드 클레멘트 글·그림, 김경연 옮김, 풀빛, 2006)

- 『왜?』(니콜라이 포포프 글·그림, 현암사, 1997)
- 『왜요?』(린제이 캠프 글, 토니 로스 그림, 바리 옮김, 베틀북, 2002)
- 『움직이는 ㄱㄴㄷ』(이수지 글·그림, 길벗어린이, 2006)
- 『웃음은 힘이 세다』(허은미 글, 윤미숙 그림, 한울림어린이, 2015)
- 『이상한 화요일』(데이비드 위즈너 글·그림, 비룡소, 2002)
- 『일곱 마리 눈먼 생쥐』(에드 영 글·그림, 최순희 옮김, 시공주니어, 1999)
- 『1999년 6월 29일』(데이비드 위즈너 글·그림, 이지유 옮김, 미래아이, 2004)
- 『점』(피터 레이놀즈 글·그림, 김지효 옮김, 문학동네어린이, 2003)
- 『지각대장 존』(존 버닝햄 글·그림, 박상희 옮김, 비룡소, 1999)
- 『짖어봐 조지야』(줄스 파이퍼 글·그림, 조숙은 옮김, 보림, 2000)
- 『짧은 귀 토끼』(다원시 글, 탕탕 그림, 심윤섭 옮김, 고래이야기, 2006)
- 『파랑이와 노랑이』(레오 리오니 글·그림, 이경혜 옮김, 파랑새, 2003)
- 『프레드릭』(레오 리오니 글·그림, 최순희 옮김, 시공주니어, 2013)

## 나만의 그림책 쓰기 수업 소감문

### 1. 잊지 못할 특별한 수업

창문여중 졸업생 태지우

작년 겨울, 나는 아주 특별하고 잊지 못할 경험을 하였다. 바로 국어 시간에 진행한 '나만의 그림책 쓰기' 수업이었다. 단지 제출 날짜만 정해져 있었을 뿐, 주제부터 줄거리, 페이지 수, 책의 형식까지 모두 개인의 자유였다. 나는 평소 글쓰기를 즐겨 하고, 책을 써보고 싶다는 생각을 자주 해왔었다. 이런 나에게 그림책 쓰기 수업은 마치 운명처럼 다가왔다.

주제는 굉장히 빨리 선정하였다. 우선 나는 역사를 매우 좋아하고 관심이 많다. 또 당시에 위안부 소녀상 철거가 거론되면서 많은 사람들이 위안부에 대하여 관심을 가지게 되었다. 나는 독자들이 한 번 더 위안부에 대해 생각해보았으면 하는 바람에 일본군 '위안부'를 주제로 책을 쓰게 되었다.

주제는 정했지만, 정말 큰 문제가 기다리고 있었다. 나는 사람을 못 그리고 특히 이런 무거운 분위기의 그림은 아예 그리지 못한다. 고민하던 찰나에 불현듯 국어 시간에 배운 것이 떠올랐다. 바로 '비유' 중에서도 '의인'이었다. 사람이 아닌 것을 사람으로 표현하면 간

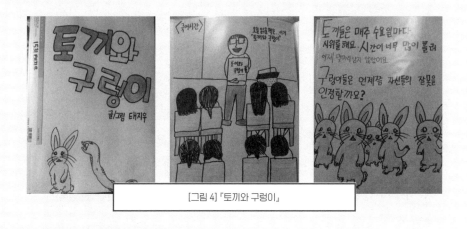

[그림 4] 『토끼와 구렁이』

단하게 해결될 일이었다.

그래서 나는 한국인을 순진한 토끼로, 일본인을 간사한 구렁이로 표현하여 '토끼와 구렁이'라는 제목으로, 너무 무겁지 않은 분위기의 그림책을 그리기로 하였다. 또한, 책 속 인물(선생님)이 책을 읽어주는 형식으로 진행하여 『토끼와 구렁이』가 단순한 '책'이 아닌 우리가 사는 '사회'라는 것을 표현하고 싶었다.

그다음부터는 순조롭게 제작이 진행되었다. 실제로 있었던 사실을 그저 동물들로, 그림으로 표현하면 되는 일이었기 때문이다. 하지만 결말 부분에서 제작이 중단되었다. 왜냐하면 이 이야기는, 일본군 '위안부' 이야기는 아직 결말이 나지 않았기 때문이다. 결국 나는 열린 결말로 책을 마무리 지을 수밖에 없었다.

'나만의 그림책 쓰기' 수업은 기억에 깊이 남을, 매우 뜻깊은 활동이었다. 운이 좋게도 나와 몇몇 친구들은 '책따세'의 초청을 받아 그림책 쓰기에 대하여 여러 선생님과 이야기를 나누기도 했다.

오늘날 우리 학생들은 글을 쓰는 것보다는 글을 읽는 것에, 자신의 생각을 표현하는 것보다는 남의 생각이나 정서를 파악하는 것에 더 익숙해져 있다. 다시 말해 수동적인 삶에 익숙해져 있는 것이다. 우리는 '나만의 그림책 쓰기' 수업을 통해 자신의 생각과 느낌을 글로서 표현하는 방법을 배우게 되었고, 능동적으로 수업에 참여함으로써 진정한 배움을 느낄 수 있었다. 특히 제작 과정에 큰 제약을 걸어두지 않은 덕분에 더 다양하고 창의적인 생각을 할 수 있었다.

## 2. 글쓰기의 재미를 마음껏 느낀 시간

창문여중 졸업생 방나은

나는 평소에 글쓰기를 좋아하는 편이었다. 소설도 좋아해서 상상의 나래를 펼치는 것을 즐겨하곤 했다. 그래서 '나만의 그림책 쓰기' 활동을 하게 되었을 때 매우 설렜다. 그러나 그림책을 쓴다는 것은 쉬운 일이 아니었다. 뚝딱뚝딱 만들어질 줄 알았던 그림책을 막상 쓰려니 막막하였다. 그래서 맨 처음에는 도서관에서 다른 여러 그림책을 살펴보는 활동을 하였다. 얇은 책, 두꺼운 책, 등장인물이 동물인 책, 사람인 책 등등 정말 그림책을 이렇게 많이 읽어본 것은 태어나서 처음이었다. 나는 더 이상 읽지 않을 것 같던 그림책을 재미있게 읽을 수 있었던 그 시간이 지금도 나에게 많은 도움이 되고

[그림 5] 『고장 난 시계』

있다고 생각한다.

　본격적으로 나의 그림책의 구체적인 구도를 잡기 시작했다. 나는 어린 여자아이를 주인공으로 정하였다. 감정적인 이야기를 쓰는 데에는 가장 좋은 캐릭터라고 생각했기 때문이다. 나는 되도록이면 간결한 문장을 쓰려고 하면서 나의 이야기를 쓰듯이 일기처럼 써보았다. 처음에 썼던 이야기를 계속해서 수정하고 보완하면서 더 좋은 이야기가 나올 수 있도록 노력했다. 반복된 수정과 보완 작업은 힘들었지만 그만큼 공들이고 노력한 결과가 나오는 것을 보면서 뿌듯함을 느꼈다. 내가 만든 이야기의 내용에 맞게 그림을 그리는 일에서도 고민을 많이 했었다. '어떻게 하면 독자들이 더 편안하게 그림을 보면서 책을 읽을 수 있을까?'에 초점을 맞추어서 그림을 그렸다. 밑그림에 색이 더해지자 점점 그럴듯한 그림책이 완성되는 것 같았다. 빙그레 웃음을 지으며 완성된 그림책 『고장 난 시계』를 꼭 껴안았던 기억은 아직도 나의 마음속에 고이 간직되어 있다.

모두에게 즐거움을 전해주고 싶은 마음이 전해진 것일까? 나는 선생님의 도움으로 여러 전시회에 내 그림책을 전시할 수 있었다. 막상 전시를 하니까 처음에는 부끄러운 마음이 들었다. 그러나 많은 분들이 내 그림책을 봐주시는 것을 보니까 뿌듯했고 지금까지 했던 나의 노력들이 헛되지 않았다는 생각이 들었다. 내 서투른 첫 작품을 봐주시는 분들에게도 감사한 마음이 들었다.

친구들의 그림책을 바꿔서 읽는 것도 쏠쏠한 재미가 있었다. 흥부놀부 이야기를 놀부 입장에서 쓴 그림책, 자신이 겪었던 이야기를 재미있게 쓴 그림책 등등. 친구들이 글을 쓰는 특징이나 그림책의 분위기가 각각 달라서 신기했고, 실제로 출판된 그림책이라고 해도 믿을 것 같은 이야기도 있어서 나 스스로도 많이 배울 수 있었다고 생각한다.

'나만의 그림책 쓰기' 수업은 나에게 글쓰기의 재미를 느끼게 해준 활동 중 하나라고 생각한다. 무엇보다도 '내가 직접 쓴다'는 점은 내가 이 활동에 열정적으로 참여하도록 도와주었다. 어떤 것이든지 스스로 답을 찾아나가면서 완성해내는 활동은 나를 더 성장시키는 데에 큰 도움을 준다는 것을 배울 수 있었다. 앞으로 후배들도 글쓰기의 즐거운 묘미를 배울 수 있도록 매년 그림책 쓰기 활동을 꾸준히 해주셨으면 한다.

## 3. 내가 만들어가는 작은 세계

창문여중 졸업생 김수빈

그림책을 만든다는 것은, 내가 창조해낸 세계에 생명을 불어넣고 색깔을 입히는 것과 같다. 내가 아닌 다른 사람은 누구도 관여할 수 없는 나만의 고요한 세계. 나는 그 세계 속으로 내가 세상에 하고 싶었던 말을 불어넣었다. 알록달록한 풍선과 같이 사람들의 이목을 집중시킬 수 있는, 많은 사람들이 읽어주고 한번쯤 돌아봐주는, 그런 그림책이 되기를 바라는 마음이었다.

자유학기제의 국어 수업은, 나의 외침을 그림책을 통해 세상에 알릴 수 있는 특별한 기회를 가져다주었다. 나를 비롯하여 친구들은 한편으로는 기대되면서도 다른 한편으로는 꽤나 어려워 보이는 그림책 만들기 프로젝트에 맞닥뜨렸다. 의기양양하게 벌써부터 그림책을 다 만든 것처럼 이야기하는 친구도 있었고, 반면 짜증과 걱정이 섞인 말을 내뱉는 친구도 많았다. 나는 그림책 만들기에 대해 걱정하는 아이들 중 하나였다. 무슨 이야기를 담아내야 할까, 주인공은 어떻게 하지, 그림은 잘 못 그리는데. 이렇게 걱정을 한 가득 안고 시작한 그림책이었지만, 차근차근 개요를 짜고, 초안을 만들고, 수정을 거듭한 끝에 『개미 혁명』이 탄생했다.

『개미 혁명』이 세상에 태어날 기회를 준 '나만의 그림책 쓰기 수업.' 나는 대한민국의 중학생이라면 꼭 한 번 경험해야 하는 수업이

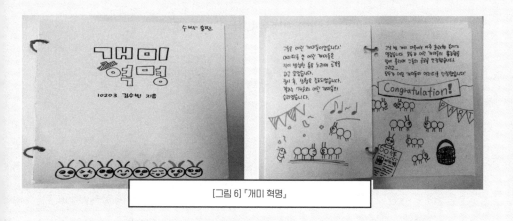

[그림 6] 『개미 혁명』

라고 생각한다. 칠판 판서를 통해 이뤄지는 지극히 보편적이고 평범한 교육에 익숙해져있다면, 어쩌면 그림책을 만드는 수업이 조금은 불편하게 느껴질지도 모른다. 하지만 이 특별한 수업이 나에게 가져다준 것들은 너무나 가치 있으며, 진심으로 의미 있는 것들이었다.

현대의 중학생들은 학업에 치중하느라 바쁜 나머지 책 한 쪽을 읽을까 말까 하며 하루를 보낸다. 그런 중학생들에게 책을 만들도록 했을 때 일어나는 일은 놀랍다. 그림책을 만들기 위한 아이디어를 얻거나 참고할 것을 찾기 위해 책을 뒤적이기 시작한다. 처음에는 그림책부터 시작한다. 손에 닿는 그림책부터 읽기 시작해서, 그 다음에는 아예 직접 책을 찾아 읽기 시작한다. 재미있어 보이는 책, 관심이 가는 책에 손을 뻗는다. 나는 이러한 작은 행동들이 책과 친해지고 흥미를 가지게 되는 중요한 출발점이라고 생각한다.

어느 정도 아이디어가 떠오르면 학생들은 글쓰기 작업에 착수한다. 자신이 생각한 내용을 바탕으로 플롯을 구성하며 밑바탕을 만들

286

고 나면, 본격적으로 글을 쓰게 된다. 비록 그림책에 들어가는 길지 않은 이야기들이지만, 평소 글쓰기와는 담을 쌓고 산다고 해도 지나치지 않을 우리 학생들에게 글을 쓴다는 것은 무척 의미 있는 일이라고 말하고 싶다. 무엇보다 누군가 주제를 주고 그에 대한 글을 쓰게 하는 것이 아니라, 자신이 정말 쓰고 싶은 것을 주제로 한 글을 써본다는 것에서부터 남다른 의미를 지닌다.

글을 쓰고 그림을 그리며 그림책을 만드는 과정은 학교와 학원에서 돌아와 지친 마음을 힐링할 수 있는 시간이다. 다른 친구들은 어땠을지 모르겠지만 나는 그랬다. 오로지 나만의 세계인 그림책을 만들며 작고 세세한 부분들을 어떻게 할지 고민하고, 고쳐나가고, 조금씩 완성해가는 시간은, 내가 바쁜 하루 속의 고민을 잊고 그림책에만 몰두할 수 있는 소중한 시간이었다.

그림책을 완성하고 나면 말로는 표현하지 못할 뿌듯함이 밀려온다. 직접 손으로 쓰고 그리고 엮어 만든 그림책을 눈앞에 두고 있자면 그동안 투자한 시간과 노력이 하나도 아깝지 않다. 가장 좋은 건 학생으로 하여금 자신감을 심어준다는 것이다. 이렇게 그림책도 만들어봤는데 못할 것이 뭐가 있을까 싶어진다.

『개미 혁명』을 완성하고 나서는 책따세 연수 프로그램에서 나의 그림책에 대해 이야기하는 시간을 가지기도 했다. 나보다 한참 어른이신 선생님들과 그 밖의 많은 분들을 상대로 강연도 해보았으니, 새삼 이 수업이 나에게 얼마나 값진 것들을 안겨주었는지 다시 한번 실감하게 된다.

이제 『개미 혁명』의 이야기를 해보려고 한다. 나 대신 나의 목소리를 세상에 전달해줄 책이다.

요즈음의 10대들은 유행에 민감하다. 세상을 들썩이게 만드는 크고 작은 유행으로부터 소외되고 싶지 않아 하며, 여기에서 그치지 않고 그들만의 색다른 시선과 감각으로 새로운 트렌드를 만들어낸다. 유행의 흐름을 이끄는 선두 주자가 10대라고 해도 더 이상 과언이 아니다. 나는 이러한 10대들의 특성을 『개미 혁명』에 녹여냈다. 이 책은 원래 개미들에겐 더듬이가 없었다는 설정을 기본으로 하고 있다. 소풍을 간 개미 74호는 버려진 고철 더미를 발견하고, 그 속에서 찾은 것들을 이용해 우리가 지금 볼 수 있는 개미들의 더듬이, 즉 책 속에서 말하는 머리띠를 만들어냄으로서 새로운 유행을 만들어낸다. 초반에는 몇몇 어른 개미들의 반대에 부딪히지만, 결국에는 기성세대까지 함께 트렌드를 즐기도록 끌어들이는 데 성공한다. 제목이 '개미 혁명'인 이유가 바로 여기에서 온다. 기성세대의 반대를 뚫고 어린 개미들이 만들어낸 유행이 곧 작은 혁명과도 같다고 생각했기 때문에 '개미 혁명'이라는 제목을 붙였다.

여기서 내가 강아지나 고양이 같은, 어린 아이들이 좋아하는 귀여운 동물들이 아닌 개미를 굳이 주인공으로 선택한 이유는 따로 있다. 먼저, 원래 개미에게는 더듬이가 없었을지도 모른다는 설정을 통해 발상의 전환을 촉구하고자 했다. 있는 사실을 그대로 받아들이기보다, 우리가 눈으로 보는 것 이면에 또 다른 무언가가 있을 수도 있다는 것을 이야기하고 싶었다. 두번째로는, 요즘 어린이들은 어쩌면 학원에 가느라 바쁠지도 모르겠지만, 나 같은 경우에는 유치원이 끝나면 친구들과 모래 놀이를 하기에 바빴다. 어린아이들이 모래 놀이를 하면서 자주 보게 되는 개미를 주인공으로 설정하면 책을 읽을 때 좀 더 친숙한 느낌을 줄 수 있을 거라고 생각했다.

개미 74호가 머리띠를 '발견'하는 것이 아니라 '발명'하는 것으로 이야기를 짠 이유 또한 따로 있다. 한때 큰 인기를 누렸던 영화「인터스텔라」(감독: 크리스토퍼 놀런)에 보면, 주인공 쿠퍼가 예전과는 달리 요즘 사람들은 무언가를 새로이 만들고 발명하거나 연구하는 것을 모두 잊어버린 듯하다고 이야기하는 장면이 있다. 유행을 따르며 자신을 가꿀 줄 아는 10대들의 긍정적인 모습을 책에 담아냄과 동시에, 정말 세계를 뒤집을지도 모르는 과학적인 발명에는 정작 열정이 없는 10대들을 비판적으로 보여주며 10대들이 가지고 있는 숨은 열의와 희망을 일깨워주고 싶었다.

여기까지가 내가 느낀 그림책 쓰기 수업에 관한 이야기이다. 더 많은 친구들이 자신의 그림책을 만들어보게 되길 희망하며 이 글을 마치고자 한다.

# 책쓰기 교육의
# 방향과 미래

— 학교 밖으로, 지능정보 시대로
확장하는 책쓰기 교육

허병두

★허병두 선생님은?

| 과목 및 경력 | 국어, 32년 |
|---|---|
| 책쓰기 교육 지도 대상 | 고등학생, 교사, 일반 시민 |
| 지도 대상의 특징 | 고3 학생들과 여러 교과 선생님들, 일반 시민들 |
| 책쓰기 교육 시수 | 주 2차시, 주 3차시, 주 1차시 등 다양함 |
| 책쓰기 교육 주제 | 신문 활용 교육과 독서 교육, 학교 도서관 활용 교육, 창의력 교육, 봉사 학습 교육 등과 연계된 다양한 주제들 |

# 1. 책쓰기 교육의 본질과 의의

책쓰기 교육을 한다고 하면, 글도 못 쓰는 아이들이 어떻게 책을 쓸 수 있느냐는 회의적인 반응이 대부분이다. 여기에는 글을 모으면 책이 된다는 식의 막연한 오해가 예외 없이 깔려 있다. 즉 책이란 단지 글을 일정 분량 이상으로 모아놓으면 된다는 양적 차원의 단순 발상이 일반적이다.

실제로 그런가? 아니다. 책은 그저 글을 모아놓은 묶음이 아니다. 책으로 성립되려면 글들이 일정한 주제와 체계로 묶여야 한다. 즉 글과 글, 부분과 부분이 긴밀하게 관련되며 책이라는 또 다른 존재로 질적 변화가 이루어지는데, 그렇게까지 생각하지 못한다는 것이다. 이러한 그릇된 오해는 어찌 보면 당연한 결과이기도 하다. 그저 책을 많이 읽으라 했을 뿐, 책이 어떻게 씌어지고 발간되는지 본질적으로 이해할 수 있는 기회가 그간 아예 없었기 때문이다. 책쓰기 교육이 교육 현장에서 일찌감치 쉽게 시도되지 못했던 까닭도 이와 관계 깊다.

새삼스럽지만 학생들에게 글쓰기란 대개 고역일 뿐이다. 그럼에도 점수를 따기 위해서 고역을 억지로 감내한다. 학교의 글쓰기 교육이 빚어낸 폐해다. 수행 평가든 대입 논술이든 '점수 따기용 글쓰기'는 대개 똑같은 주제를 획일적으로 부여받고 이에 어긋나지 않게 써야 한다. 목표는 남이 정해주고, 요구하는 기준에 한 치 어긋남 없이 자신을 맞춰야 하는 꼴이다. 이런 글쓰기는 무엇보다도 답답하고 괴로울 뿐이다. 주제와 서술 방식, 분량, 심지어 글쓰기 용지와 시간까지 모두 똑같이 부여받는 글을 쓴다는 것은 정말 힘든 일이다. 글쓰기가 쉬울 까닭도, 좋아할 연유도 없는 것은 너무나 당연하다.

하지만 책쓰기는 이와 다르다. 책쓰기 교육을 받는 학생들 대부분이 처음에는 당혹스러워하다가 어느 순간에 자신만의 주제를 찾기만 하면 완전히 달라진다. 정말, 폭발적으로, 미친 듯이, 열정적으로 밤을 새워가며 자신의 책쓰기에 몰두한다. 복잡하게 헝클어져 있던 생각들이 어느 순간 일목요연하게 정리되고, 좋은 생각이 자신의 머릿속에서 끝없이 펼쳐지고, 좀더 알고 싶고 더 잘 쓰고 싶다는 열정에 가슴이 두근거리고, 자신이 무엇인가 의미 있는 성과를 만들고 있다는 확신에 더없이 스스로 뿌듯해지면서 책쓰기에 빠져드는 푸른 영혼들의 모습들을 확인할 수 있다.

한 권의 책을 쓴다는 것은 단지 글을 쓰고 이를 묶는 것이 아니다. 자신만의 문제의식과 감수성으로 세상을 달리 보려고 노력하고 그 성과를 묶어서 새로운 세상을 만드는 것이 바로 책쓰기다. 학생들에게 책쓰기 교육은 자신의 진로와 적성, 소질과 재능을 확인할 수 있는 더없이 좋은 기회로서 학생들을 삶의 주체로서 세운다.

따라서 책쓰기 교육은 글쓰기 교육과 같으면서 매우 다르다. 교육적인 측면에서 글쓰기 교육보다 책쓰기 교육이 가르치는 데 힘은 더 들지만 더 쉽다. 책쓰기 교육은 학생들에게 단순히 한 권의 책을 쓰는 능력을 길러주는 데에 그치지 않으며, 자신만의 주제 설정을 통해 자신을 주체적 존재로 확인하게 만드는 일체의 노력이다.

　책쓰기 교육은 시험을 위한 글쓰기 교육의 폐단을 극복하고, 읽기 교육과 사고력·감수성 교육 등을 완전히 새로운 패러다임으로 새롭게 추구하는 시도다. 즉, 누구나 책을 쓸 수 있게 하고 즐겁게 노력하며 자신의 삶을 통해 찾아낸 주제主題를 책으로 펴낼 수 있는 주체主體 만들기 교육이다.

　다시 말해, 책쓰기 교육이란 기존의 수동적 독자 양성 교육에서 벗어나는 능동적 저자 양성 교육이다. 이는 기존의 독서 교육과 작문 교육을 비판적으로 극복하려는 노력이자 성과이면서, 나아가 각 교과는 물론 교과를 넘어서는 여러 활동을 통하여 학생들이 관련 분야의 책들을 자유롭게 읽고 다양한 매체를 활용하며 자신만의 사고와 감성을 '책'으로 창출하게 만드는 교육이다.

# 2. 책쓰기 교육의 간략한 역사와 현재

책쓰기 교육의 간략한 역사를 짚겠다. 책쓰기 교육은 1997년부터 기존의 논술 교육의 한계를 넘어서는 방안으로서 숭문고 허병두 교사가 창안하여 『우리 교육』 등의 교육 잡지 기고와 교원 연수 강의 등에 소개되었다. 2003년부터는 독서 교육 교사들의 모임인 '책으로따뜻한세상만드는교사들'(대표: 허병두, www.readread.or.kr, 이하 책따세)에서 다양하고 창조적 방식의 읽기 쓰기 프로그램으로 확고하게 자리 잡기 시작했다.

2007년 책따세는 바람직한 청소년 읽기 쓰기 문화 시민단체로 발전하며, 책쓰기 교육은 국어과 교육의 차원을 넘어서 본격적으로 확대 개발된다. 책쓰기 교육은 책따세가 주창하기 시작한 저작권 기부 운동(Copygift!, www.copygift.org)과 연계되면서 '지식의 나눔과 사랑의 더함'이라는 교육적 의의를 기본 철학으로 삼기 시작했다.

2008년 대구시교육청(한원경 장학관)의 의뢰로, 대구시 교사들에게 책쓰기 교육에 관하여 강의하며 중고등 직무 연수 프로그램을 개발(허병두 교사, 30시간)하였다. 초등 쪽도 2009년부터 연수가 이루어지며 직무 연수 프로그램을 개발(책따세 운영진 이정균 교사, 30시간)하였다.

이후 책쓰기 교육은 '대구 학생 저자 10만 양성 정책'처럼 교육청 차원에서 진행되거나 책따세 차원의 다양한 시도로 크게 양분되어 진행된다. 하지만 대구시교육청 정책이 교육부와 연계되며 전국 시

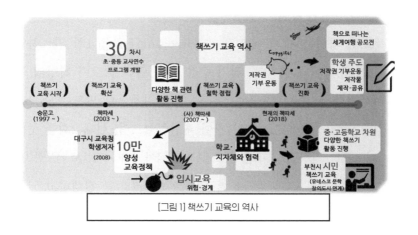

도교육청 차원으로 펼쳐지는 장점과 함께 입시 교육의 하나로 변질되는 한계를 보여왔다. 이는 원래의 책쓰기 연수 프로그램에서 경계하고 배제했던 '소논문 쓰기' 같은 대학 입시를 위한 스펙용 활동을 책쓰기 교육의 범주에 포함시켜서 책쓰기 교육의 의의와 본질을 왜곡시키는 데서 근거를 찾을 수 있다. 한편 일부 시도교육청의 이러한 책쓰기 교육이 바람직하지 않다고 여긴 책따세는 다양하고 창조적인 시도를 계속 추진하면서 책쓰기 교육의 바람직한 방향을 밝히고 지평을 넓혀 왔다. 하지만 책따세의 이러한 시도는 아주 작은 순수 비영리 사단법인의 차원을 벗어나지 못하며 일정 규모 이상으로 널리 확산되지 못하는 한계를 또한 보여왔다.

2018년 현재, 책따세와 책따세 운영진들이 다양하게 발전시켜온 책쓰기 교육은 크게 두 갈래로 정리할 수 있다.

① 책따세 법인 차원

'책으로 떠나는 세계 여행'(www.mybooktrip.org)을 1회 완료하였다. 세계 문학이나 저작물, 작가 등을 각자 골라 읽으며 가상의 독서 여행기를 쓰고, 이를 공유 저작물인 전자책으로 만드는 공모전이었다. 국립어린이청소년도서관이 후원하였으며, 현재 2회를 준비 중이다. 또한 저작권 기부운동 프로젝트(국가 공유 저작물로 기부한 『낙서열전 1, 2』를 대상으로 국제 공유 저작물로 만드는 작업)를 진행하고 있으며, 10개 외국어 버전으로 준비 중이다.

② 책따세 운영진 차원

책쓰기 교육은 책따세 운영진들에 의해 교과를 넘나들고 학교 밖과 연계되면서 다채롭게 발전하고 있다. 이 책에 소개된 내용들도 책따세 내부에서 현재 굵직하게 추진되고 있는 사례들이다. 예를 들어 수학 시간에 책쓰기(류수경, 서울 원묵중), 일반고 1학년 전체 대상 책쓰기(홍승강, 서울 환일고), 자유학기제를 활용하는 국어 시간 중 그림책 쓰기(조영수, 서울 창문여중), 진로책 쓰기(김미경, 경기 호평중), 나를 알아가는 진로책 쓰기(이수정, 경기 양일고), 시민 대상의 부천 시민 책쓰기 교육(허병두, 서울 숭문고) 등이 있다. 환일고의 경우는, 마포구청의 지원으로 책을 만들고, 홍익문고의 협력으로 '미래를 위한 저자 전시회'를 열며 지역과 적극 연계하기도 하였다.

이와 같이 원래 책쓰기 교육은 국어 교육 가운데서도 논술 교육의 해결책으로서 개발되었으나, 단기간에 전 교과 분야와 다양한 활동 차원으로 확대되고 각급 학교로 확산되며 동시에 지역사회와 연계하고 자원봉사와 맞물리며 다양하고도 창조적으로 발전해왔다. 특히 책쓰기 교육은 저작권 기부운동과 동반되면서 독서 자원봉사라는 새로운 방식의 독서 영역을 열었으며, 지역사회와 협력하여 진행되는 방식으로도 진화하였다.

봉사 활동을 통하여 지역사회와 협력하는 책쓰기 교육(허병두, 서울 숭문고)도 이러한 사례 가운데 하나다. 숭문고는 1997년부터 책쓰기 교육을 시도해온 전통을 살려, 2010년부터 숭문 '따봉'(따뜻한 봉사 활동, 2011년 서울시교육감 표창)과 책쓰기 교육을 연계하였다. 구체적으로, 사람책 봉사 활동을 통한 저작권 기부운동, 공유 저작물 기부운동의 활동 성과로『꿈꾸는 청춘은 내일이 다르다』(전동수 외, 글로세움, 2015)를 출간하고 마포구청과 협업하여 이를 관내 중고등학교에 무상 배포, 저자와의 만남을 다시 봉사 활동으로 진행하였다. 또한 지역사회와 학교를 연계하는『소금나루』『숭문나루』등의 책자를 발간하고 관련 활동을 하면서 책쓰기 교육을 학교와 마을의 연계 차원에서 다양하게 모색해오고 있다.

# 3. 책쓰기 교육의 구체적 방향과 전개

## 1) 나눔의 정신과 태도를 키워 주는 교육
### (저작권 기부와 연계)

책쓰기 교육은 그저 책을 한 권 펴내는 데만 국한되는 교육이 아니다. 책쓰기 교육은 창조적 행위이면서 동시에 저작권 기부라는 운동으로 실천함으로써 최종 완성되는 교육이다. 즉, 책이라는 지적 수단을 창조할 수 있는 능력과 함께 그것을 남을 위해 나눌 수 있는 이타적 정신과 태도를 키우는 교육이다.

'저작권 기부'란 저작권법에서도 분명히 강조하고 있는 저작권의 '공정이용fair use'과 직결되는 행위다. 저작권법은 흔히 저작권의 보호만 목표하는 줄 알지만 그렇지 않다. 저작권법은 저작권의 보호가 자칫 문화와 예술 등을 포함한 지식 생태계에 영향을 줄 수 있는 경우에는 이를 제한하거나, 저작권법의 예외 범주에 넣어두게 한다. 다음 세대들을 가르치는 학교에서는 특히, 저작권의 보호보다는 어떠한 저작물이든 최대한 자유롭게 교육적으로 활용할 수 있도록 보장하고 있다.

흔히 학교에서 저작권을 보호하라고만 가르치는데 이는 반드시 시정해야 한다. 저작권법은 저작권 보호만 규정하고 강조하지 않으며, '공정이용'을 할 수 있도록 보장하고 있기 때문이다. 따라서 학

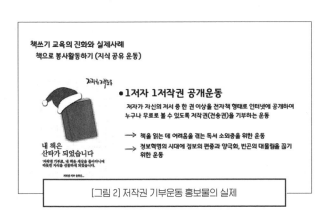

[그림 2] 저작권 기부운동 홍보물의 실제

생들에게 저작권법을 어기면 범죄자가 된다고 위협적으로 깨우쳐주는 대신에 저작권 기부의 개념을 가르쳐주며 저작권자로서 공공의 이익을 위하여 저작권을 스스로 기부하거나 권리를 제한하여 좀더 널리 공유하는 등의 이타적 행위를 할 수 있도록 북돋는 교육이 필요하다.

저작권 기부는 책쓰기 교육이 반드시 동반해야 하는 실천으로서 저작권자가 되어봄으로서 자신의 소중한 저작권을 남을 위해 기부하며 나눔의 정신과 태도를 익히게 하는 교육이다. 공교육 현장에서 책쓰기 교육을 할 때에는 반드시 저작권 기부를 함께 가르쳐서, 저작권을 침해하지 않으려고 전전긍긍하는 소극적 소비자 대신에 자신이 저작권자로서 저작권을 언제든지 자유롭게 행사할 수 있는 적극적 창조자로서 학생들을 양성해야 한다. 실제로 저작권 기부를 통하여 돈이 많고 적음에 관계없이 누구나 자기가 쓴 책을 자유롭게 활용할 수 있다는 점은 학생들에게 남을 위한 삶이 얼마나 보람 있는지 깨닫게 함으로써 스스로가 얼마나 소중한 존재인지 자연스럽게 확인할 수 있게 해준다. 나아가 이는 조금 더 훌륭한 저작물에 대한 동기 유발로 이어지면서 저작권 기부의 교육적 의미를 더욱 확대한다.

현행 저작권법 상으로는 누구나 저작권자가 될 수 있다. 아무리 보잘것없는 작품이거나 아무리 어린 학생이라고 할지라도 저작권 기부 의사를 표시한다면 누구나 저작권 기부자가 될 수 있다. 저작권 기부자가 된다는 뜻은 자신이 저작권자가 됨을 매우 긍정적이고 적극적 의미에서 확인해주는 행위인 것이다. 이는 자존감을 높여주며 이타적 존재로서 보람을 느끼게 할 수 있는 결정이기도 하다.

또한 학생들을 저작권 기부자로 키우는 교육은 자신의 저작권을 기부한다는 점을 강조함으로써 자신의 저작물이 남의 저작권을 자의든 타의든 침해하지 않도록 자연스럽게 노력하게 만든다. 저작권 기부자로서 자신을 규정하는 순간부터 학생들은 스스로를 선의의 존재로 규정한다. 이 때문에 표절이나 모방 등을 최대한 자제하는 모습을 보이므로 교육적인 효과도 충분히 거둘 수 있다. 최근 전문 문인들에게서조차 표절이나 모방 등의 범죄가 끊이지 않는데, 이러한 부작용을 사전에 막을 수 있는 자연스러운 방법이 바로 저작권 기부를 널리 알리고 북돋는 교육이다.

지금까지의 학교 독서 교육은 많은 한계를 보이고 있다. 대부분의 학생들이 대학 입학과 동시에 독서를 더 이상 자발적으로 하지 않는 점만 보아도 그러하다. 작문 교육과 논술 교육 또한 '쓰기'를 즐겁고 심도 있는 수준의 활동으로 이어지지 못하게 하고 있다. 그 결과, 우리 현실은 읽기와 쓰기를 통한 풍요롭고 창조적인 개인과 사회의 문화로 확장되고 심화되지 못하고 있다.

'책쓰기 교육'과 '저작권 기부운동'은 기존 독서 교육의 한계를 극복하여 독서 문화로, 다시 읽기와 쓰기가 긴밀하게 이어지는 문화로 확장하고 심화하게 만드는 구체적인 우리 교육 현장의 노력이다.

구체적으로, 책쓰기 교육을 경험하면서 학생들은 스스로 주제를 설정할 수 있는 능력을 키우고, 이를 바탕으로 '책'을 쓸 수 있는 인재로 성장한다. 이 과정에서 각자의 삶과 우리 현실을 풍요롭게 만드는 읽기와 쓰기의 중요성을 자연스럽게 받아들이게 된다.

나아가 자신의 '쓰기'가 종이책만이 아니라 다양한 형태와 분야에서 창조적인 성과, 즉 저작물로 확대될 수 있음을 깨닫고, 저작권 기부의 형태와 방식으로 '지식의 나눔과 사랑의 더함'을 실천할 수 있음을 알게 된다.

책쓰기 교육과 저작권 기부운동은, 널리 세상을 이롭게 한다는 우리의 전통적 교육 이념을 창조적으로 계승하려는 노력으로서 교육 현장에서 더욱 많은 관심이 쏟아져야 할 것이다.

## 2) 지역사회와 학교가 협력할 수 있게 북돋는 책쓰기 교육
## (지역사회 연계)

학교가 지역사회와 협력해서 공교육의 의의를 구현해야 한다는 것은 누구나 강조한다. 하지만 학교와 지역은 제대로 어울릴 수 있는 접점을 제대로 찾지 못하고 있다. 다시 말해, 학교가 지역과 어울릴 수 있는 지점을 찾고 이를 토대로 학교와 지역이 서로 지속적으로 협력을 강화해갈 수 있는 기본 토대와 동력을 찾아야 하는데 현실은 그렇지 못하다. 책쓰기 교육은 학교가 중심이 되어 지역과 효과적이며 지속적으로 협력할 수 있는 접점을 만들고 그 토대와 동력을 확보하게 만든다.

최근 책따세는 부천시에서 시민을 상대로 책쓰기 교육을 시도하여 시민들의 열띤 호응을 얻고 있다. 책따세와 부천시가 업무양해각서(MOU)를 체결하면서 이루어진 시민 책쓰기 교육 사업은, '부천시 책쓰기 교육 지도자 양성 과정'과 '부천시 책쓰기 교육 센터 건립'이라는 두 가지 축으로 구성되어 있다.

2017년 11월 부천시가 유네스코 문학창의도시로 최종 선정됨으로써 본격적인 정책 추진에 나서게 되었다. 다음은 부천시 책쓰기 교육 계획안의 일부이다.

책쓰기 교육은 1997년 공교육 현장에서 창안되어 여러 학교와 교육청에서 도입하고 있으며 시민사회로 확산 중이다. 책따세와 부천시가 함께하는 책쓰기 교육은 학생과 시민 들이 책을 비롯한 다양한 매체를 기반으로 자기 삶을 창조적으로 영위할 수 있도록 도우며, 핵심 역량을 키워 평생교육 시대를 대응하게 한다. 또한 저작권 기부운동 같은 지식 공유에 동의하여 공동체에 기여하고 새로운 문명을 낳는 데 이바지하고자 한다.

나아가 책쓰기 교육은 시민 기자와 학생 저자, 전문 저자 등 건전한 여론층 창조에서부터 학습 사회 구현, 나아가 교육 현장과 시민사회, 지자체의 거버넌스 형성 등을 통하여 공교육 현장의 정상화와 시민사회의 바람직한 성숙을 유도하여 시민이 행복하고 지방자치제가 활성화되어 진정한 민주 사회를 이룩하는 데 힘쓴다.

구체적인 단계별 추진 계획은 다음과 같다.

① 1단계: 학생과 시민의 책쓰기 교육 기본 과정 개설을 통한 관련 능력 함양과 지역 안팎의 시민과 교사, 학생 대상 책쓰기 교육 지원(교육과정 진행, 관련 행사와 출간 지원 등).

② 2단계: 심화 교육과정 개설을 통해 책쓰기 교육 확산을 주도하는 부천 시민층 형성(지역 소식 기자와 관내 일반 시민과 전문가 지원 등).

③ 3단계: 책쓰기 교육 센터 개설을 통한 부천시만의 특별한 콘텐츠 개발, 세계적 교육 프로그램으로 발전(관내 교사와 전문가, 교사 등 최고 수준 그룹 형성 지원, 국내 체류 외국인과 다문화 가정 등을 대상으로 하는 특별 프로그램 운영과 지원 등).

④ 4단계: 부천시를 전 세계에서 차별화된 책 기반의 다양한 콘텐

츠 창조 도시로 육성, 특화된 관련 인프라(책마을 조성 등) 확산.

강사진 구성 또한 기존의 경우들과 달리 함께 협업하며 상호 동반 성장할 수 있도록 노력한다. 구체적인 단계별 계획은 다음과 같다.

① 1단계: 책쓰기 교육 프로그램 개발자(1997년~)인 허병두 교사.

② 2단계: 바람직한 청소년 읽기 쓰기 문화 시민단체인 비영리 사단법인 책따세 소속 전문가, 책따세가 위촉한 외부 전문가들.

③ 3단계: 교육 이수자들인 부천 시민들과, 부천시와 책따세가 공동 위촉하는 외부 전문가들로 확대.

④ 4단계: 다문화 가정과 외국인 포함.

구체적인 운영 또한 다면적으로 활성화할 수 있도록 노력한다.

가칭 '부천 책쓰기 학교'를 통한 강의 진행, 장기적 관점에서 강사 요원 양성, 자발적인 책쓰기 동아리 결성 촉진, 지역 문화 카페 지원, 책쓰기 인터넷 사이트나 페이스북 운영 등을 우선 시도할 수 있다.

또한 책쓰기를 기반으로 다음의 네 가지 방향을 모두 유기적으로 구현하도록 노력한다. 즉, ① 시민의 꿈을 응원하는 '저자 학교,' ② 부천시와 시민의 소통을 아우르는 '부문별·분야별 필진 학교,' ③ 미래 시민을 키우는 '책쓰기 교육 지도자 학교,' ④ 유네스코 창의도시를 위한 각 부문별 지도자 학교를 뒷받침함으로써 책쓰기 교육이 더욱 확장되고 심화될 수 있게 노력한다.

### 3) 도구 교과로 발돋움하는 책쓰기 교육
### (새로운 리터러시 능력 강조)

매체의 급속한 발달과 인공지능 시대, 지능 정보 시대, 4차 산업 혁명 시대를 맞이하는 문명사적 전환기에서 책쓰기 교육은 모든 활동의 가장 기본적인 도구로서, 도구 교과로서의 위상을 최대한 화보해야 한다.

1997년 공교육 현장(서울 숭문고)의 국어 수업에서 시작한 책쓰기 교육이 시민단체와 교육청, 나아가 지자체까지 확대되며 다양한 교과목, 거의 모든 계층과 연령으로 확산되고 있다는 점은 책쓰기 교육이 도구 교과로서 얼마나 알차게 자리 잡을 수 있는지 그 가능성과 현실성을 모두 잘 보여주고 있다.

기존의 교과 차원에서 고안된 도구 교과 개념은 이제 바뀌어야 한다. 기존의 인력 양성 차원에 한정하여 오로지 국어와 영어, 수학 같은 교과 차원에서 고안되고 활용되던 도구 교과는 이제 좀더 본격적으로 확장, 발전될 필요가 있다. 학생들의 다양한 적성과 흥미, 재능 등을 학교의 다양한 교과·비교과 활동을 비롯한 모든 교육 활동을 통해서 의미 있는 교육적 경험이 되도록 책쓰기 교육이 적극 나서야 함을 뜻한다.

즉, 현재의 교육과정과 평가 기준에서 좋은 성적을 내지 못하는 다수 학생들을 소수자로 소외시키지 말고 각자 자신의 적성과 소질, 재능을 살려 현실을 극복하고 미래를 설계할 수 있도록 돕는 데 책쓰기 교육의 방향과 내용을 집중해야 한다는 것이다. 모든 학교 교육 활동을 자극하고 촉진하며 장려하는 도구로서 책쓰기 교육이 나서야 한다.

'책으로 떠나는 세계 여행 공모전' 같은 사례도 이를 잘 보여준 다. 국어 교육을 넘어서서 도구 교과로서 책쓰기 교육이 어떻게 현 실적으로 펼쳐질 수 있는지 잘 보여준다. '책으로 떠나는 세계 여행 공모전'은 독서를 통해 가상의 세계 여행기를 쓰게 하고, 이를 묶어 서 공동 저자가 되게 한 다음, 그것을 다시 저작권 기부하여 전자 책 형태로 누구나 인터넷상에서 무료로 읽을 수 있게 하는 프로젝 트다.

이는 책쓰기 교육의 창조적 응용이자 저작권 기부운동의 발전된 형태로서 좋은 사례다. 무엇보다도 참가자 스스로 책을 찾아 읽으면 서 관련 지역과 저자, 여행과 삶에 관해 곱씹으며 가상 여행기를 쓰 고, 이 결과물을 모아 공유 저작물로 만들어 참가자들이 자연스럽게 저작권 기부 저자가 되는 방식이 매우 독창적이다.

구체적인 참여 방법은 이러했다. ▶ 지금 당장 떠나고 싶은 나라 나 지역을 정한다. ▶ 그 나라나 지역과 관련된 책과 저자, 자료 등 을 찾아 읽는다. ▶ 책과 인터넷, 상상력에 근거하여 가상의 '나만 의 독서 여행기'를 만든다. ▶ 홈페이지(www.mybooktrip.org)에 여행 기를 올리고 저작권을 기부한다. ▶ 우수작으로 선정되면 해외여행 등 푸짐한 상품을 받는다. ▶ 아깝게 선정되지 못하더라도 모든 출 품작을 엮은 전자책에 실림으로써 공동 저자가 된다. ▶ 전자책 이름은 『우리들의 독서 여행기』로, 공모전에 응한 저자 전원은 공동 저작권 기부자가 된다. ▶ 누구나 인터넷상에서 자유롭게 전자책 『우리들의 독서 여행기』를 읽을 수 있다.

공모전 부상도 푸짐했지만 무엇보다 큰 혜택은 자신이 쓴 글이 다른 이들의 글과 함께 공유 저작물인 전자책으로 출간되어 누구나 인터넷상에서 마음대로 볼 수 있게 했다는 점이다. 즉, 기존의 공모전 참가자들이 수상자와 탈락자로 나뉘었다면, 이번 경우는 열심히 임한 참가자들이라면 누구나 자기 글의 저작권(전송권)을 기부한 공동 저자로 예우받는다는 뜻이다.

이 공모전은 책을 읽으며 상상력으로 떠나는 아주 특별한 세계 여행이다. 아무리 바쁘거나 힘들어도 이렇듯 책으로 떠나는 여행은 언제나 가능하다. 책으로 떠나는 가상 여행을 시도하다 보면 여러 문화에 대한 관심을 더욱 갖게 되며 실제 여행을 떠나기도 한다. 여행을 하려고 책을 읽듯이, 책을 읽으며 가상의 여행을 시도하다 보면 실제 여행으로 가는 길이 열리는 것은 당연하다고 하겠다.

일반적인 독후감 대회였다면 불과 몇 권의 지정도서를 읽고 그에 관한 독후감만 쓰도록 한정되었을 것이다. 이러한 독후감은 대상 도서가 한정된다는 점에서 자유롭고 다양한 독서 문화와는 거리가 멀며 내용 또한 피상적인 경우가 대부분이다. 하지만 참고 자료에서 보듯 이러한 방식의 공모전을 도입하자 홍보도 덜 되고 짧은 기간이었는데도 118명이 응모했고, 순수한 응모 원고의 분량만 해도 200자 원고지로 4,200매 정도나 되는 등 놀라운 호응을 보였다.

[그림 3] '책으로 떠나는 세계 여행'
공모전 포스터

[그림 4] '책으로 떠나는 세계 여행'
공모전 소개 자료

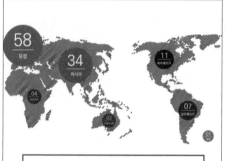

[그림 5] 공모전 참가자들이 선택한
여행지 분포도(중복 선택 표시함)

[그림 6] 공모전 참가자 시상자 명단 및
글에서 언급한 관련 도서 목록

[그림 7] '책으로 떠나는 세계 여행' 완성 사례

특히 응모자들이 선택한 지역과 나라는 서유럽과 영미권을 중심으로 치우쳐 있던 종래의 세계 문학 범주들과는 확실히 달랐다. 또한 응모자들이 여행기에서 언급한 책들의 장르와 종수는 일반 독후감 대회와는 비교할 수도 없을 정도로 다양하고 풍부했다.

이들 응모작들을 모두 모아서 전자책으로 제작, 공유 저작물로 제시한 것도 특별한 시도였다. 종래의 경우가 수상작의 표절 여부만 확인한 데 반하여, 이번 경우는 행사의 취지를 살리기 위하여 응모작 전원의 표절 검사를 하여 상품과 부상을 받을 수 있냐 없냐만 달라졌을 뿐, 모두 저작권 기부에 동참하는 저자로서 인정하였다. 장차 소셜매핑 같은 분야와 어울리면 인터넷 세계에 수많은 독서 여행 지도를 만들 수 있을 것이다. 이들 참여작들을 모은 전자책 주소는 다음과 같다.

**저작권 기부한 최종 완성본 전자책―책으로 떠나는 세계 여행(시즌 1)**

- 아시아: https://www.wepubl.com/reader/book/4X94PV
- 유럽 1: https://www.wepubl.com/reader/book/G7YUBQ
- 유럽 2: https://www.wepubl.com/reader/book/PTJ3LH
- 그 외: https://www.wepubl.com/reader/book/PRME62

아시아 유럽1 유럽2 기타

## 4) 국제적 협력 프로젝트를 북돋는 책쓰기 교육 (전 지구적 차원의 교육 프로그램)

『낙서열전 1, 2』('낙 없고 서럽고 열 받는 전국 중고딩을 위한 낙서책'을 줄인 말)는 지난 2008년 숭문고 2학년 학생들이 작문 시간 동안에 '나만의 책쓰기'를 각자 시도하면서, 이와 병행하여 펴낸 두 권의 공저들이다. 학생들은 정확히 여섯 번의 수업 시간을 통해서 각자 재미있는 낙서들을 제작하고 서너 달의 편집 기간 동안 이를 묶어 두 권의 『낙서열전』을 펴냈다. 이 과정에서 지도 교사와 출판사는 서로 협력하여 가장 기초적인 펜 고르는 방법부터 펜으로 그림 그리기, 낙서의 콘셉트를 잡는 수업, 전체적으로 일관된 콘셉트를 잡아내는 방법 등에 이르기까지 학생들을 위하여 워크숍 형태의 수업을 치렀다.

그 결과 『낙서열전』의 콘셉트는 가볍게 머리를 식히고, 재치에 감탄하는 낙서 모음집으로 결정했다. 『낙서열전』에 나오는 낙서에 관한 콘셉트나 제목 들은 다음과 같다.

어르신들 말씀에 '말대꾸'하고, '토' 달고, '건방' 떨기, 땡땡이치는 스킬 연구하기, 종 칠 때까지 1초에 한 번씩 점 찍기, 싫어하는 선생님 묘비명 쓰기, 졸업 후에 하고 싶은 것들 빽빽이, 식단평 써서 영양사 선생님께 살포시 건네주기, 배우고 싶은 교과목으로 시간표 튜닝하기, 교장선생님께 익명으로 투서 보내기…… 모두 하나같이 학교에서 자의든 타의든 소외되고 있는 자신을 위한 '앙큼한' 시

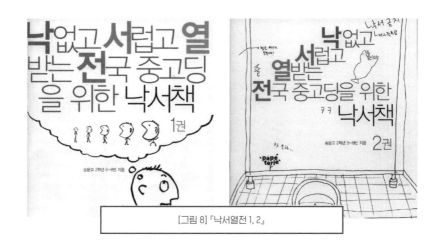

[그림 8] 『낙서열전 1, 2』

도들이다.

『낙서열전』은 2013년 한국저작권위원회에 저작권 기부를 하여 국가기증저작물 제 56호가 되었다(참고로 1호는 안익태 선생의 「애국가」다). 책따세에서는 『낙서열전』을 전 세계 누구나 즐길 수 있도록 다양한 언어로 번역하는 '『낙서열전』 국제책 만들기' 프로젝트를 진행하고 있다. 현재 영어와 중국어, 일본어, 태국어 등으로 번역되었으며, 10개국 언어로 번역되고 해당 국가의 청소년들이 덧붙인 낙서들이 있다면 매년 국제적인 개정판을 내려고 준비 중이다.

이 프로젝트가 완성되면 우리나라에서 시작한 저작권 기부운동을 통하여 『낙서열전』의 한글본이 항상 논의와 관심의 중심이 됨으로써, 또한 외국어로 번역되는 기본 판본으로서 한글본 『낙서열전』은 한글문화를 자연스럽게 확산시킬 수 있을 것이다. 이로써 우리 국가 이념과 교육 이념인 널리 세상을 이롭게 하라는 홍익인간의 정신을

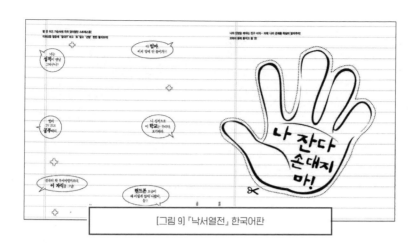

[그림 9] 『낙서열전』 한국어판

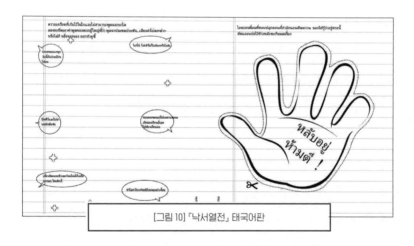

[그림 10] 『낙서열전』 태국어판

세계에 알릴 수 있을 것이다.

314

## 5) 학교 수업의 혁신으로서 책쓰기 교육
## (봉사 학습으로 진화)

책쓰기 교육은 학교 교육을 혁신하는 데 늘 좀더 광범위하고 강력한 도구 교과로서 앞장설 수 있다. 지난 숭문고에서 2010년부터 시작해온 '따봉(따뜻한 봉사 활동)'은, 기존의 형식적이고 수동적인 봉사 활동을 탈피하여 학생들이 자원봉사에 흥미를 갖고 적극적으로 참여할 수 있게 만드는 봉사 활동 프로그램이다.

한마디로 따봉은 봉사 활동을 기존의 노역형 봉사라는 한정된 활동에서 벗어나게 하여 학교 밖, 지역과 국가의 전문가 들을 학교로 오게 하여 일정한 횟수와 시스템에 따라 봉사 활동의 내실을 꾀하자는 노력이다. 최근 따봉은 알차고 효과적인 '봉사 (활동) 학습'으로 주목받으며 서울시 교육청 산하의 중고교로 확산 중이다.

이렇듯 책쓰기 교육은 학교와 학교 밖을 이어주는 '도구 교과'로서 역할을 톡톡히 할 수 있다. 따봉을 고안하고 시작할 때도 그러했다. 모든 외부 단체와 전문가들에게 따봉의 개요를 알려주고, 동참을 호소하고, 함께 협력하여 따봉을 운영했다. 책따세는 이러한 일련의 모든 과정에서 따봉을 탄탄하게 설계하고 지원하였다. 또한 외부 단체와 전문가들의 도움을 받으며 국어 교육의 다양한 영역과 심오한 깊이를 확보할 수 있었다.

이를테면, 읽기와 쓰기의 차원에서 따봉은 '독서 그림 기부 봉사'를 비롯하여 '읽기 문화 진흥 캠페인' '읽어주기 봉사' '저작권 기

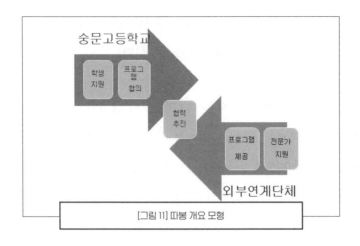

[그림 11] 따봉 개요 모형

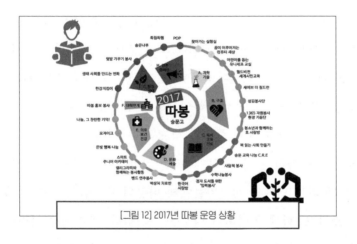

[그림 12] 2017년 따봉 운영 상황

부 봉사' '독서 그림 기부 봉사' '외국 서적 오디오북 녹음 봉사' '신문 읽기 진흥 캠페인 봉사' '봉사 활동을 홍보하는 UCC 봉사' 등과 연계할 수 있다. 책과 읽기, 쓰기를 연계하는 책쓰기 교육은 새로운 교육의 지평을 여는 중이다.

책쓰기란 자신만의 시각으로 의미 있는 주제를 설정하고 이를 글로 써서 책의 형태로 펴내는 일련의 행위다. 따라서 책쓰기 교육은 학생 스스로 인간과 그를 둘러싼 세계를 살펴보고 본질을 통찰하며 현실의 문제를 해결하려는 의지와 열정을 갖게 한다. 이를 책이라는 자신만의 창조적인 표현 양식으로 만들어내고, 이것을 다시 모든 사람들과 적극 나누도록 돕는 교육인 것이다.

구체적으로 책쓰기 교육은 교과 교육과정 내에서 다루어지는 모든 내용과 현실 세계에서 일어나는 모든 현상 중에서 자신이 관심을 가지고 있는 주제를 학생 스스로 선택할 수 있도록 도우며, 감수성과 사고력을 심화·확대하고 표현력을 높여 한 권의 책으로 쓸 수 있게 가르치는 일체의 노력과 시도다.

# 4. 책쓰기 교육, 우리 교육의 새로운 창조적 오디세이

　책쓰기 교육은 아직까지 완벽하게 잘 구성된 교육 프로그램은 아니다. 그럼에도 초중고 각급 학교에서 다양한 수준과 창조적인 형태로 다양하게 시도되고 있다. 창의적 체험 활동 차원에서 동아리와 봉사 활동 등과 연계하는가 하면, 학교교육 안팎을 이어주는 역할을 하기도 한다. 특히 무엇보다도 교실 현장에서 시작하여 교육청과 전국 단위, 다시 비영리 교육문화 단체를 중심으로 지역과 연계하며 시민사회로 확대, 지구촌 차원의 교육 프로그램으로 진화 중이다.

　하지만 입시 위주 교육에 편승하는 도구로서 일그러지기도 하며 저작권 기부운동과 같이 지식 공유의 기본 철학, 널리 세상을 이롭게 하라는 홍익인간의 교육 이념 등을 소홀히 하는 경우도 적지 않다. 이러한 한계들을 창조적으로 극복하면서 다양하게 펼쳐질 때, 책쓰기 교육은 우리 2세들의 미래와 지구촌의 운명에까지 깊은 영향을 미칠 것이라 확신한다.

　이를 위해 책따세 책쓰기 교육의 방향이 중시해야 할 점들은 다음과 같다. ▶학생 중심의 자발성 강화, ▶교과와 계열을 넘는 융복합성 강화, ▶다양한 매체 활용과 이해 등 리터러시 강화, ▶저작권 기부 등 지식 공유 태도 등 공공성 강화, ▶학교와 지역, 시민사회 등의 거버넌스 시스템 강화 등이 그것이다.

　즉 책쓰기 교육은 개인의 행복을 추구하면서 인간 삶의 보편적

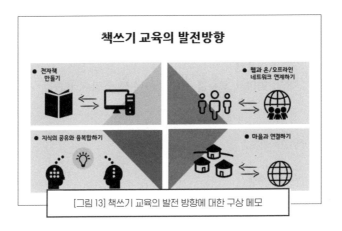

[그림 13] 책쓰기 교육의 발전 방향에 대한 구상 메모

가치를 존중하고 공동체적 가치관을 함양하는 교육이다.

책쓰기 교육은 앞으로도 무한하게 진화하고 발전할 수 있다. 무엇보다도 책쓰기 교육은 우리 교육 현장에서 잉태되어 사회 전반으로 확산되는 교육으로서, 책따세가 지난 1998년에 출범하여 시도해온 모든 노력과 시도를 담고 있다. 또한 이 책은 『선생님들이 직접 겪고 쓴 독서 교육 길라잡이』(책따세, 푸른숲, 2001), 『책따세와 함께하는 독서 교육─추천도서 목록 만들고 활용하기』(책따세, 청어람미디어, 2005), 『나만의 책쓰기─허병두의 즐거운 글쓰기 교실 3』(허병두, 문학과지성사, 2012), 『책쓰기 꿈꾸다』(허병두 외, 문학과지성사, 2012) 같은 책들의 전통을 잇는 책임을 밝혀둔다.

모쪼록 우리의 책쓰기 교육이 우리나라는 물론 세계 각국으로도 널리 확산되어 널리 세상을 이롭게 하라는 '홍익인간 재세이화'의 우리 교육 이념과 국가 이념이 세상과 인류를 돕는 데 기여하기를 바란다. 책따세와 함께 독자 여러분도 노력해주시기를 간곡히 부탁드린다.

# 대담 책쓰기 교육을 말하다

정리: 김미경
사회: 이효선
대담: 김미경, 류수경, 유연정, 이수정, 조영수, 홍승강

## 대담자 소개

**이효선**　책따세에서 12년째 운영진으로 활동 중인 13년 차 국어 교사이다. 책 읽기 수업을 다양하게 진행하였고, 앞으로 책쓰기 교육을 시도 해보려 준비하고 있다.

**김미경**　책따세에서 16년째 활동 중이고 지금은 공동 대표를 맡고 있다. 15년 차 교사로 현재 경기 호평중 국어 교사로 재직하고 있다. 여러 학년의 중학생을 대상으로 자유 주제나 자신의 진로 분야에서 책쓰기 교육을 지도해왔다.

**류수경**　책따세에서 10년째 운영진으로 활동 중인 12년 차 교사로, 현재 서울 원묵중 수학 교사로 재직하고 있다. 중1 자유학기제 학생들을 대상으로 수학책 쓰기 교육을 지도했다.

**유연정**　책따세에서 10년째 운영진으로 활동 중인 12년 차 교사로, 현재 경기 안양초에 재직하고 있다. 독서량은 많으나 글쓰기는 힘들어하는 초등 4학년 학생들을 대상으로 과학책 쓰기 교육을 지도했다.

이수정 책따세에서 16년째 운영진으로 활동 중인 20년 차 교사로, 경기 양일고 국어 교사로 재직하고 있다. 독서 교육 문화가 어느 정도 자리 잡힌 시골 사립고의 고1부터 고2 학생들을 대상으로 진로 및 자유 주제 책쓰기 교육을 꾸준히 지도해왔다.

조영수 책따세에서 16년째 활동 중이고 지금은 공동 대표를 맡고 있다. 17년 차 교사로 서울 창문여중 국어 교사로 재직하고 있다. 그림과 낙서를 즐기는 중1 여학생을 대상으로 그림책 쓰기 교육을 꾸준히 지도해왔다.

홍승강 책따세에서 13년째 운영진으로 활동 중인 20년 차 교사로, 서울 환일고 국어 교사로 재직하고 있다. 입시에 대한 스트레스와 무기력이 공존하는 사립 인문계고 1학년 남학생을 대상으로 자유 주제 책쓰기 교육을 지도했다.

# 1. 책쓰기 교육, 어떻게 시작하였나?

**사회자**  저는 경기도에서 중학교 국어 교사로 근무하고 있습니다. 책따세 운영진으로 활동하면서 학생들과 책 읽기 수업은 다양하게 해보았는데, 뭔가 그것만으로는 목마른 점이 있어서 이제 책쓰기 교육을 해보고 싶습니다. 그런데 이게 선뜻 시작하기가 쉽지 않아요. 선생님들은 언제부터 책쓰기 교육을 시작하셨어요? 시작하겠다고 마음먹었을 때 어려움은 없으셨나요?

**김미경**  제가 책쓰기 교육을 시작한 건 2013년이지만, 더 거슬러 올라가면 2009년 의정부공업고등학교에서 시도했던 '나만의 주제 보고서 쓰기'가 그 출발이에요. 책을 쓰게 하자니 자신이 없어서 줄여서 해본 거지요. 당시 이 프로젝트 수업을 하면서, 자기가 탐구하고 싶은 주제를 찾도록 학생들을 격려할 수 있다는 점에 큰 감명을 받았어요. 제출한 보고서의 완성도보다도 그 과정 자체에 주목을 하게 되었죠. 아이들이 살아나는구나, 내가 이 아이들에게 진정한 도움을 주고 있구나 하는 느낌이었고요. 보통 수업을 하면 정해진 교육 방향이 있고, 도달하는 데에도 정해진 틀이라는 게 있는데 이 수업은 좀 달랐어요. 학생 개인에게 주목하면서 네 관심이 뭐냐, 그걸 좁히면서 저마다의 길을 찾도록 데려가는 거니까요. 그 과정에서 아이들이 살아난다는 느낌이 들었어요. 바로 이 점에 초점을 두고 본격적으로 책쓰기 교육을 시도하게 되었습니다.

**조영수** 저는 사실 독서 지도를 늘 해오다가 어느 순간에 이게 재미가 없더라고요. 지루해지고 매년 추천도서 목록 만들어서 나눠주는 게 버겁기도 하고. 그래서 그동안에 쌓아왔던 독서 지도의 노하우를 풀어내면서 새로운 형식으로 해보자고 한 게 '책쓰기 교육'이었어요. 중1은 깊이 있는 책쓰기가 어렵다는 느낌이 많이 들고, 중3 학생들과 보고서 쓰기도 해봤는데 이것도 잘 안 되더라고요. 실패를 맛보고 중1이 자유학기제를 한다기에, 한 학기 수업을 아예 다 재구성해서 초급 독서부터 최고난도의 독서인 글을 쓰기 위한 독서까지 해보자고 무작정 해본 거였고요, 자유학기제 시범학교로 지정된 2014년이었어요.

또 그림책 쓰기라는 콘셉트를 잡았던 이유는, 제가 첫아이에게 그림책을 많이 읽어주면서 학생들에게도 그림책을 꾸준히 소개했어요. 읽어주면 반응이 좋았고, 이 정도면 쓰게도 할 수 있겠다 하는 생각이 어렴풋이 들었죠. 애들도 쓰는 데 부담 없고, 나도 읽는 데 부담 없고 재밌게 할 수 있겠다 싶었어요. 여학생들이라 그림 그리고 낙서하는 걸 좋아하는 애들도 많았고요. 교과서는 꼭 필요한 것만 하고, 나머지는 읽기 쓰기 수업을 재구성해서 한 학기를 끌고 나갔습니다.

**사회자** 책쓰기 교육을 시작했을 때 가장 고민되고 방해가 됐던 요소들이 무엇이었는지 궁금합니다. 제가 있는 곳은 큰 학교라서 동 학년에 들어가는 선생님들과 협의도 해야 하고, 합의가 된다면 평가에 반영할 수 있을까, 안 된다면 수행 평가 점수를 주지 않고도 별개로 진행할 수 있을까 상황을 따지게 되더라고요. 선생님들도 이런 여러 장애들이 있었을 텐데 어떻게 망설임을 딛고 시작하실 수 있었는지 궁금합니다. 책쓰기 교육을 시작하는 교사들에게 팁이 될 수 있겠지요.

**조영수** 그때는 자유학기 수업을 아무도 안 맡으려고 했어요. 다섯 반이라 제가 통으로 맡아서 세 시간씩 했습니다. 책쓰기 교육이지만, 책을 쓰지 않아도 된다는 게 제 생각이었어요. 책 쓰는 과정을 경험하는 것만으로도 의미 있고 충분하다. 거기에 결과물까지 나오면 성취감이 드는 거고요. 그래서 부담 없이 시작할 수 있었고, 4년간 계속 그림책을 하고 있는데, 제 자리 뒤에 학생들 그림책이 다 모여 있어요. 버리기 아까워 끌어안고 있네요.

**김미경** 저는 제가 있던 중학교가 혁신공감학교로 지정되면서 교육과정과 예산에 많은 변화가 있었습니다. 새로운 수업을 하고 싶다는 선생님과 의기투합하여 책쓰기 교육을 교육과정에 반영했어요. 1학기 때는 준비 겸, 학생들과 다양한 책을 읽으면서 독서 수준과 개인별 성향 파악을 했고, 이것을 바탕으로 2학기에 책쓰기 수업을 진행했습니다. 2시수는 교과서 재구성 수업으로 가고 나머지 2시수를 할애했지요. 2학기 국어 시수의 반을 들이는 것이었기에 수행 평가 60점으로 할애를 했고, 지필 평가도 40점으로 조정해 한 번만 실시하는 것으로 동 학년 간 팀워크와 평가가 다 조율된 상태에서 들어갔습니다.

**사회자** 요새는 새로운 수업을 하겠다고 하면 학교에서 지원해주는 분위기예요. 그런데 어떻게 동료 교사를 설득할지, 한 학년에 세 교사가 협업을 해야 되니 어려움이 있지요. 올해 어렵게 시작했다 해도 내년에도 계속할 수 있는 건지, 하다가 못 하면 좌절감이 들 것 같고 노하우를 쌓아갈 수 있을까 망설이게 되죠.

**김미경** 책쓰기 수업을 시도했다가 이듬해 못 한다고 공들였던 노력이 수포로 돌아가는 것은 아니에요. 무엇보다 시행하는 과정에서 교사가 배우는 게 많거든요.

**류수경** 저도 현재는 수학책 쓰기를 이어가지 못하고 있지만, 책쓰기 교육 활동의 일부를 떼어 와 응용을 해서 계속 활용하고 있습니다. 우선 지금 '책대로 한다'라는 동아리를 지도하고 있는데, 학생들이 자신이 읽을 책을 정해서 각자 읽고, 그 책을 따라서 뭔가를 배워보는 동아리입니다. 대부분 캘리그 래피, 페이스페인팅 하는 법 같은 실용서를 읽지요. 공부법 책을 서너 권 읽고 하는 애도 있고. 11월에 일본 여행 갈 계획이 있는 아이는 지금 여행기 쓰는 법, 사진 찍는 법, 기록 남기는 방법, 후쿠오카 여행 서적을 읽고 있어요. 그렇게 해서 자기가 직접 여행 계획을 짜고 있는 중학교 2학년 학생도 있답니다. 타로카드 하는 애도 있는데, 책의 카드 해설을 외워서 아이들에게 타로카드를 봐줍니다. 남학생인데 여학생들이 연애 상담도 많이 했어요.

**사회자**   재미있는 시도네요.

**류수경**   전일제 동아리로 한 달에 한 번, 3시간 만나는데 그동안 아이들이 책을 보고 연습해옵니다. 마지막에 글쓰기를 따로 모아 문집처럼 만들려고 해요. 책으로 배우는 게 어떤 건지 풀어보려고요. 문집 수준과 상관없이, 동아리 시간에 자기 관심사를 탐색하는 자유로운 분위기를 만들어줄 수 있어 흐뭇합니다. 자칫 느슨하게 흘러가기 쉬운 동아리 시간에 이렇게 자유로우면서도 자발적인 탐색이 가능했던 건, 책쓰기 교육의 주제 설정 단계를 동아리 활동에 도입했던 덕인 것 같아요. 원형정리법, 브레인스토밍 같은 활동을 통해 개인마다 자기만의 주제를 설정하고 책을 선정하게 도와줬거든요. 꼭 수업 시간에 책쓰기를 하지 못하더라도, 책쓰기 교육을 한 학기 해보았던 것이 이런 식으로 계속 사용이 되는 느낌입니다.

**김미경**  처음 책쓰기 수업을 시작할 때는 저나 조영수 선생님처럼 여건이 조성되는 순간을 포착해서, 그때 잘 나서는 게 필요할 듯해요. 한 번도 안 해본 걸 하는 거라서 수업을 이끄는 데 대한 두려움도 크기 때문에 동 학년 교사의 반대를 무릅써 가면서 진행하긴 어려우니까요. 제 경우 책쓰기 교육 첫해에 내 예상대로 수업 진행이 안 되니 덜컥 겁이 나더라고요. 이걸 끝까지 할 수 있을까 싶고. 그래서 책따세에서 책쓰기 교육을 먼저 하신 선생님을 전화로 많이 괴롭혔지요. "앞 시간이 안 되는데 다음 차시를 어떻게 하지요?" 이러면서요.

**유연정**  저도 시작할 때 부담을 줄이기 위해 자신과 타협을 했어요. 홍승강 선생님 제자들 책을 보고, 우리 아이들도 이 정도는 쓰겠지 막연하게 생각하면서 1학기에 시도했다가, 4학년이 대상이니까 짧게 하자, 그림으로 해도 돼, 피드백도 해주고,

6쪽이면 부담스럽지 않겠지? 그때 되니까 아이들이 따라와 주더라고요. 1학기 때는 완성이 안 되었는데, 2학기 때 된 거거든요. 1학기 때는 어떻게 보면 망한 거죠.

**김미경**   망했을 때, 망했다고 시간이 날아간 건 아닌 거예요. 망한 건 그냥 결과물이 안 나왔다는 거지.

**유연정**   맞아요. 제가 그 경험이 있으니까, 조영수 선생님의 '책쓰기 추진 계획서'를 초등학생에 맞게 응용한 스토리보드도 도입 하고, 분량도 줄이고 할 수 있었던 거죠! 도움이 됐어요!

**김미경**   지금 말씀처럼 망했을 때 교사가 교수법 면에서 배우고 건 지는 것도 물론 있지요. 그런데 학생 입장에서도 어른들 생 각처럼 학생들은 결과물이 중요한 게 아니거든요. 그 시간 에 새로운 형태의 수업을 따라가면서 자기 안에서 뭔가를 꺼내봤고.

**유연정**   특히 초등학생들은 자기가 아는 것을 가공해서 만들어내는 경험이 별로 없잖아요. '빈칸 채우기'나 '답하기'만 익숙하 지. 내가 아는 내용을 글을 잘 못 읽는 동생들을 위해 표현 해봐야지, 라는 생각을 아예 못 해보다가 아이들에게는 그 런 경험 자체가 새롭고 좋았을 것 같아요.

**김미경**  결론적으로 책쓰기 교육이라는 건 사고와 표현을 다른 각도에서 해보는 수업이에요. 새로운 형태의 글쓰기, 창의력, 사고력 수업이지요. 자기의 관심을 찾아가는, 쓰고 싶을 만큼 관심 있는 게 뭔지 스스로 질문하고 돌아보는 시간!

**유연정**  최종 결과물보다는 과정에 의미를 둬야 해요! 한 번쯤 망해봐야 자기만의 밀고 당기는 기술도 생기고요!

**조영수**  아예 저처럼 결과물은 평가에 반영하지 않는 것도 좋은 방법이지요!


## 2. 책쓰기 교육, 지도하기 어려운 점은?

**사회자**  이제 주제를 좀 바꿔볼까요? 책쓰기 교육을 할 때 지도하기 어려운 단계는 무엇인가요? 그리고 그럴 때 어떻게들 해결하셨어요?

**홍승강**  집필이 가장 어려운 듯해요. 글쓰기에 대한 두려움이 큰 것 같고. 왜 그럴까 가만히 보면 잘된 작품을 쓰고 싶은, 완성도에 대한 욕심이 클수록 글이 더 안 써지는 듯해요.

**김미경** 집필 용지를 받는 순간, 학생들은 "아, 이제 진짜 써야 되구나" 깨닫더라고요. 어른들도 그렇지만 첫 문장, 첫 단락에 떼기가 어렵잖아요. 이 두려움을 깨주는 게 필요한데요, 이때 원형정리법 메모지를 활용하고 있어요. 가장 자신 있는 장에 대해 알고 있는 내용, 떠오르는 내용을 메모하다 보면 어느 순간 머릿속이 정리되어 집필 용지에 첫 줄을 적어 넣기 시작하죠. 문제는 메모지에 아무 낱말도 풀어놓지 못하는 아이들이에요. 이 아이들은 쓰기 위해 읽기로 돌아가야 하죠. 자료 찾는 법을 안내해주면서 자신이 쓰려는 주제에 관해 읽을거리를 모아 오게 하고 읽게끔 만들어야 해요. 수업 시간에 도서관 보내주고 자료 찾아오게 하면 신이 나서 사냥하러 간답니다.

**조영수** 저는 그림책 쓰기 수업을 하는데, 그림에 대한 전문 지식이 별로 없어서 미술 교과랑 협업을 하면 좋을 것 같다는 생각을 많이 하죠. 그림책 쓰는 과정 전체에 결합하는 것이 어려우면 표지 디자인만이라도요. 그래서 그림에 대한 건 자세히 보지 않고 글이랑 조화를 잘 이뤘는지, 글에 맞는 그림인지만 보고 있습니다. 심지어 직접 안 그려도 되고, 저작권 공개 사이트 가서 관련 그림 받아서 배경으로 쓰거나 출력해서 오려 붙여도 된다고 안내합니다.

반대로 너무 예쁘게 만드는 데만 치중하는 아이들이 있어서 자칫 미술 수업처럼 흐를 수도 있겠더라고요. 그래서 '책쓰기 추진 계획서'를 열심히 봅니다. 장면별로 구체적으로 내용을 쓰게끔 하고요. 각 페이지에 어떤 그림과 글을 쓰겠다 하는 계획서, 그걸 강조하는 거죠. 앞으로 2, 3학년을 맡으면 그림책 쓰기는 못 하겠죠. 애들이 다 한 번은 해봤으니까요. 그때는 진로책 쓰기나 자유 주제 책쓰기로 가려고 합니다.

**이수정** 아이들이 주제 설정을 어려워하지요. 책쓰기는 기본적으로 자신의 진로에서 주제를 잡게 되는데요, 어떤 아이들은 망설임 없이 교사, 건축가, 연예인, 심리 상담가 등을 잡아서 해요. 하지만 진로를 아직 결정하지 못한 아이들은 잘 잡지를 못해요. 사실 아이들이 부모님이나 주변에서 진로에 대해 들은 얘기가 다양하지를 않아요. 교사, 의사, 변호사, 공무원, 대기업으로 가라, 이과로 가서 공학 계열로 가야 취직이 쉽다, 그런 정도지요. 그런 분위기에서 자랐기 때문에 그 이외의 것을 잘 생각하지 못해요.

**사회자** 많은 아이들이 자기가 뭘 좋아하는지도 모르겠고, 잘하는 것도 없다고 생각하잖아요. 그러다 보니 책으로 쓸 주제를 생각할 때 막히는 것 같아요.

**이수정** 그래서 전 본격적으로 책을 쓰기 전에 '테마 독서'라는 이름으로 자기 탐색의 과정을 꼭 거치게 했어요. 조금이나마 자기 자신과 마주하는 시간을 갖도록 하는 거지요. 지금 꾸는 꿈이 나중에 꼭 이뤄지지 않더라도 '지금 내가 좋아하는 것' '지금 내가 관심 있는 것'과 만나다 보면 '나도 뭔가를 할 수 있구나' 하는 자신감 같은 것을 느끼니까요. 저는 그 순간을 놓치지 않으려고 해요. 응원을 하죠. 친구들도 처음부터 3~4명의 모둠으로 했기 때문에 이걸 기억하고, 때론 저보다도 세심하게 챙겨주더라고요. "넌 다른 사람 이야기를 잘 들어주니까, 배려심이 많은 것 같아. 간호사 하는 거 찬성이야!" "좀더 구체적으로, 만들고 싶은 게 어떤 약이고, 누구에게 필요한지도 넣으면 좋겠어. 잘할 수 있을 거야" 이런 식으로 말이죠.

**홍승강** 제 경우에는 주제 설정 단계에서 관심 분야의 폭을 좀 넓혀보도록 계속 유도를 하고 있어요. 예를 들어 계속 게임만을 주제로 고집하는 아이에게 계속 자극을 주는 거죠. 게임을 어떻게 하고 있는지, 돈은 안 쓰는지 자극을 주며 다른 것들과 연결 지어보라고 하는 거죠. 학생들이 한 가지만 고집하는 이유는 가장 익숙한 것을 하기 위해서인 듯해요. 이럴 때 자꾸 다른 분야와 연결 지어보라고 하면 생각보다 아이들이 잘 풀어가는 것 같았어요. 그랬더니 게임과 경제를 연결 지어 책을 쓴 학생도 있었어요. 물론, 모든 아이들이 잘 따라오지는 않죠. 이럴 때 그림이나 음악, 영상 등 창의적 사고를 자극할 수 있는 미디어 자료를 보여주는 것도 좋습니다.

**사회자** 책을 쓰기 위해선 글쓰기가 필수잖아요? 수학이나 과학 과목에서 책쓰기를 한다면 글쓰기를 어디까지 지도해야 하나 막막하실 수도 있을 것 같고. 글쓰기도 잘 안 되는데 책쓰기를 지도할 수 있을까 저부터도 주저하게 되기도 해요. 책쓰기 교육은 글쓰기 교육과 어떤 점이 같고 다른가요?

**김미경** 글쓰기는 교사가 주제를 주고 분량이나 시간도 제한이 있지요. 그에 비해 책쓰기는 스스로 주제를 설정하기 때문에 주체적입니다. 또 책에는 글 말고도 사진이나 그림 등 담기는 요소도 다양하고 글도 서문, 저자 소개글 등 입체적인 차원에서 써야 할 때가 많지요. 글은 제출한 글의 완성도를 보고 평가를 매길 수밖에 없는데요, 책은 더 다양한 것들이 평가 요소가 되죠.

**홍승강** 우리도 "이것에 대해 써라" 할 때보다 좋아하는 것을 쓸 때 글을 훨씬 잘 쓸 수 있잖아요? 그것처럼 학생들도 쓰고 싶은 것에 대해 쓰라고 할 때 몰두하면서 더 잘 쓴다는 것을 여러 번 확인할 수 있었어요. 백일장에 나가 수필을 쓰는 것과 자신이 쓰고 싶은 책을 쓰는 것은 천지차이지요. 주제 선정부터 형식 등 모든 것을 스스로 정할 수 있으니까요. 어쩌면 글쓰기보다 책쓰기가 훨씬 쉬울지도 모르겠어요. 또 글보다 책을 쓸 때 발상법이라든가 자료 수집 등 학생들끼리나 심지어 교사와 학생 사이에서도 서로에게 자극 받고 배우는 기회가 더 많지요. 학생들이 학교에서 많은 글을 쓰지만 대부분 평가를 받고 나면 버리는데, 책은 남기더라고요.

**류수경** 사실 저도 글쓰기에 부족함이 많고 남의 글을 평가할 전문성이 있는 것이 아니라서 '글이 좋은가'에 초점을 맞추지는 않았습니다. 저는 되도록 베끼는 것을 줄이고 자기 생각이 많이 들어간 글을 쓰도록 하는 데에 관심을 뒀어요. 아니면 적어도 자신이 찾은 자료를 요약이라도 해서 쓰라고 이야기를 많이 했습니다. 자료와 자기 생각을 섞어서 쓸 수 있는 역량이 부족하기 때문에, 자료를 요약한 다음 자기 생각을 덧붙이는 정도까지면 성공이라고 보고 평가했지요. 그리고 글을 쓰지 못하는 아이들에게 '일단 쓰고' 고치라는 이야기를 했는데, 그렇다고 해서 퇴고의 과정에 대해서 자세히 다루지도 않았어요. 일단 써놓고, 보기에 문맥이 어색한 부분, 불필요한 부분, 부족한 부분을 찾아서 고치면 된다고 일반적인 내용을 알려줬지요. 수학도 머리 아픈데 글쓰기까지 부담을 주면 안 될 것 같아서요. 저도 부담을 줄이고요.

## 3. 책쓰기 교육, 지금부터 준비한다면?

**사회자**  책쓰기를 지도할 때 글쓰기 교육에 대한 책도 찾아서 보셨나요? 참고하면 좋은 책들은 무엇일까요? 책쓰기 교육을 시도하려면 어떤 것을 준비해야 하는지, 이런 책을 읽어보라고 추천하신다면?

**조영수**  발상법에 대한 책이 필요해요. 교사가 설명하는 방식으로 진행되는 수업이 아니라 아이들이 스스로의 힘으로 새로운 생각을 끌어내도록 이끌어야 하기 때문입니다. 『허병두의 즐거운 글쓰기 교실 1~2』(허병두, 문학과지성사, 2004)는 유용한 발상법이 많이 담겨 있습니다. 글쓰기와 관련된 책도 읽어두면 좋은데, 이 책으로는 두 마리 토끼를 다 잡을 수 있었어요. 『질문의 힘』(사이토 다카시, 남소영 옮김, 루비박스, 2017)도 도움이 됩니다.

같은 맥락에서 토론 수업법을 다룬 『토론의 전사 1~2』(유동걸, 해냄에듀, 2012)나 말하기 쓰기 등 활동 중심의 국어 수업법을 다룬 『언어 능력을 기르는 국어수업』(고용우, 휴머니스트, 2012)도 좋았습니다.

제 경우 그림책 쓰기 활동이었기 때문에 『그림책 쓰기』(이 상희, 랜덤하우스코리아, 2011), 『그림책의 이해 1~2』(현은자 외, 사계절, 2007), 『즐거운 그림책 쓰기』(현은자 외, 학지사, 2012)의 도움도 많이 받았습니다.

**홍승강** 그림이나 영상 등 창의적 사고를 자극할 수 있는 미디어 자료를 보여주는 것도 좋습니다. 저는 일부러 미술 선생님, 음악 선생님과 친하게 지내요. 그분들의 자료들이 좋은 게 많더라고요. 예를 들어, 마크 로스코의 「화이트 센터」나 르네 마그리트의 「통찰력」 같은 그림들은 이야기할 내용들이 많아요. 그리고 유키 구라모토의 「Lake Louise」 같은 음악도 풀어갈 이야기들이 많지요. 우리가 접하는 모든 것들이 책 쓰기의 자료들인 셈이죠. 아이들이 좋아하는 웹툰도 좋은 자료들이죠. 예를 들어 『신과 함께』 웹툰과 영화의 차이점들을 찾아보는 활동을 통해 아이들은 스스로 생각을 하죠. 그 생각들을 모아서 자기 주제에 연관 지어보는 거죠. 브레인스토밍을 하는 거예요. 아이들이 가장 좋아하는 활동 중에 하나죠.

**김미경** 제 경우 『나만의 책쓰기 교육—허병두의 즐거운 글쓰기 교실 3』(허병두, 문학과지성사, 2012)을 거듭해 읽으면서 머릿속에서 수업을 여러 번 시뮬레이션 해봤습니다. 『책쓰기 꿈꾸다』(허병두 외, 문학과지성사, 2012)에 활동지가 들어 있는데, 수업을 상상하는 데는 도움이 되었지만 중학생에게 적용하기에는 활동 내용이 어렵고 안내가 상세하지 않아 많이 보충했어요.

**사회자** 이런 책들을 미리 읽고 준비한다면 교사의 수업 역량도 높아지겠네요. 책쓰기 교육을 시도할 때 교사에게 가장 필요한 핵심 역량을 꼽으라고 한다면 무엇일까요?

**홍승강** 인내. 쉬운 길만 원하는 아이들, 아무리 권유해도 쓰지 않는 소수의 아이들에 대한 기다림이요. 또 교사가 아이들의 속도에 답답함을 느낄 때가 있어요. 분명 하고는 있는데 다른 아이들에 비해 유독 느린 친구들, 또 처음에 에너지를 쏟아붓다가 막상 집필 단계에서는 글을 쓰지 못하고 맴도는 아이들을 볼 때도 답답하지요.

**김미경** 불확실성에 대한 인내라고 생각해요. 이게 교과서가 있고 그에 맞춰서 예측 가능한 대로 나가는 수업과 다르잖아요. 처음 새로운 판을 깔 때, 학생들이 이 시간의 활동을 어디까지 따라올 수 있을까에 대한 불확실함이 늘 있거든요. 그리고 앞 시간 수업이 다음 시간 활동으로 계단식으로 이어지기 때문에 처음 시도할 때는 부담감이 커요. 모든 아이들이 똑같은 수준으로 똑같은 속도로 활동을 하는 것도 아니기 때문에 이 격차를 어떻게 해소할 것인가에 대한 스트레스도 있었지요. 그럴 때 적절하게 조언을 구할 수 있는 책쓰기 교육 선배가 가까이 있으면 큰 도움이 돼요.

또 책에 대한 친숙성이랄까 감각이 필요하기도 해요. 주제를 설정하고 나서 본보기책을 찾는 단계에서 학생들을 도와주는 데 어려움을 느낄 수 있더라고요. 청소년 책을 꾸준히 읽고 두루 알고 있으면, 아무래도 아이들을 도서관에 넣었을 때 생소함이 덜하겠지요. 그런데 교사가 혼자서 이런 독서 경험을 쌓기에는 한계가 있어요. 개인 취향 쪽으로만 치우칠 가능성도 높고요. 책따세에 오면 청소년 책에 대한 정보에 늘 열려 있을 수 있으니까 도움이 많이 되었죠.

**조영수**  책을 활용해야 하는 부분에서 겁을 내는 선생님들이 있으시더라고요. 본인이 책을 좋아하고 상당히 지식이 많은데도 '책쓰기 교육'이라는 판을 까는 데는 부담을 느끼시는 경우요. 그래서 처음부터 책쓰기 교육으로 바로 들어가면 실패할 확률이 높은 것 같아요. 아이들과 책을 가까이 하면서 조금씩 범위를 넓혀가는 게 좋겠지요.

**이수정**  아이들에게 가까이 다가가려는 노력이 아닐까요? 저는 교과 담당으로서 아이들을 만나는 게 참 좋더라고요. 담임을 하면 좀 욕심이 생겨서, 아이를 나아지게 하려고, 자꾸 잔소리를 하게 되죠. 그런데 그냥 국어 선생님이니까 좀 홀가분해요. 들어주려고 하죠.

책쓰기를 할 때는 도서관에서 책을 찾아서 내용을 정리하는 시간을 주거든요. 그런데 만화책을 보는 아이들이 있어요. 그 시간에는 그냥 둬요. 수업 끝나면 불러서 그 만화책에서는 어떤 내용을 얻었냐고 물어보죠.

**사회자** 아이들 반응이 궁금해지네요?

**이수정** 웃으면서 죄송하다는 아이도 있고, 나름대로 이유를 만들어서 말하는 아이, 하기 싫었다고 말하는 아이도 있죠. 그럼 그냥 알았다고 해요. 그러곤 내 나름대로 아이를 살펴요. 왜 하기 싫었을까? 어떤 책을 찾아야 할지 몰라 힘들어한 건 아닐까? 떠벌이처럼 이유를 말하던 아이가 가진 장점이 이런 것일까? 그리고 그 아이들이 보면 좋을 책을 나름 골라 둬요. 다음 시간에 또 만화책을 보고 있으면 그때 불러서 책을 권해요. 여기서 한 번 찾아보면 어떻겠냐고. 그러면 놀라요. 선생님이 나름 치밀한 사람이구나, 선생님이 나에게 관심을 가지고 있구나. 그런 모습을 보고 이번엔 다른 아이들이 다가와요. 자기도 책 좀 찾아달라고. 이런 식으로 다가가려고 해요. 끊임없이 지켜보고 도와줄 수 있는 부분을 찾아내서 은근히 도와주려고요. '뭐든지 시도해봐라, 도와주겠다' '끝까지 마치는 게 대단한 거다'를 자꾸 말하죠. 그래서 아이들이 힘들었지만 뿌듯했다고, 자기를 알 수 있게 되었다고 말해요.

## 4. 책쓰기 교육, 어떤 효과가 있을까?

**사회자** 오늘 대담의 마지막 주제로 들어가 보려고 해요. 그냥 책읽기랑 다른 이것만의 효과랄까, 각자 경험하신 이야기를 좀 들려주세요. 학생들의 반응은 어땠는지, 개인적으로 어떤 즐거움과 보람이 있으셨는지도. 책쓰기 교육을 하면서 가장 인상 깊었던 점은 무엇인가요? 책쓰기 교육의 의의와 가치는 무엇인지 직접 지도해본 교사로서의 소감을 들려주세요.

**조영수** 제자들이 학생 저자 자격으로 저와 함께 교사 연수에서 강의를 했을 때가 가장 기억에 남아요. 책따세에 제자들이 자기 그림책을 전시한 일도요. 학생들의 책 읽기와 책쓰기가 봉사나 사회 활동과 직접 연결된 것이잖아요? 수동적인 존재가 아니라 자신만의 콘텐츠로 세상과 만나고 세상에 기여하는 느낌, 주체가 되는 느낌이죠. 굉장히 자랑스럽단 얘기를 아이들이 많이 했어요. 또 한 학기 끝내고 학생들이 자기

책을 받으러 일부러 찾아올 때도 이 수업의 가치를 다시 느끼게 돼요. 보통 중학생들이 그러지 않거든요.

**홍승강**  자존감을 회복하고 긍정적으로 변해가는 아이들을 볼 때 이 수업에 대한 가치를 새삼 느껴요. 저와 책쓰기 수업을 했던 학생들은 제가 담임이었던 아이들이 아니고, 수업 시간에 잠깐 만난 아이들이거든요? 그런데도 제가 그 아이들을 새롭게 만날 수 있었어요. 교사란 직업이 점점 힘들어지는 와중에 이게 교사 하는 보람이구나 싶죠. 저도 아이가 쓴 책으로 인해 그 아이를 잊지 못하고, 아이도 이 경험을 쉽게 잊지 못해요. 자신을 표현할 수 있는 수단이었던 거죠. 말은 쉽게 사라지고 글도 오래가지 않잖아요. 평가 끝나면 다 버리고. 책은 오래 남더라고요.

쓰려는 책의 제목과 차례가 정해지면 발표를 시켰는데, 처음에는 자기중심적으로만 책을 쓰던 학생들이 발표를 하는 과정에서 독자의 관점을 저절로 얻어가더라고요. 남을 의식하고 배려하고 친구들의 의견을 소중하게 경청하고요. 전에는 주목하지 않았던 자신의 장점을 찾을 수 있는 기회를 줄 수 있고, 자연스럽게 진로 탐색도 가능하죠.

**사회자**  고등학교에서는 소논문 쓰기를 많이 하는데 책쓰기는 이와 다른가요?

**홍승강** 다르지요. 소논문은 형식이 정해져 있고 논리가 필요해요. 그러다 보니 단순히 논문 비슷하게 흉내 내는 것으로 끝나는 경우가 대다수예요. 창의력이 발휘되기도 힘들지요. 고등학교에서 많이 하지만 논문을 쓴 학생들도 자신이 왜 이것을 썼는지 필요성이나 이유를 몰라요. 논리적인 글쓰기를 연습한다는 의미는 있겠지만, 이마저도 이런 형식의 과제에 최적화된 아이들, 성적이 좋은 학생들에게만 이익이 돌아가지요.

**사회자** 저도 고등학교에 있을 때 보면 논문이란 게 자기가 가진 지식이 많아야만 도전 가능하더라고요. 그 외의 아이들은 흥미를 느끼기도 힘들고요.

**홍승강** 책쓰기는 선생님과 함께 계속 무언가를 찾는 과정을 경험하게 하잖아요. 해보려는 시도가 있지요. 공부를 못해도 자신이 관심 있는 분야가 확실한 아이들은 책쓰기를 통해 두각을 나타내게 돼요. 집단의 순위를 섞는 경험이 일어나죠.

**사회자** 그렇다면 내년에도 또 계속 책쓰기 교육을 하실 건가요? 한다면 어떤 점을 보완하실 건가요? 마지막으로 책쓰기 교육과 관련하여 자유롭게 한 말씀을 해주셔도 좋고요.

**김미경** 어느 학교를 다니든 3년 중에 한 학기는 학생들이 꼭 경험해볼 수 있으면 좋겠다 싶어요. 책쓰기 교육은 단순히 교수법 차원이 아닌 교육의 변화 방향에 관한 철학을 담고 있는 교육과정이거든요. 자신의 발견이 가능하고, 교사의 입장에서는 개별 학생들의 가능성을 찾아낼 수 있는 기회가 되지요. 책쓰기 교육을 하다 보면, 수업의 과정이나 결과가 선형적으로 흐르는 게 아니라 공간을 창조하듯 입체적으로 섞인다는 느낌을 받을 때가 많아요. 첫 시간 활동지에 자기와 관련된 낱말 조각을 어설프게 펼쳐내던 아이들이 수업이 진행됨에 따라 각자의 방향으로 흘러갑니다. 관심사와 속도가 다른 아이들이 유연하게 섞이고, 각자의 길을 창조하며 유동적으로 흘러가죠. 학생들과 학생들, 그리고 아이들 내면에서 서로 다른 것들이 섞이면서 융합돼요. 이것이 책쓰기 교육의 매력입니다.

**조영수** 듣고 말하고 읽고 쓰는 것을 한 번에 해결할 수 있는 교육, 국어 교사의 입장에서 통합적으로 할 수 있는 교육입니다. 3년 중에 한 번은 문학적으로 다루고, 한 번은 비문학적인 텍스트를 다루는 두 번의 기회를 주는 것이 좋을 것 같아요. 1학년은 쉽게 가고 2, 3학년은 본격적으로 써보게 하는 식으로 수준 차이를 주면서요.

**홍승강** 학교 여건과 동료 교사의 도움이 반드시 필요한 교육입니다. 아무리 능력이 좋아도 혼자서는 해낼 수 없더라고요. 또 내가 강요하는 자가 아닌 교사라는 느낌이 드는, 교육다운 교육이라고 생각합니다. 문제 풀고 답 찾는 것이 아닌 서로에게 배우는 시간이 되거든요. 학생 스스로 생각하고 활동한다는 것이 다른 수업과의 큰 차이점이에요.

**유연정** 내년에는 저 스스로 책쓰기의 개념을 바꿔보려고 해요. 그 전에는 주제를 하나 잡고 이어지게 쭉 쓰길 원했는데, 그냥 포트폴리오에 더 가까운 식의 책쓰기를 하고 싶어요. 책쓰기만으로 구성하기가 힘들어서, 지금까지 학습한 걸 정리하는 차원에서 배운 걸 묶게끔. 1년간의 공부가 담긴 책이 되게요.
문제집 만들기도 생각해봤어요! 애들이 퀴즈 만들기를 좋아하더라고요. '지진 시 대피하는 방법' 이런 식으로. 그런 걸로만 다 채우고 싶어 하는 애들도 있었는데, 그때는 자제시켰는데 지금 생각해보면 그것만 다 모아도 괜찮을 것 같더라고요. 그런 식으로 정리해볼 수도 있고, 같은 문제여도 어린애들을 위해 가공도 해볼 수 있고요. 책의 형식에 대한 고정관념을 깨보고 싶어요. 제가 너무 좁게 봤다는 느낌이 들더라고요. 확장을 시켜주고 아이들의 통통 튀는 아이디어들을 지지해주고, 풀어놔주는 식으로요. 제 맘에 안 들어도 각자의 마음에 들면 성공인 거니까 좀더 열어주고 싶어요.

**류수경** 수학은 지금 교육과정이 바뀔 때마다 성취 기준이 줄어들고 있거든요. 그런데도 아이들은 계속 수학 때문에 허덕여요. 풀어야 할 문제가 너무 많아서 그렇죠. 이러다 보니 학생들에게 '수학＝문제 풀이'어서, 그걸 끊어내는 게 제 목표에요. 주제가 수학이다 보니 베껴 쓰는 애들이 많은데, 어떻게 자기 생각 넣기를 할까 고민이 많습니다. 그렇게 하려면 서로 의견 나누고 발표하고 글도 써보고 하는 활동을 더 많이 해야겠다는 생각이 들었어요.

돌아보면, 설명을 잘 해주려는 마음에 수업 때는 입 다물게 하고 강의식으로 수업을 하다가 책쓰기 할 때만 자기를 표출해서 쓰라고 하니까 자기 생각 넣기가 더 어려웠겠구나 싶어요. 아이들이 스스로 주제를 찾고, 수학 관련된 책을 읽었다는 정도에서 만족했었고요. 이제는 수업 방식을 많이 바꿔서 서로 말도 시키고 설명을 많이 하게 하고, 자기 생각을 쓰게 하려고요. 단원 마무리 보고서 같은 활동을 수업 때 많이 해서 자기 생각 쓸 수 있는 단계까지 끌어올리고 싶어요. 자연스럽게 수업의 변화를 이끌어 내면서 발전된 책쓰기로 갈 수 있도록요. 그러다 보면 아이들이 수학이 진짜 어떤 학문인지를 맛보게 되지 않을까요?

부록

# 1. 진로 교육 추천도서 목록(김미경, 이수정)

학생들에게 진로 교육을 하거나 진로 관련 책쓰기 교육을 할 때 바탕이 될 만한 책의 목록을 갖고 있으면 크게 도움이 된다. 여기에 제시한 '진로 교육 추천도서 목록'은 김미경과 이수정이 각자의 현장에서 만들어 활용하던 것을 모아 새롭게 정리한 것이다.

진로의식 발달 수준은 학생마다 개인차가 크다. 되고 싶은 직업을 매우 구체적으로 정해놓은 학생과 그저 관심 가는 분야 정도만 막연하게 인식하고 있는 학생이 한 교실에 섞여 있다.

사실 "내가 관심 가는 분야는 OO이다"라고 구체적으로 말할 수 있는 것만으로도 진로의식이 상당히 발달한 경우로, 자신이 잘하는 것이 무엇인지, 어느 분야로 진출하면 좋을지 자신 없어 하는 학생들이 훨씬 많다. 진로 교육 관련 추천도서를 제시한다면 이같이 다양한 진로의식 발달 수준을 고려하여야 학생들이 자신에게 맞는 책을 찾기 쉬워지고, 읽고 난 후 실질적인 도움을 얻을 확률도 높아진다.

우리는 이 점을 고려하여 우선 다음 세 가지 하위 주제를 설정하여 진로 교육 추천도서 목록을 제시하였다.

## 1) J형(Job) — 직업 탐색형

원하는 직업이 구체적일 때(관심 직업이나 분야를 특정하여 정보가 정리된 책).

## 2) W형(Work) ─ 일의 세계 탐색형

아직 특정한 희망 직업이 없고 일의 세계를 폭넓게 탐색하고 싶을 때(여러 직업과 여러 분야를 두루 탐색할 수 있는 책).

## 3) S형(Self) ─ 자기 탐색형

좋아하는 분야가 없어 고민스럽고 자신과 세상을 두루 탐색하고 싶을 때(심리 상담과 진로 상담을 하면서 자기 탐색을 돕는 책).

여기에 자기 분야에서 특별히 공익을 실천하기 위해 헌신적인 삶을 살아온 사람들의 이야기를 다룬 책을 추가하였다. 공교육의 진로 교육은 사교육과 달라야 한다. '내가 남을 이기고 최대한 높은 사회적 자본과 지위를 갖는 것'에 초점이 맞추어져서는 절대 안 된다. 공교육의 진로 교육이라면 마땅히 '일을 통하여 남을 도울 수 있는 자신이 얼마나 가치 있는 존재인가를 깨닫는 것'에 초점이 맞추어져야 하며 이를 통해 청소년의 가슴에 숨어 있는 이상적 삶에 대한 동경에 불씨를 지필 수 있어야 한다. 우리는 학교에서 진로 교육을 실시할 때 늘 이 점을 중시하였으며, 그럴 때 오히려 학생들의 반응이 뜨겁다는 것을 여러 번 확인할 수 있었다. 이에 네번째 하위 주제를 추가하였다.

## 4) M형(Meaning) ─ 삶의 의미 탐색형

무엇을 위하여 공부하고 진로를 찾으려 노력하는 것인지 삶의 의미를 찾고 있을 때(인물 이야기책).

이 네 하위 분야로 나누어 추천도서를 배열하면서 독서 수준 또한 고려하였는데, 중1과 중2를 묶어 '진로 탐색기'로, 중3부터 고3을 묶어 '진로 결정기'로 그 수준을 구분하였다. 중3 때 고입 관련 중요한 의사 결정이 이루어지고, 이때를 기점으로 하여 학생들의 진로 탐색 수준이 크게 달라진다는 점을 고려한 것이다.

# 1. 진로 탐색기(중1부터 중2까지)

| | |
|---|---|
| **1) J형(Job)**<br>**—직업 탐색형**<br>원하는 직업이 구체적일 때 | 『나만큼 미쳐 봐』(임요한, 북로드, 2004) |
| | 『열두 살 직업 체험 시리즈 1~4』(홍경의 외, 한겨레아이들)<br>　　독수리 오남매, 법률가를 만나다; 채널고정! 시끌벅적 PD<br>　　삼총사가 떴다; 평화를 꿈꾸는 곳 유엔으로 가자; 하늘<br>　　로 우주로 네 꿈을 쏴라 |
| | 『직업 탐색 보고서 시리즈 1~5』(이상호 외, 창비)<br>　　궁금해요! 기자가 사는 세상; 궁금해요! 디자이너가 사는<br>　　세상; 궁금해요! 변호사가 사는 세상; 궁금해요! 요리사<br>　　가 사는 세상; 궁금해요! 의사가 사는 세상 |
| | 『적성과 진로를 짚어주는 직업 교과서 시리즈1~50』(와이즈멘토, 주니<br>어김영사) |
| **2) W형(Work)**<br>**—일의 세계 탐색형**<br>아직 특정한 희망 직업이<br>없고 일의 세계를 폭넓게<br>탐색하고 싶을 때 | 『십대를 위한 직업 백과』(이랑, 꿈결, 2013) |
| | 『10살에 꼭 만나야 할 100명의 직업인』(한선정, 조선북스, 2008) |
| | 『한 권으로 보는 그림 직업 백과』(조은주 외, 진선아이, 2009) |
| **3) S형(Self)**<br>**—자기 탐색형**<br>좋아하는 분야가 없어 고<br>민스럽고 자신과 세상을<br>두루 탐색하고 싶을 때 | 『나를 찾습니다』(마르틴 라퐁, 신성림 옮김, 개마고원, 2011) |
| | 『성적은 짧고 직업은 길다』(탁석산, 창비, 2009) |
| | 『준비가 알차면 직업이 즐겁다』(탁석산, 창비, 2009) |

| 4) M형(Meaning)<br>—삶의 의미 탐색형<br>무엇을 위하여 공부하고<br>진로를 찾는 것인지 삶의<br>의미를 찾고 있을 때 | 『나의 별에도 봄이 오면』(고운기, 산하, 2011) |
|---|---|
| | 『문버드』(필립 후즈, 김명남 옮김, 돌베개, 2015) |
| | 『바람을 길들인 풍차소년』(윌리엄 캄쾀바 외, 김흥숙 옮김, 서해문집, 2009) |
| | 『세상을 살린 10명의 용기 있는 과학자들』(레슬리 덴디 외, 최창숙 옮김, 다른, 2011) |
| | 『시골의사의 아름다운 동행 1~2』(박경철, 리더스북, 2011) |
| | 『야생의 순례자 시튼』(어니스트 톰슨, 작은우주 옮김, 달팽이, 2005) |
| | 『장기려, 우리 곁에 살다 간 성자』(김은식, 봄나무, 2006) |
| | 『제인 구달—침팬지와 함께한 나의 인생』(제인 구달, 박순영 옮김, 사이언스북스, 2005) |
| | 『조복성 곤충기』(조복성, 뜨인돌, 2011) |

## 2. 진로 결정기(중3부터 고3까지)

### 1) J형(Job)
**—직업 탐색형**
원하는 직업이 구체적일 때

『부키 전문직 리포트 시리즈1~21』(장기오 외, 부키)
PD가 말하는 PD; 치과의사가 말하는 치과의사; 공무원이 말하는 공무원; 금융인이 말하는 금융인; 약사가 말하는 약사; 사회복지사가 말하는 사회복지사; 회계사가 말하는 회계사; 사서가 말하는 사서; 건축가가 말하는 건축가; 출판편집자가 말하는 출판편집자; 광고인이 말하는 광고인; 스튜어디스 · 스튜어드가 말하는 항공승무원; 방송작가가 말하는 방송작가; 만화가가 말하는 만화가; 판사 · 검사 · 변호사가 말하는 법조인; 요리사가 말하는 요리사; 디자이너가 말하는 디자이너; 수의사가 말하는 수의사; 의사가 말하는 의사; 간호사가 말하는 간호사; 기자가 말하는 기자

『가르친다는 것』(윌리엄 에이스, 홍한별 옮김, 양철북, 2012)

『결정적 코치 2—이공자연계열』(tbs 텔레비전국, 한국교육컨설턴트협의회 엮음, 메디치연구소)

『결정적 코치 2—인문 · 사회계열』(tbs 텔레비전국, 한국교육컨설턴트협의회 엮음, 메디치연구소)

『과학해서 행복한 사람들』(안여림 외, 사이언스북스, 2006)

『기적의 사과』(이시키와 다쿠지, 이영미 옮김, 김영사, 2009)

『나는 골목의 CEO다』(이갑수 외, 삼성경제연구소, 2013)

『나는 일러스트레이터다』(밥장, 한빛미디어, 2014)

『로봇 다빈치, 꿈을 설계하다』(데니스 홍, 샘터사, 2013)

『미대 나와서 무얼 할까 1~2』(박정준, 안그라픽스, 2011)

『세상을 향해 별을 쏘다』(한국여성과학기술인협회, 김영사, 2012)

『쉿, 조용히!』(스콧 더글라스, 박수연 옮김, 부키, 2009)

『학교에서 영화 찍자』(안슬기, 다른, 2013)

| | |
|---|---|
| **2) W형(Work)**<br>**―일의 세계 탐색형**<br>아직 특정한 희망 직업이<br>없고 일의 세계를 폭넓게<br>탐색하고 싶을 때 | 『공상이상 직업의 세계』(김봉석, 한겨레출판, 2006) |
| | 『꿈을 살다』(박용준 외, 궁리, 2008) |
| | 『꿈을 찾아주는 내비게이터』(정효경, 마리북스, 2012) |
| | 『나는 무슨 일을 하며 살아야 할까?』(이철수 외, 철수와영희, 2011) |
| | 『내 일을 부탁해』(함께일하는재단, 청어람미디어, 2012) |
| | 『묻고 답하는 청소년 진로 카페』(허은영, 북멘토, 2013) |
| | 『세계 명문 직업학교』(동아일보 국제부, 동아일보사, 2006) |
| | 『세상을 바꾸는 천 개의 직업』(박원순, 문학동네, 2011) |
| | 『십대를 위한 직업 콘서트』(이랑, 꿈결, 2016) |
| | 『10대와 통하는 노동 인권 이야기』(차남호, 철수와영희, 2013) |
| | 『아뿔사, 난 성공하고 말았다』(김어준 외, 학이시습, 2009) |
| | 『역사 속에 사라진 직업들』(미하엘라 비저, 권세훈 옮김, 지식채널, 2012) |
| | 『지구를 살리는 7가지 불가사의한 물건들』(존 라이언, 이상훈 옮김, 그물코, 2002) |
| | 『진로 직업 365』(학교도서관저널 도서추천위원회 엮음, 학교도서관저널, 2013) |
| | 『행복한 진로 학교』(박원순 외, 시사IN북, 2011) |
| **3) S형(Self)**<br>**―자기 탐색형**<br>좋아하는 분야가 없어 고<br>민스럽고 자신과 세상을<br>두루 탐색하고 싶을 때 | 『과학자의 서재』(최재천, 움직이는서재, 2015) |
| | 『공부의 달인, 호모쿵푸스』(고미숙, 북드라망, 2012) |
| | 『나만의 북극성을 찾아라 1~3』(홍기운 외, 미디어숲, 2012) |
| | 『너는 네가 되어야 한다』(수유너머R, 너머학교, 2013) |
| | 『드림 레시피』(김수영, 웅진지식하우스, 2013) |
| | 『마음 알기, 자기 알기』(이남희, 실천문학사, 2003) |
| | 『멈추지 않는 팽이』(최신규, 마리북스, 2011) |

| | |
|---|---|
| | 『무엇이 되기 위해 살지 마라』(백지연, 알마, 2012) |
| | 『뭘 해도 괜찮아』(이남석, 사계절, 2012) |
| | 『생각한다는 것』(고병권, 너머학교, 2010) |
| | 『10년 후 나를 디자인한다』(과학동아, 동아사이언스, 2007) |
| | 『열일곱 살의 인생론』(안광복, 사계절, 2010) |
| | 『자아 놀이 공원』(이남석, 사계절, 2009) |
| | 『학문의 즐거움』(히로나카 헤이스케, 방승양 옮김, 김영사, 2001) |
| **4) M형(Meaning) —삶의 의미 탐색형** 무엇을 위하여 공부하고 진로를 찾는 것인지 삶의 의미를 찾고 있을 때 | 『가슴 뛰는 삶의 이력서로 다시 써라』(요안나 슈테판스카 외, 김요한, 바다출판사, 2017) |
| | 『꿈의 도시, 꾸리찌바』(박용남, 녹색평론사, 2009) |
| | 『나의 사랑 백남준』(구보타 시게코 외, 아르테, 2016) |
| | 『나에서 우리로』(마크 & 크레이그 킬버거, 해냄, 2006) |
| | 『너같이 좋은 선물』(박 불케리아, 예담, 2011) |
| | 『반 고흐, 영혼의 편지』(신성림 편역, 예담, 2017) |
| | 『무엇이 될까보다 어떻게 살까를 꿈꿔라』(김원석, 움직이는서재, 2015) |
| | 『민들레 국수집의 홀씨 하나』(서영남, 휴, 2010) |
| | 『10대 세상을 디자인하다』(바바라 A. 루이스, 정연진 옮김, 소금창고, 2013) |
| | 『아름다운 사람 이중섭』(전인권, 문학과지성사, 2000) |
| | 『우리는 희망을 변론한다』(공익인권법재단 공감, 부키, 2013) |
| | 『지도 밖으로 행군하라』(한비야, 푸른숲, 2005) |
| | 『히말라야 도서관』(존 우드, 이명혜 옮김, 세종서적, 2014) |
| | 『희망을 심다』(박원순, 알마, 2009) |
| | 『희망을 여행하라』(임영신 외, 소나무, 2009) |

## 2. 나만의 책쓰기 활동지(김미경)

'나만의 책쓰기 활동지'는 책쓰기 교육을 현장에서 적용하려는 교사들이 좀더 쉽게 도전할 수 있도록 책쓰기 교육 단계별로 개발한 활동지이다.

주제 설정, 책쓰기 추진 계획서 작성, 자료 수집, 집필, 보완하기의 5단계 순서를 따라 제시하였다.

책쓰기 교과서 형식으로 제작된 『책쓰기 꿈꾸다』(허병두 외, 문학과 지성사, 2012)의 지도 내용을 참고하되 학교 현장에서 여러 차례 적용하면서 활동을 좀더 상세히 구안하였음을 밝힌다.

1. 원 안에 자신의 이름을 적고, '나'에 대해 떠오르는 것을 자유롭게 원형 정리법으로 적어보자.

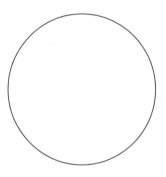

2. 원형정리법으로 적어나간 것 중 책쓰기 주제가 될 만한 것을 서너 개 골라 그 위에 표시해보자.

### 1. 기준을 설정하고 자신의 삶에 대해 아리랑 곡선을 그려보자.

아주 작은 일이라도 기억해 적되, 그 당시 감정을 간단하게 적는다. 또한 앞으로 살아갈 미래의 모습과 예상되는 감정도 함께 적어보자.

| ( 　　 ) | |
|---|---|
| **나 이** | |
| ( 　　 ) | |

### 2. 아리랑 곡선 중 몇 개를 확대하여 구체적으로 적어보자.

1) _____ 세 :

_____

_____

_____

_____

_____

_____

_____

_____

_____

_____

# 나만의 책쓰기 활동지 3

＊신문 기사 스크랩

**1. 신문을 보면서 마음에 드는 사진이나 만화, 기사나 광고들을 자유롭게 스크랩해보자.**

이 기사(사진, 광고)가 좋은 이유:

내용 소개:

**1. 신문을 보고, 다양한 기준을 정하여 우선순위를 매겨보자.**

• 가장 따뜻한 느낌이 드는 기사

1위: _____

2위: _____

3위: _____

• 집에 가서 가족들에게 알려 주고 싶은 기사

1위: _____

2위: _____

3위: _____

• 가장 유익한 기사

1위: _____

2위: _____

3위: _____

• 가장 _____ 기사

1위: _____

2위: _____

3위: _____

**1. 스크랩한 결과를 차분히 살펴보면서 자신의 관심 분야가 무엇인지 정리해보자.**

**2. 다음 주제에 대해 머릿속 생각을 끄집어내보자. (내가 관심 있는 것, 내가 더 알고 싶은 것, 내가 잘하고 싶은 것, 내가 책으로 쓰고 싶은 것 등.)**

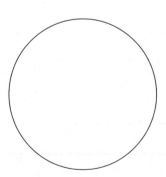

### 1. 진로 검사를 통해 알게 된 나에 대해서 써보자.

[예시]

| 진로 검사 | 알게 된 나 |
|---|---|
| 디스크(DISC) 유형 | SI형. 조용하게 주위 사람들에게 맞추는 형. |
| 다중지능(MI) 검사 | 대인관계 지능 높음. 공간 지능, 수학 지능이 그다음. |
| 진로 검사(RIASEC) | 사회형. |
| 종합적 해석 | 조금 소심하지만 일처리가 안정적이고 집중할 때는 실수를 거의 하지 않음. |
| 추천 분야 | 수학 교사, 과학자, 건축설계사, 요리사 등 |
| 나의 관심 직업 | 요리사, 건축설계사 |

| 진로 검사 | 알게 된 나 |
|---|---|
| 디스크(DISC) 유형 | |
| 다중지능(MI) 검사 | |
| 진로 검사(RIASEC) | |
| 종합적 해석 | |
| 추천 분야 | |
| 나의 관심 직업 | |

### 2. 앞으로의 진로 탐색 계획에 대해 써보자.

나는 앞으로 _____

_____

_____

### 3. 모둠원 넷이 돌아가며 읽고 이야기를 나눈다.

# 나만의 책쓰기 활동지 7

### 1. 다양한 직업의 세계를 탐색해보자.
진로 서가에 꽂힌 책을 두루 훑어본다. 자신이 관심 있는 분야, 잘하고 싶은 분야를
다룬 책을 최대한 많이 찾아본다.

| 책이름 | 지은이 | 출판사 | 책 내용 간단 메모 |
|---|---|---|---|
|  |  |  |  |

☞ **자료책 선택하기**
이 책들 중 두 권을 선택하여 구매한다. 다음 국어 시간에 들고 온다. (점수에 반영, 공공
도서관에서 대출도 가능.)

## 2. 직업의 세계를 계속해서 탐색해보자.

위에 적은 책 한 권을 골라 읽고, 오늘 읽은 내용을 정리한다.

| 책이름: | 지은이: | 출판사: |
|---|---|---|

읽은 내용

책 제목:

**1. 자신이 생각한 주제를 세부적인 항목으로 좁혀보자.**

다음은 다른 학생이 주제의 범위를 축소한 과정이다. 이를 참고하여 자신의 주제 범위를 축소해보자.

| 미술 |
|:---:|

⋮

| 그림 |
|:---:|

⋮

| 그림 전공하고 싶은 중학생이 읽을 책 |
|:---:|

⋮

| 중학생이 알아야 할 서양 그림, 한국 그림 20 |
|:---:|

이렇게 범위를 축소시킨 뒤 다시 한 번 '독자에게 흥미를 줄 수 있는가?' '독자에게 유용한가?' '내가 쓸 수 있는 내용인가?' 질문을 던져보자.

주제1

 ⋯▶

 ⋯▶

 ⋯▶

주제2

 ⋯▶

 ⋯▶

 ⋯▶

주제3

 ⋯▶

 ⋯▶

 ⋯▶

＊주제 평가받기

1. 자신이 쓰고자 하는 주제를 세 개 정도 골라 주제에 대한 설명을 아래 표에 적어보자. 그러고 나서 다섯 명 이상에게 자신의 주제에 대한 평가를 받아본다.

| 순위 | 주제<br>(예상 독자) | 할 수<br>있을 것<br>같다<br>(10점) | 재밌을 것<br>같다<br>(10점) | 쓸모<br>있을 것<br>같다<br>(10점) | 평가자 이름과<br>조언 |
|---|---|---|---|---|---|
| 1 |  |  |  |  |  |
|  |  |  |  |  |  |
|  |  |  |  |  |  |
|  |  |  |  |  |  |
|  |  |  |  |  |  |
| 2 |  |  |  |  |  |
|  |  |  |  |  |  |
|  |  |  |  |  |  |
|  |  |  |  |  |  |
|  |  |  |  |  |  |

| 순위 | 주제<br>(예상 독자) | 할 수<br>있을 것<br>같다<br>(10점) | 재밌을 것<br>같다<br>(10점) | 쓸모<br>있을 것<br>같다<br>(10점) | 평가자 이름과<br>조언 |
|---|---|---|---|---|---|
| 3 | | | | | |
| | | | | | |
| | | | | | |
| | | | | | |
| | | | | | |

## 2. 서가를 누비며 본보기책을 찾아보자.

나만의 책을 쓰기 위해 형식을 본뜰 만한 책을 찾아온다.

'이런 책은 나도 쓰고 싶다' '이런 책이라면 나도 쓰겠다' 하는 생각이 드는 책을 찾아온다.

[예시]

## 책쓰기 추진 계획서

| 주제<br>(책 제목) | 예술과 함께 떠나는 꿈 찾기<br>—미술을 좋아하는 청소년에게 추천하는 직업 | | |
|---|---|---|---|
| 예상 독자 | 평소 미술 쪽에 관심 있는 청소년, 이쪽 관련 직업을 꿈꾸고 있는 청소년 | | |
| 선정 이유 | 내가 지금 관심 있는 직업은 디자이너와 만화가이다. 어려서부터 미술이 좋고, 관심이 많았으며, 나처럼 미술과 관련하여 꿈을 갖고 있는 친구들에게 직업을 추천해주고 충고해주기 위해서이다. | | |
| 특징 | 정보 모음집 | 본보기책 | 디자이너가 말하는 디자이너 |
| 자료책 | 진학보다 진로를 먼저 생각하는 10대의 미래 지도 | | |
| 차례 | [본보기책]<br><br>1장 새내기 디자이너의 좌충우돌 일기<br>1. 의상 디자인 분야: 모진 '시다바리' 생활을 견디는 이유(최광우)<br>2. 팬시 제품 디자인 분야: 예측불허 '딸기' 길들이기(여수진)<br><br>2장 그래픽 디자이너의 세계<br>1. CI/BI 디자인 분야: '손재주'를 넘어 '머리'로 승부하라(손혜원)<br>2. 광고 아트 디렉터 분야: 먹고 일하고 먹고 일하고… 나는 외계인이다(박세진)<br>3. 북 디자인 분야: 디자인의 평균을 높여라!(이승욱)<br>4. 웹 디자인 분야: 회원과 함께 호흡하며 디자인하라(손영일)<br><br>3장 제품 디자이너의 세계<br>1. 라이프스타일 디자인 분야: 내 디자인으로 오래오래 행복하기를(오준식)<br>2. 문구 소품 디자인 분야: 아주 작은 차이에 관심과 정성을(배수열)<br><br>부록<br>전국 디자인 관련 대학 및 관련 학과 일람표 | [나만의 책]<br><br>1부. 만화<br>1장. 만화, 애니메이션 관련 직업<br>2장. 관련 학교 추천<br>3장. 직업 조언<br><br>2부. 연극<br>1장. 영화, 연극 관련 직업<br>2장. 관련 학교 추천<br>3장. 직업 조언<br><br>3부. 분장<br>1장. 분장, 메이크업 관련 직업<br>2장. 관련 학교 추천<br>3장. 직업 조언<br><br>4부. 인기 분야 및 꿈에 대한 충고<br>1장. 인기 분야 – 가수<br>2장. 자신의 꿈에 대한 충고 | | |

# 책쓰기 추진 계획서

| 주제<br>(책 제목) | |
|---|---|
| 예상 독자 | |
| 선정 이유 | |

| 특징 | | 본보기책 | |
|---|---|---|---|

| 자료책 | |
|---|---|

| 차례 | [본보기책] | [나만의 책] |
|---|---|---|
| | | |

1. 나만의 책 제목:

2. 나만의 책 제목 상세 설명:

3. 차례:

## 나만의 책쓰기 주제 설정(응용 편)

| 분야 | 나만의 책 제목 | 나만의 책 상세 설명 | 응용 |
|---|---|---|---|
| 영화<br>·<br>방송 | 영화와의 데이트 | 14편의 영화를 판타지, 액션, 공포, 코미디, 음악으로 장르를 구분하여 평론한 책. | |
| | 다, 드라마다 | 유명 드라마를 액션, 스릴러, 가족, 사랑 등으로 장르를 구별하여 쓴 드라마 비평서. | |
| | 라디오 라디오 | 라디오 프로그램 비평과 라디오 관련 직업, 라디오 프로그램 기획 등에 대한 정보를 정리한 책. | |
| 컴퓨터<br>·<br>영상 | 게임메이커 기초 강좌 | '게임메이커'라는 게임 만드는 프로그램을 통해 프로그래밍을 설명하는 책. | |
| | 1인 창작자가 뭔데? | 1인 창작자가 되는 법에 대해 자세히 알려주는 책. | |
| | 거기 당신, 방송 BJ가 되지 않겠는가? | 아프리카TV로 나만의 방송을 하는 법을 설명하는 안내서. | |
| 그림<br>·<br>만화 | 명화 이야기 | 한국화가와 서양화가 10명을 정하고 대표작을 2점씩 정하여 평론한 미술 평론서. | |
| | Webtoon-웹툰에 대한 모든 것 | 웹툰의 종류, 공모전 등 웹툰 작가가 되는 길, 웹툰 작법 등을 종합적으로 정리해놓은 책. | |
| | 이 애니를 아나요? | 자신이 좋아하는 명작 애니 6선 평론집. | |
| 음악 | 작곡가 6인과 명곡 | 바흐, 베토벤, 쇼팽, 리스트, 모차르트의 생애를 소개하고 자신이 좋아하는 대표곡을 한 곡씩 선정해 듣고 감상평 및 음악 해설을 쓴 책. | |
| | 내가 사랑한 음악가 10 | 피아니스트 10명을 정하여 인생과 대표곡을 정리한 책. | |
| | 바이올린 지망생들이 알아야 할 모든 것 | 바이올린, 바이올리니스트, 명곡, 관련 직업 등의 정보 제공. | |
| | 악기를 전공하려면 | 현악기, 관악기, 건반악기의 연주법과 전공자가 알아야 할 상식 정리. | |
| | 이럴 때 이런 곡 | 우울할 때, 소풍갈 때, 사랑에 빠졌을 때 등 상황을 설정하고 상황별 추천곡과 곡 내용을 해설한 책. | |
| | 퓨전 음악 '힙합'의 모든 것 | 힙합의 역사, 유명 힙합 곡, 힙합에 담긴 저항 정신 등 힙합에 관한 모든 것. | |
| 스포츠 | 맨체스터 시티를 알려주마 | 자신이 좋아하는 해외 축구 팀에 대한 안내서. | |
| | 호날두 괴물, 메시 작은 거인 | 메시와 호날두의 전기. | |
| | 영원한 베스트 10 | 유명 축구 선수 10명을 뽑고 그들의 인생을 조사하여 정리한 책. | |

| 분야 | 나만의 책 제목 | 나만의 책 상세 설명 | 응용 |
|------|--------------|-------------------|------|
| 생명<br>·<br>자연<br>·<br>기술 | 고양이 10마리 | 고양이 열 종류를 소개하고 기를 때 유의점을 정리한 책. | |
| | 곤충 이야기 | 이로운 곤충, 해로운 곤충으로 나누어 곤충에 대해 조사하여 쓴 책. | |
| | 양서류·파충류 백과사전 | 파충류를 키워본 자신의 경험을 살려 쓴 백과사전. | |
| | 인간형 로봇 휴머노이드 | 우리나라 휴머노이드 후보와 일본의 아시모를 소개하고 비교한 책. | |
| | 지구—중학생도 쉽게 읽을 수 있는 우주의 신비 | 산, 호수, 빙하, 사막, 바다, 자연재해 등의 주제어를 정해 지구의 자연환경에 대한 정보를 제공하는 과학책. | |
| | 청소년도 쉽게 이해할 수 있는 뇌과학 | 뇌과학의 연구 성과 중 수면, 사랑 등 청소년이 관심 있어 할 몇 개의 주제를 골라 요약한 책. | |
| | 대안 에너지의 현재와 미래, 그리고 우리 | 미래 유망 산업인 대안 에너지 산업에 대한 연구를 소개한 책. | |
| 여행 | 배부른 여행을 하고 싶은 당신을 위한 안내서 | 베트남, 이탈리아, 터키, 스페인, 프랑스, 독일의 전통 음식을 소개한 음식문화책. | |
| | 나의 캠핑 이야기 | 자신의 캠핑 경험을 서술하면서 캠핑에 필요한 여러 가지 준비, 상식 등을 아울러 전달하는 핸드북. | |
| | 좌충우돌 영국 여행기 | 셰익스피어, 해리 포터, 비틀스, 헤이온와이 책마을 등을 테마로 영국 여행을 한 가상 영국 여행기. | |
| | 유럽의 이 도시 | 유럽 여덟 나라 각각의 대표 도시를 하나씩 정해 상세히 안내한 여행 안내서. | |
| 심리<br>·<br>상담 | 뿌리 깊은 나무가 넓은 그늘을 드리운다 | 성격, 성, 학습 등 몇 개 키워드를 정해 청소년의 발달 과정을 해설하고, 어떻게 마음을 잡아가야 하는지 안내하는 상담서. | |
| | 질풍노도 이렇게 넘어라 | 사춘기의 증상, 원인, 대처 방안을 지식 소설 형식으로 알려주는 책. | |
| | 남녀 차이 백과 | 연애 심리와 관련하여 18개의 소제목을 뽑아내고 각각에 대한 남녀 심리 차이를 해설한 책. | |
| | 친구 관계 심리학 | 진정한 우정, 왕따 등에 대한 심리 상담. | |
| 직업<br>정보<br>제공 | 메이크업 아티스트 집중 탐구 | 메이크업 아티스트의 자질, 되는 길 등을 정리하고 유명 아티스트의 메이크업 법을 정리한 책. | |
| | CSI가 말하는 CSI | CSI가 되고 싶은 청소년을 위한 정보 제공서. | |
| | 작가를 소개합니다 | 베르나르 베르베르, 조앤 롤링, 애거사 크리스티, 조영래, 박완서, 김선영을 소개하는 책. | |
| | 컴퓨터에 관심 있는 청소년이 알고 싶은 컴퓨터 관련 직업들 | 컴퓨터 관련 직업을 소프트웨어, 기계공학, 웹디자인 등의 세 분야로 나누어 소개하는 책. | |
| | 한국을 뒤흔든 무용수를 만나다 | 대표적인 무용수 다섯 명의 인생과 업적을 소개. | |

| 분야 | 나만의 책 제목 | 나만의 책 상세 설명 | 응용 |
|---|---|---|---|
| 진학 | 예고 쉽게 가기 | 예고의 종류와 과별 진학 방법 소개. | |
| 학습<br>상담 | 공부왕 | 중학생을 위한 공부 방법 정리 및 안내한 책. | |
| | 재미있고 효과적인 영어학<br>습법 | 애니메이션, 그림책, 라디오 듣기 등을 활용한 재미<br>있고 효과적인 영어 공부법 소개. | |
| 의상<br>·<br>미용 | 단 하나뿐인 네일아트 북 | 네일아트의 이모저모를 조사하고 그림을 직접 그려<br>가며 정리한 책. | |
| | 구두, 어디까지 아십니까 | 구두 디자인에 관한 책. | |
| | 조선 여인의 꽃, '왕비'의<br>의복 | 왕비의 의복을 연구하여 의상 디자이너로서 안목을<br>높임. | |
| 사회 | 학벌 지상주의 | 우리나라의 학벌지상주의 실태와 고통 받는 청소년<br>들의 마음을 고발한 논평집. | |
| | 세월호를 기억하라 | 세월호와 군대 폭력 문제를 논평. | |
| | 2014 올해의 사건 | IS, 아이스버킷 챌린지, 브라질 월드컵, 세월호, 일베,<br>인천 아시안 게임 등 시사 문제 열 가지에 대해 조사<br>하고 논평한 책. | |
| | 그림으로 배우는 한국 지리 | 어렵게만 느껴지는 지리, 그림과 사진을 많이 넣어<br>쉽게 마스터하기. | |
| | 청소년이 알아야 할 교과서<br>밖의 역사 | 중학교 교과서에는 쓰여 있지 않은 역사, 발로 찾은<br>생생한 우리 역사(또는 세계 역사) 이야기. | |
| 경영 | 세계를 주무르는 CEO들 | 스티브 잡스, 빌 게이츠, 이건희, 잭 월치 등 세계적<br>기업인들 전기 모음집. | |
| | 카페베네의 성공 비결 | CEO라면 알아야 할 성공한 창업 사례 연구. | |
| 소설 | 나는 언젠가 죽는다 | 절친한 친구가 갑작스런 사고로 죽은 남학생의 성장<br>소설. | |
| | 엄마를 찾아서 | 엄마를 잃어버리고 부엉이 엄마에게 양육된 올빼미<br>'빼빼'의 성장담. | |
| | 또 다른 나의 세계 | 우연히 연예기획사에 발탁된 고2 소녀가 경험하는<br>연예인 세계의 어두운 뒷면을 그린 소설. | |

**1. '나만의 책' 제목과 차례를 평가해보자. 어떤 책이 좋은 책일까?**

지금부터 우리는 20페이지 이상, 6시간 이상을 투자해서 '16살−최고의 책, 최고의 추억'을 남기고자 한다. 어떤 책을 써야 두고두고 간직하고 자랑할 만한 '멋진 책'을 쓸 수 있을까?

---

1. 재미: 좋은 책은 참신해야 한다. 읽는 이에게 '흥미로운데!' 하는 느낌을 줄 수 있도록!
2. 쓸모: 깊이 있는 정보가 풍부해야 한다. '공부 많이 했는걸!' 하는 느낌을 줄 수 있도록!
3. 가능성: 좋은 책은 자료가 풍부해서 조사하는 데 어려움이 없을 때 쓸 수 있다.

---

지금부터 친구의 발표를 듣고 그가 좋은 책을 쓸 수 있을지 평가해보자.
그리고 그의 멋진 점을 마구마구 내 것으로 흡수해본다.

| 발표자 | 책 제목 | 재미 (10점) | 쓸모 (10점) | 가능성 (10점) | 응용할 만한 점 |
|---|---|---|---|---|---|
|  |  |  |  |  |  |
|  |  |  |  |  |  |
|  |  |  |  |  |  |

**2. 친구 책의 제목과 차례에서 찾아낸 좋은 점을 응용하여 내 책의 '차례'를 보완해본다.** 계속 보완해서 '내 책이 참신하고 흥미롭고 깊이 있는 책이 되도록' 수준을 높여간다.

1. 우리나라 최대의 신문기사 모음 사이트에 들어가 자료를 찾아보자. 우선, 빅카인즈(kinds.or.kr)에 들어간다.

1) 검색창에 '호날두'를 쳐보자. 몇 건이 뜨는가?

2) 자료가 몇 건이 검색되는 것이 적절할까?

3) 천 건 넘게 검색된 자료를 5~10건 사이가 되게 줄여보자. 어떻게 해야 할까?

4) 왼쪽 메뉴를 이용해 검색 조건을 다양하게 바꿔보자.
· 정렬: 최신순/오래된 순/정확도
· 기간: 전체/최근 1년/최근 5년/직접 입력
· 영역: 전체/제목/기고자

5) 그래도 자료가 너무 많이 검색되면 다음 조건을 변경해보자.
상단 메뉴에서 '기사 통합' 검색 후 '뉴스 기사'를 클릭해보자. '상세 조건' 창이 뜰 것이다. 검색 조건을 다양하게 바꿔보자.
· 장르: 전체 선택을 해제하고, 인터뷰/좌담·대담/기획·연재/인물평/통계 등에서 검색된 기사의 개수를 확인하고 자신의 상황에 맞게 필요한 항목을 선택해보자.

6) 다음 검색 조건도 잘 살펴보자.
· 매체: 전체 선택을 해제하고, 전국종합일간신문/시사잡지/TV 뉴스 등에서 검색된 기사의 개수를 확인하고 자신의 상황에 맞게 필요한 항목을 선택.
· 면종: 전체 선택을 해제하고, 종합/정보통신/스포츠/문화/생활·여성/방송·연예 등에서 검색된 기사의 개수를 확인하고 자신의 상황에 맞게 필요한 항목을 선택.

**2. 우리 학교 도서관에 비치된 전문 잡지나 신문을 활용해보자.**

| | | | |
|---|---|---|---|
| 씨네 21 | 객석 | 과학동아 | 수학동아 |
| 독서평설 | PC사랑 | 전자신문 | (기타:　　　) |

### 3. 인터넷 서점에서 관련 책을 더 찾아보자.

1) 알라딘(aladin.co.kr)에 들어가 검색 메뉴에서 '상세 검색'을 선택한다.

2) '주제어'에 중요 단어를 1~2개만 입력한다. (예) PD, 요리사)

3) 책 표지 아래에 '새 창 열기'와 '미리보기'를 눌러 책의 '차례'를 훑어본다.

4) 필요한 내용이 있는지 확인하고 필요한 책은 구입한다. (학교 도서관에 있는지 물어보고 대출. 공공 도서관에 있는지 검색해보고 대출할 수도 있다. 구입 신청은 선생님께 문의한다.)

### 4. 전문 블로그를 찾아보자.

1) 다음(네이버)에 들어가 상단에서 '블로그'를 선택한다.

2) 블로그 전체 검색창에 관심 단어를 1~2개만 입력한다. (예) 호날두)

3) 검색된 글을 읽어보면서 이 글을 쓴 블로거가 1년 이상, 이 분야에서 전문적인 글을 올려온 사람인지 아닌지 가늠한다.

4) 전문 블로거라고 판단되면 그의 블로그를 집중적으로 검색하여 필요한 정보를 얻어낸다.

### 5. KBS, MBC, SBS에 들어가 다큐 프로그램을 검색해보자.

☞ 출력 신청: 필요한 내용을 한글 파일에 모은다. USB에 저장. 아래 빈칸에 자신이 저장한 자료의 제목과 페이지 수를 적어놓는다. 국어 선생님께 보여주고 통과되면 사서 선생님께 USB를 제출하고 출력한다.

| 다음 자료의 출력을 신청합니다.    반    번    이름: | | | |
|------|------|------|------|
| 연번 | 자료 제목 | 출처 | 페이지 수 |
| 1 | | | |

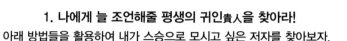

**1. 나에게 늘 조언해줄 평생의 귀인貴人을 찾아라!**

아래 방법들을 활용하여 내가 스승으로 모시고 싶은 저자를 찾아보자.

1) 진로 서가에 꽂힌 책들 중에서 자신에게 스승이 될 수 있는 책을 찾아 저자 이름을 쓴다. (여러 명)

2) 인터넷 서점 알라딘에 들어가 '상세 검색'을 선택한다.

주제어: (희망 직업을 입력한다. 예) PD, 요리사)

나오는 책 중에 '스승급' 책을 찾아 저자 이름을 쓴다.

3) 그중 '나는 꼭 이분과 인터뷰하고 싶다'는 생각이 드는 저자를 찾아 아래 글을 써본다.

나는＿＿＿＿＿＿＿＿＿＿＿＿을 쓴 저자＿＿＿＿＿＿와 꼭 인터뷰를 하고 싶다.

왜냐하면＿＿＿＿＿＿＿＿＿＿＿＿＿＿＿＿＿＿＿＿＿＿＿＿＿＿＿＿＿＿

＿＿＿＿＿＿＿＿＿＿＿＿＿＿＿＿＿＿＿＿＿＿＿＿＿＿＿＿＿＿＿＿＿＿＿

＿＿＿＿＿＿＿＿＿＿＿＿＿＿＿＿＿＿＿＿＿＿＿＿＿＿＿＿＿＿＿＿＿＿＿

＿＿＿＿＿＿＿＿＿＿＿＿＿＿＿＿＿＿＿＿＿＿＿＿＿＿＿＿＿＿＿＿＿＿＿

**2. 책날개에 적힌 저자의 이메일 주소를 활용하여(없으면 출판사 편집부에 전화를 걸어 문의) 인터뷰를 요청하는 이메일을 보낸다.**

[예시]

안녕하십니까? 저는 ○○도 ○○○학교 ○학년에 재학 중인 ○○○이라고 합니다. 작가님이 보태주신 1그램의 용기로 마음속 자리 잡았던 국제구호 활동가의 꿈을 키우게 되었습니다. 저의 꿈은 사람들과, 사람들을 위해, 사람들에 의해 사는 것입니다. 현재 저는 국제구호 활동가가 되고 싶다는 제 꿈을 주제로 하여 책쓰기를 하고 있는데 저의 궁금한 점을 몇 가지 여쭙고 싶습니다. 정말 바쁘시겠지만, 6월 10일 수요일 중 아무 때나 30분만 시간을 내어주실 수 있으십니까? 그날은 저희 학교에서 진로 분야의 전문가를 인터뷰하고 오라고 내준 체험 학습일입니다. 그날 중에는 가능한 시간대가 없으시다면 다른 날도 괜찮습니다. 인터뷰를 허락하신다는 문자나 이메일을 간절히 기다리겠습니다. 감사합니다. 010-0000-0000.

**3. 주말에 집에 가서 저자의 책을 읽고 다시 한 번 인터뷰 희망 편지를 보내본다.**

[예시]

안녕하세요 저번에 연락드렸던 ○○○학교 ○학년 ○○○라고 합니다. 저는 지금 제 꿈인 국제기구 활동가를 주제로 책쓰기 준비를 하고 있습니다. 스승이 될 만한 책을 찾던 중 한비야 작가님의 책을 읽게 되었습니다. 『지도 밖으로 행군하라』에서 가슴 뛰는 국제구호의 현장을 접하고, 감동을 받아 작가님의 다른 책도 찾아보았습니다. 『1그램의 용기』에서도 제가 딱 고민하고 있던 여러 가지에 대한 해답을 찾을 수 있었습니다. 세계 일주와 백두대간 종주, 국제구호 활동에 석사학위 도전까지 수많은 도전을 하는 동안의 기록도 감명 깊었습니다. 작가님을 만나게 된다면 제 인생의 큰 도움이 되리라 생각하고 인터뷰를 요청했습니다. 존경하는 한비야 인도적 지원 활동가님께 답변을 들을 수 있다면 좋겠습니다.

Q1. 작가님의 글쓰기를 배우고 싶습니다. 책마다 다른 스타일로 독자를 빨아들이는 글쓰기 비법은 무엇인가요? 글 쓰는 데 도움이 되는 습관이 있나요?

Q2. 국제기구 활동가가 되기 위해 많은 길이 있는 줄 압니다. 중학생인 제가 지금부터 실천할 수 있는 것들은 무엇이 있을까요?

Q3. 많은 도전을 하면서 가장 힘이 되었던 것은 무엇인가요? (백두대간 종주, 석사학위, 세계일주 등)

Q4. 지금 공부하는 박사과정은 무엇인가요? 한비야 작가님의 후반전에는 어떤 일들을 도전하실 예정인가요?

부족한 글 읽어주셔서 감사합니다. 한비야 작가의 답변을 간절히 기다리겠습니다.

**(주말 과제. 가산점 큼. 보낼 때 참조에 선생님 메일 주소 입력하여 보낼 것.)**

1. 원 안에 오늘 쓸 차례를 적고, 그 내용에 대해 떠오르는 것을 자유롭게
원형정리법으로 적어보자.

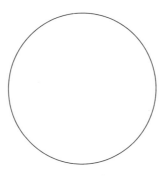

2. 원형정리법으로 적어나간 것 중 쓸모 있는 것을 모두 골라 동그라미
표시해보자.

**1. 다음 저자 소개글을 읽어보자.**

　학교, 학원, 학교, 학원…… 나는 치열해지는 입시 경쟁 속에서 살아남기 위해 발버둥치는 청소년 중 한 명이다. 아직도 목표는 정확히 정하지 않은 채로 무작정 앞으로 나아가는 바보 중의 한 명이기도 하다. 나의 수명을 100년이라 봤을 때 18년이라는 1/5도 채 안 되는 짧은 시간을 살았기에 내세우거나 화려하게 치장할 경력이 없다. 다만 앞으로 특별해지려고 한다.

_「ESC」, 솔뫼중학교 1학년 OOO

　나는 나를 한마디로 정의하는 일이 세상 가장 어려운 일이라고 생각한다. 나는 2000년에 세상의 빛을 보고 내 빛을 만들어 가는 원석이고, 이 세상 모든 청소년들과 마찬가지로 끙끙 앓으며 성장하고 있는 꿈나무이다. 나는 작은 일에도 쉽게 자극받아 활활 불타는 열정을 가진 양은냄비이며, 하루에 수십 번씩 감정이 오르락내리락 하는 롤러코스터이다. 나는 쓸데없는 근심 걱정이 가득한 애늙은이이고, 궁금한 건 알아낼 때까지 멈추지 못하는 노 브레이크 자전거다. 세상이 부르는 나, 친구들이 부르는 나, 가족이 부르는 나 모두 다르다.

　현재 호평중학교에 다니는 중학생이고, 입을 멈추는 날이 없는 쾌활한 친구고, 손이 많이 가지만 소중한 아들이자 형이며, 여기저기 기웃대는 오지랖쟁이다. 지금 이 순간에도 나는 계속 변화하고 성장하는 중이다. 이 책을 쓴 이유도 여기에 있다. 내가 할 수 있는 것들. 오지랖떨기, 내 성장경험 담기, 쾌활한 에너지 전하기—이것들을 책에 담아내 다른 친구들의 성장을 돕고 싶었다. 이 책을 통해서 '나'를 찾는 시간, '나'를 만드는 시간을 가져보길 바란다.

_「뿌리 깊은 나무가 넓은 그늘을 드리운다」, 호평중학교 2학년 이승규

**2. 갖고 있는 자료책의 저자 소개글도 더 읽어보자. 어떤 내용이 들어 있는지 나열해보자.**

이름, 직업,＿＿＿＿＿＿＿＿＿＿＿＿＿＿＿＿＿＿＿＿＿＿＿＿＿＿＿

**3. 위에 나열한 요소 중에서 가장 강조하고 싶은 것을 동그라미 쳐보자.**

**4. 저자 소개글을 써보자.**

저자:

## 1. 다음 서문을 읽어보자.

진짜 꿈은 어디에 숨어 있을까?

청소년기 이 나이 때는 '사춘기'라는 엄청난 폭풍이 밀려온다. 그리고 자신의 정체감을 찾기 위해 나름 생각도 해보고 혼자서 공상도 한다. 또 미래에 대하여 생각해본다. 그러다 보면 점점 생각이 많아지고, 쓸데없는 잡생각과 뭉쳐서 혼란에 쉽게 빠진다.

꿈도 그렇다. 찾아보려 해도 마치 나와 숨바꼭질하는 듯 꼭꼭 숨어 있다. 찾으려면 아마도 몇 십 년은 걸릴 것 같다. 하지만 찾을 수 있는 방법이 있다. 그 방법은 '나를 믿는다'는 거다. 꿈은 있지만 나 자신을 믿지 못한다면 능력이 있어도 그 능력을 완전히 끌어내지 못한다. 아직 꿈이 없고, 능력도 없지만 자기 자신을 믿고 잘 따른다면 분명히 좋아하는 일도 찾게 될 것이고 이내 꿈도, 능력도 찾을 수 있게 된다.

아직도 꿈이 없다고 포기하지 않길 바란다. 꿈을 찾을 시간은 매우 많다. 20대에 찾을 수도 있고, 40대에도 찾을 수 있다. 어쩌면 다 늙고 난 뒤에 찾을 수 있는 것이 꿈이다. "기다리는 자에겐 복이 있다"는 옛 속담처럼 기다리고, 열심히 찾기를 반복하다 보면 어느 날 내 자신에게 능력과 잘하는 일이 생겼을 것이고, 웃는 날이 꼭 올 것이다. 꿈을 찾는 청소년들에게 그날이 올 때까지 영원히 파이팅!

_『예술과 함께 떠나는 꿈 찾기』, 솔뫼중학교 1학년 OOO

---

나를 포함한 요즘 중학생들은 벌써부터 대학과 직장, 입시를 걱정하며 하루하루 정신없는 일상을 보내고 있다. 학교 끝나면 학원, 학원 끝나면 숙제, 숙제 끝나면 시험 공부…… . 복사기로 찍어낸 듯한 하루 일과를 로봇처럼 매일 반복하고 또 반복한다. 이런 일상을 언제까지고 반복하다가는 정말 미칠지도 모르겠다는 생각이 들었다.

지금 우리에게 필요한 것은 '휴식과 여유'였다. 매일 똑같은 것을 반복해 지친 우리들에게는 조금이라도 휴식 시간이 필요했다. 하지만 갑자기 방학을 앞당겨 쉴 수도 없는 노릇, 고심 끝에 나는 내 또래 아이들에게 명화를 소개해주자 다짐했다.

사실 조금 걱정되던 것은, 내 또래 아이들은 명화를 별로 좋아하지 않는다는 것이었다. 만화책이나 웹툰 같은 것만 봤지, 지루하고 어렵기만 한 명화는 싫다는 의견이 대부분이었다. 그래서 글을 쓸 때 최대한 쉽고 간결하게, 복잡한 설명은 생략하고 대신 그 뒤에 숨겨진 재미난 이야기들을 담으려고 노력했다. 지루하게만 보이는 명화 뒤의 숨겨진 보물들. 이 보물들을 내 또래 아이들에게 보여주고 싶었다.

이 책은 총 2부로 구성되어 있다. 1부는 서양 명화, 2부는 동양 명화로 총 7명의 화가들을 초대했다. 이제 본문을 읽어보면 알겠지만 여기 소개된 명화들은 모두 우리가 흔히 보고 접해온 그림들이다. 「모나리자」 「별이 빛나는 밤에」 「서당」 「미인도」…… . 아직은 명화가 익숙지 않은 아이들을 배려하기 위해 일부러 다들 잘 알고 있는 명화들을 골라 넣었다. 아직 낯설기는 하겠지만, 잠시 여유를 갖고 편안한 기분으로 책을 감상하는 것은 어떨까 싶다. 지금, 책을 읽는 이 잠깐이라도, 명화와 함께 여유로운 시간을 보내보지 않겠는가?

_『명화 이야기』, 호평중학교 2학년 김도연

**2. 가지고 있는 자료책의 서문도 다시 한 번 읽어보자. 어떤 내용들이 들어 있는가?**

책을 쓴 동기, _____

**3. 위에 나열한 요소 중에서 가장 강조하고 싶은 것을 동그라미 쳐보자.**

**4. 서문을 써보자.**

제목 :

# 지은이 소개

김미경    책따세 공동 대표. 경기 호평중 국어 교사. 자신의 삶을 사랑하고 그 힘으로 공동체를 따뜻하게 보듬을 수 있는 사람으로 제자들을 키우고자 노력하고 있다. 그 길에 '나만의 책'을 써본 경험이 밑거름이 되는 것을 거듭 확인한 기쁨을 세상의 모든 교사들과 나누고 싶다. 지은 책으로 『모차르트 오마주』 『시꽃 이야기꽃』 『십대 마음 10大 공감』(공저)이 있다.

류수경    책따세 운영진. 서울 원묵중 수학 교사. 시험 성적 받는 것 외에는 쓸모없다고 생각하는 수학이 사실은 인간이 갖추어야 할 교양이라는 것을 전파하고 있다. 우리 아이들이 어른이 되어서도 책을 가까이하고, 그 책들 가운데 수학 관련 도서도 당연히 들어 있길 꿈꾸며 꾸준히 읽고, 생각하고, 말하고, 쓰기를 실천하고 있다.

유연정    책따세 운영진. 경기 안양초 교사. 학교에서의 일과를 마치고 집에 가는 길, 웃음꽃 가득한 얼굴로 오늘 하루도 행복했다고 말하는 아이들을 보는 것이 최고의 행복이다. 머릿속에 물음표를 심어나가며 스스로 생각할 수 있는 기회를 갖기 바라는 마음으로 아이들의 손에 책을 들려주고 있다. 과학책 읽느라 밤 꼴딱 새우는 명랑 소녀.

이수정    책따세 운영진. 경기 양일고 국어 교사. 아이들과 떡볶이 먹으며 수다 떠는 것을 좋아한다. 가볍게 오가는 이야기 속에서 아이들 저마다 빛나는 1퍼센트를 간직하고 있다는 확신이 들었다. 그것을 찾아가기 위해 함께 독서와 책쓰기를 하며 '나보다 더 큰 나'로 거듭나는 모습에 기쁨을 느낀다. '국어는 삶이다!'를 외치며 20년을 보내고, 이제 진로 진학 상담 교사로서의 새로운 길 앞에서 설레고 있다. 지은 책으로 『십대 마음 10大 공감』(공저)이 있다.

조영수     책따세 공동 대표. 서울 창문여중 국어 교사. 학생의 말 한마디에 기뻐하고 상처 받는 소심한 교사다. 그래도 학생과 소통하고 싶은 마음이 강해 학생에게 먼저 다가가려고 노력한다. 그 방법 중 하나가 학생과 함께 책을 읽고 쓰는 일이라 생각한다. 청소년들이 책을 읽고 쓰면서 자신의 꿈을 마음껏 펼칠 수 있는 문화를 만들고자 힘쓰고 있다. 지은 책으로 『가치 있는 책 읽기 같이 읽는 책 읽기』가 있다.

허병두     책따세 이사장. 서울 숭문고 국어 교사. 널리 세상을 이롭게 하는 인재를 키우고, 함께 세상을 따뜻하게 바꾸고 싶을 뿐이다. 타고난 문학청년 기질을 억누르고 사느라 언제나 힘들다. 어슬렁거리며 수많은 '책들'을 넘어서고 싶다. 새롭게 읽고 쓰면서 제대로 놀자! 지은 책으로 『청소년을 위한 세계 문학 에세이』 『나만의 책쓰기—허병두의 즐거운 글쓰기 교실 3』 등이 있다.

홍승강     책따세 운영진. 서울 환일고 국어 교사. 영화 「죽은 시인의 사회」를 보며 캡틴을 꿈꾸고 있다. 책은 물론이고 그림, 음악, 웹툰, 영화도 좋아해서 다양한 매체를 활용하여 학생들과 소통하는 수업을 하려 노력하고 있다. 학생들이 앞으로 우리의 미래라 생각하며 따뜻한 세상을 위해 작은 날갯짓을 하고 있다.

지은이 소개        387